隧道及地下工程理论与方法丛书

TOTAL SAFETY FACTOR METHOD
OF TUNNEL SUPPORT
STRUCTURE DESIGN

隧道支护结构设计总安全系数法

肖明清 著

人民交通出版社股份有限公司
北京

内 容 提 要

本书围绕隧道支护参数安全系数计算与定量化设计问题开展研究,包括隧道临界稳定断面计算及支护必要性判别、隧道围岩压力设计值及其计算、总安全系数法结构计算模型与计算方法、隧道变形监测控制值与支护参数现场调整方法、基于总安全系数法的高速铁路双线隧道支护参数研究与既有隧道案例分析、基于总安全系数法对隧道设计中几个问题的探讨、展望等内容。

本书可供从事隧道工程设计、施工、建设管理的工程技术人员以及科研人员使用,也可作为相关专业本科生、研究生的学习参考书。

图书在版编目(CIP)数据

隧道支护结构设计总安全系数法 / 肖明清著. — 北京:人民交通出版社股份有限公司,2020.7
ISBN 978-7-114-16558-0

Ⅰ.①隧… Ⅱ.①肖… Ⅲ.①隧道支护—结构设计—安全系数—研究 Ⅳ.①U455.7

中国版本图书馆 CIP 数据核字(2020)第 082114 号

隧道及地下工程理论与方法丛书
Suidao Zhihu Jiegou Sheji Zong Anquan Xishu Fa

书　　名:	隧道支护结构设计总安全系数法
著 作 者:	肖明清
责任编辑:	王　霞　张　晓
责任校对:	孙国靖　宋佳时
责任印制:	刘高彤
出版发行:	人民交通出版社股份有限公司
地　　址:	(100011)北京市朝阳区安定门外外馆斜街 3 号
网　　址:	http://www.ccpcl.com.cn
销售电话:	(010)59757973
总 经 销:	人民交通出版社股份有限公司发行部
经　　销:	各地新华书店
印　　刷:	北京印匠彩色印刷有限公司
开　　本:	720×960　1/16
印　　张:	18.25
字　　数:	298 千
版　　次:	2020 年 7 月　第 1 版
印　　次:	2020 年 7 月　第 1 次印刷
书　　号:	ISBN 978-7-114-16558-0
定　　价:	142.00 元

(有印刷、装订质量问题的图书由本公司负责调换)

作者简介

　　肖明清，工学博士，全国工程勘察设计大师、中国铁建股份有限公司首席专家、中铁第四勘察设计院集团有限公司副总工程师、水下隧道技术国家地方联合工程研究中心副主任，正高级工程师，一级注册结构工程师，国家有突出贡献中青年专家和享受国务院政府特殊津贴专家，入选国家百千万人才工程。兼任西南交通大学兼职教授、中国岩石力学与工程学会水下隧道工程技术分会副理事长、中国土木工程学会隧道及地下工程分会常务理事。长期从事高速铁路隧道、水下隧道、城市隧道的设计和研究工作。先后获得国家科技进步二等奖 3 项，主编和参编学术专著 7 部，发表论文 50 余篇。

序
Introductory

我国是目前世界上隧道工程建设规模最大的国家。截至 2019 年年底，我国已投入运营铁路隧道 18041km（其中高速铁路隧道 5515km）、公路隧道 17236km（未含港澳台数据），随后还有很大规模的在建和规划中的铁路和公路隧道工程。我国隧道工程在"空、天、地"三位一体的综合勘察技术、设计理论、先进装备等方面已取得了长足的进步，并正在向智能化方向发展。我国隧道技术各方面都处于世界先进水平，成绩可喜，但在发展中感到还存在许多不足的地方，譬如隧道支护结构设计目前还处在"工程类比为主、理论计算为辅"的阶段，极大制约了隧道修建技术的发展。

肖明清及其团队通过多年的工程设计、施工与研究，编著《隧道支护结构设计总安全系数法》一书，在系统总结国内外隧道设计理论与方法的基础上，对我国隧道支护结构设计方法中存在的主要问题进行系统剖析，提出隧道支护参数设计由"类比为主"转化为"计算为主"的思想，将现代数值分析方法与传统荷载结构模型分析方法的优点相结合，以"隧道是否需要支护、支护力取多大值、结构计算模型选择、安全系数计算方法与取值、支护结构变形量分析与支护参数动态调整方法、案例分析与探讨"为主线，形成了一整套精细化的分析体系。该设计系统较完善、周密、简洁，并且使用方便，非常实用，解决了过去模糊不清的设计局面。这套方法是具有一定开创性的成果，是设计理论和方法的提升，对今后隧道设计能起到较好的引领作用。

愿肖明清及其团队继续刻苦钻研，务实创新，为推动隧道科技进步作出更大贡献。

中国工程院院士

2020 年 4 月

前 言
Preface

隧道及地下工程学科是一门以服务工程建造为目标，基础理论研究与工程实践经验密切结合的学科。历经国内外专家学者多年的努力，该学科在原岩应力、围岩物理力学性质、工程现场测试与模型试验、理论分析与设计方法、支护材料与施工技术等各个方面的研究与实践都取得了很大的进展，为隧道及地下工程行业的技术进步发挥了重要的推动作用。尽管如此，受各种因素影响，很多理论与方法在实际工程建设中仍然难以广泛应用，以致我国铁路隧道和公路隧道的设计规范中至今仍推荐采用"工程类比法"进行支护参数设计。

2007年7月，郑西高铁南山口隧道发生了长达109.3m的塌方，成为我国高速铁路隧道自2005年开始建设以来最大规模的塌方。由于当时正值我国大规模建设超大断面铁路隧道时期，因此事故分析会议提出了两个严峻的问题：初期支护究竟能够承受多大的荷载？如何证明设计是安全的？这两个问题直指隧道设计现状的痛点，也提出了初期支护承载能力及安全系数计算的问题。为此，作者经过十年的研究和思考，于2017年提出了隧道支护结构设计总安全系数法及其计算模型，又和研究团队经过两年多的深化与完善，初步形成了目前的总安全系数法。在深化与完善阶段，作者通过与各方面专家交流以及以大型学术会议报告等方式，累计17次向600余人次广泛咨询和征求意见，对设计方法的形成提供了极大帮助。本书所建立的"隧道支护结构设计总安全系数法"希望能将复杂问题简单化，并对隧道支护参数定量化设计有所帮助，希望将隧道设计方法由"类比为主、计算为辅"转变为"计算为主、类比为辅"。

本书共分成9章。第1章是绪论，介绍了隧道结构计算理论的发展与分类、我国隧道支护结构设计方法的现状与问题、总安全系数法的内容构成等。第2章介绍了隧道临界稳定断面的概念、计算方法、案例分析，以及如何采用临界稳定断面分析方法来判断隧道是否需要支护。第3章介绍了现行围岩压力计算方法存在的问题、采用围岩压力设计值作为设计荷载的必要性与可行性、围岩压力设计值的计算方法等。第4章介绍了总安全系数法的结构计算模型、支护结构总安全系数计算方法与取值建议、全周设置系统锚杆支护体系和长短锚杆（锚索）组合锚固体系等特殊情况的结构计算方法、多种荷载作用下隧道支护结构设计方法等。第5章介绍了初期支护变形计算方法、变形监测控制值计算方法以及支护参数现场调整方法等。第6章以350km/h高速铁路双线隧道为例，采用总安全系数法对不同支护结构形式的适用性、二次衬砌承载能力、支护参数优化、Q法支护参数应用的安全性分析等研究成果进行了介绍。第7章基于总安全系数法，对既有铁路隧道和高速公路隧道的安全性进行了分析，并介绍了总安全系数法在隧道断面形状与支护参数优化、高地应力软岩大变形隧道支护参数计算、超大跨度隧道支护参数计算等方面的应用研究。第8章基于采用总安全系数法，对当前几个热点和争议问题进行了探讨，包括设计理念、锚杆有无作用、复合式衬砌初期支护与二次衬砌承载主体区分、支护参数优化、钢架设置与钢架保护层、喷射混凝土早期强度、支护类型选择等问题。第9章介绍了有待进一步研究的问题。

在总安全系数法研究和本书编写过程中，中国工程院院士梁文灏，武九铁路有限责任公司王志坚，西南交通大学何川、王明年及其团队，中国国家铁路集团有限公司赵勇、田四明、唐国荣、肖广智、林传年，中国科学院武汉岩土力学研究所盛谦、朱泽奇、崔岚，同济大学刘学增，中铁十一局集团有限公司张旭东，青岛国信集团曲立清、李翔等专家都给予了悉心指导；中铁第四勘察设计院集团有限公司朱丹、韩向阳、资谊、张长能、龚彦峰、刘浩、薛光桥、蒋超、邓朝辉、孙文昊、杨剑、焦齐柱、王春梅等领导和同事不仅为研究提供了极大的便利条件，而且对研究成果的完善提出了很好的建议；中铁第四勘察设计院集团有限公司隧道设计研究院王克金、陈立保、王少锋等同事参与了部分计算与案例分析研究工作。在此谨向上述专家、领导和同事的支持和帮助表示诚挚的感谢！此外，还要特别感谢我的研究助理徐晨，他不仅参与了深化与完善阶段的全部研究工作，完成了绝大部分计算工作，而且参与了本书第2章、第3章、第7章的编写以及书中大量内容的复核计算、制图与校对工作。

还需说明的是，本书在吸收前人研究成果的基础上，重点对隧道支护结构设计方法进行了理论研究,尚缺少开展现场实测与模型试验的条件,在与现有设计规范的协调、设计方法本身的深化与完善等方面也还有许多问题有待今后进一步研究。此外,本书在编写过程中,对作者以往发表的相关论文进行了校订,因此论文中与本书不符之处,以本书为准。

探索一个新的设计方法,必定会存在理念先进性、方法科学性、参数合理性等诸多方面的质疑与讨论,同时由于作者水平有限,书中难免有差错、遗漏和不足,敬请专家和读者不吝赐教,多提批评指导意见,以利修正。

肖明清
2020 年 3 月于武汉

目 录
Contents

第1章　绪论 ··· 1
  1.1　隧道结构计算理论的发展与分类 ······································ 2
  1.2　我国隧道支护结构设计方法的现状与问题 ···························· 5
  1.3　隧道支护结构设计总安全系数法 ······································ 23
  1.4　本书采用的计算参数与代表性隧道断面 ······························ 26
  本章参考文献 ·· 28

第2章　隧道临界稳定断面计算与支护必要性判断 ···················· 31
  2.1　隧道临界稳定断面 ··· 31
  2.2　临界稳定断面的计算方法 ·· 33
  2.3　临界稳定断面案例分析及与 Q 法的对比 ··························· 41
  2.4　深埋硬质岩隧道临界稳定断面及支护必要性分析 ················· 45
  2.5　小结 ·· 48
  本章参考文献 ·· 49

第3章　隧道围岩压力设计值及其计算 ···································· 51
  3.1　现行围岩压力计算方法存在的问题 ··································· 51
  3.2　采用围岩压力设计值作为设计荷载的必要性与可行性 ············ 57
  3.3　围岩压力设计值的通用算法 ··· 58
  3.4　围岩压力设计值的简便算法 ··· 72
  3.5　通用算法与简便算法的对比 ··· 74
  3.6　围岩压力设计值与隧道设计规范的对比 ····························· 75
  3.7　相关因素对围岩压力设计值的影响与修正 ·························· 81
  3.8　围岩压力设计值的安全性与经济性评价 ····························· 84

3.9 采用应变软化模型的围岩压力设计值探讨·················· 90
本章参考文献··· 98

第4章 总安全系数法的结构计算模型与计算方法 100
4.1 隧道支护结构的主要设计内容······························· 100
4.2 支护结构计算模型·· 101
4.3 总安全系数计算方法··· 118
4.4 总安全系数取值··· 124
4.5 特殊情况的计算方法··· 129
4.6 初期支护耐久性对安全系数的影响······················· 132
4.7 总安全系数法的支护结构设计与方案比选流程········ 136
4.8 多种荷载作用下的隧道支护结构设计方法研究········ 137
本章参考文献··· 140

第5章 基于总安全系数法的隧道变形监测控制值与支护参数现场调整方法 142
5.1 隧道变形监测的实质··· 142
5.2 初期支护变形控制值计算方法······························· 146
5.3 支护参数的现场调整方法···································· 158
5.4 案例分析·· 159
本章参考文献··· 163

第6章 基于总安全系数法的高速铁路双线隧道支护参数研究 165
6.1 不同支护结构形式的适用性研究··························· 165
6.2 二次衬砌承载能力分析·· 171
6.3 支护参数优化分析·· 172
6.4 Q法支护参数的安全性分析································· 176
6.5 与现场实测数据对比··· 182
本章参考文献··· 185

第7章 总安全系数法的应用分析 187
7.1 既有铁路隧道的安全性分析································· 187
7.2 高速公路隧道的安全性分析································· 216
7.3 隧道断面形状与支护参数优化研究······················· 221

7.4 高地应力软岩大变形隧道支护参数计算 ……………………………… 231
  7.5 超大跨度隧道支护参数计算 …………………………………………… 237
  本章参考文献 ……………………………………………………………… 241

第8章 采用总安全系数法对几个问题的探讨 ………………………………… 243
  8.1 设计理念问题 …………………………………………………………… 243
  8.2 锚杆有无作用的问题 …………………………………………………… 245
  8.3 复合式衬砌初期支护与二次衬砌承载主体区分的问题 …………… 252
  8.4 支护参数优化的问题 …………………………………………………… 256
  8.5 钢架设置与钢架保护层问题 …………………………………………… 257
  8.6 喷射混凝土的早期强度问题 …………………………………………… 261
  8.7 支护形式选择问题 ……………………………………………………… 264
  本章参考文献 ……………………………………………………………… 268

第9章 展望 ………………………………………………………………………… 269
  本章参考文献 ……………………………………………………………… 274

Contents

Chapter 1 Introduction ……………………………………………………… 1
  1.1 Development and classification of tunnel structure calculation theory …… 2
  1.2 Status and problems of tunnel support structure design method in China ……………………………………………………………………… 5
  1.3 Total safety factor method for tunnel support structure design ………… 23
  1.4 Calculation parameters and representative tunnel sections …………… 26
  References ………………………………………………………………… 28

Chapter 2 Calculation and support necessity judgment of tunnel critical stable section ……………………………………………………… 31
  2.1 Critical stable section of tunnel ………………………………………… 31
  2.2 Calculation method of critical stable section of tunnel ………………… 33
  2.3 Cases analysis of critical stable section and comparison with Q method ……………………………………………………………………… 41
  2.4 Analysis of critical stable section and support necessity of deep buried hard rock tunnel …………………………………………………………… 45
  2.5 Conclusion ………………………………………………………………… 48
  References ………………………………………………………………… 49

Chapter 3 Design value and calculation of tunnel surrounding rock pressure …………………………………………………………… 51
  3.1 Problems in the current calculation method of surrounding rock pressure …………………………………………………………………… 51

3.2 Necessity and feasibility of adopting design value of surrounding rock pressure as design load ……………………………………………… 57

3.3 General calculation method for design value of surrounding rock pressure …………………………………………………………………… 58

3.4 The simple calculation method for the design value of surrounding rock pressure …………………………………………………………… 72

3.5 Comparison of general calculation method with simple calculation method ……………………………………………………………… 74

3.6 Comparison of surrounding rock pressure design value with tunnel design code ………………………………………………………… 75

3.7 Influence and correction of related factors on design value of surrounding rock pressure ………………………………………… 81

3.8 Safety and economic evaluation of design value of surrounding rock pressure …………………………………………………………… 84

3.9 Design value of surrounding rock pressure calculated by strain softening model ……………………………………………………… 90

References ……………………………………………………………… 98

Chapter 4 Structural calculation model and calculation method of total safety factor method …………………………………… 100

4.1 Main design contents of tunnel supporting structure ………… 100
4.2 Calculation model of tunnel supporting structure …………… 101
4.3 Calculation method of total safety factor ……………………… 118
4.4 Total safety factor value ………………………………………… 124
4.5 Calculation method for special cases …………………………… 129
4.6 Effect of primary support durability on safety factor ………… 132
4.7 Supporting structure design and scheme selection process of total safety factor design method ………………………………… 136
4.8 Research on design method of tunnel support structure under various

loads ··· 137

References ··· 140

Chapter 5 The tunnel deformation monitoring control value and field adjustment method of support parameters based on the total safety factor method ··· 142

5.1 The essence of tunnel deformation monitoring ··················· 142

5.2 Calculation method of control value of primary support deformation ··· 146

5.3 Field adjustment method of support parameters ··················· 158

5.4 Case analysis ··· 159

References ··· 163

Chapter 6 Research on support parameters of high-speed railway double-track tunnel based on the total safety factor method ··· 165

6.1 Research on applicability of different support structure forms ············ 165

6.2 Analysis of bearing capacity of secondary lining ··················· 171

6.3 Optimization analysis of support parameters ······················ 172

6.4 Safety analysis of Q method support parameters ··················· 176

6.5 Compared with the field monitoring data ························· 182

References ··· 185

Chapter 7 Application analysis of the total safety factor method ·········· 187

7.1 Safety analysis of existing railway tunnels ························ 187

7.2 Safety analysis of expressway tunnel ····························· 216

7.3 Research on optimization of tunnel cross-section shape and supporting parameters ··· 221

7.4 Calculation of support parameters for large deformation tunnel in soft rock with high geo-stress ······································· 231

7.5 Calculation of support parameters of super-span tunnel ············· 237

References ··· 241

Chapter 8　Discussion on several problems by using the total safety factor method ······ 243

  8.1　Design concept ······ 243

  8.2　The problem of whether the rock bolt works or not ······ 245

  8.3　Debate on who is the main bearing body of primary support and secondary lining ······ 252

  8.4　Optimization of support parameters ······ 256

  8.5　Steel frame setting and steel frame protective layer ······ 257

  8.6　Early strength of shotcrete ······ 261

  8.7　Support form selection ······ 264

  References ······ 268

Chapter 9　prospect ······ 269

  References ······ 274

TOTAL SAFETY FACTOR METHOD
of Tunnel
Support Structure Design

第 1 章

绪　论

截至 2018 年年底,我国除港澳台地区外运营铁路隧道达到 16331km[1]、公路隧道达到 17236km[2],并建成了一大批地铁隧道、水电隧洞和特殊硐室。经过几十年几代建设者的不懈努力,我国的隧道及地下工程修建技术已跻身世界先进行列。

在铁路隧道方面,我国已经成功修建了 9 座 20km 以上的铁路隧道,最长的是 32.69km 的青藏铁路关角隧道;在建长度超过 20km 的铁路隧道有 6 座,最长的是 34.5km 的大瑞铁路高黎贡山隧道;我国已完全掌握 20km 级铁路隧道的修建技术,正在向修建 30km 及以上特长隧道发展。已建的北京至张家口高速铁路八达岭地下车站,地下建筑面积约 $3.6 \times 10^4 m^2$,是迄今为止世界上最大的高铁地下站,车站两端的渡线隧道开挖跨度 32.7m,是国内单拱跨度最大的暗挖铁路隧道[3]。

在公路隧道方面,由单洞双车道逐步向双洞四车道、六车道、八车道发展。贵州凯里市大阁山隧道为国内首座单洞双向四车道公路隧道,全长 496m,最大开挖宽度 22m,开挖高度 18m,净宽 18m;辽宁沈大高速公路金州隧道最大开挖宽度 22.48m,最大开挖高度 15.52m,净宽 19.24m[4]。

在水电工程方面,已建的金沙江溪洛渡水电站左、右岸地下厂房开挖尺寸为 443.34m×31.9m×75.6m(长×宽×高),是目前世界上规模最大的水电站地下厂房[5];向家坝水电站右岸地下厂房开挖断面尺寸 255m×33.4m×85.5m(长

×宽×高),是目前世界上厂房跨度最大的已建地下水电站[6];在建的白鹤滩地下厂房跨度达到34m,高度达88.7m,长度超过450m,尾水调压井最大直径达48m,建成后将成为世界上开挖断面和综合规模最大的地下厂房洞室群[7];已建锦屏二级水电站深埋水工隧洞群,最大埋深超过2500m,实测地应力超过100MPa,4条引水隧洞平行布置,长度均超过17km,是目前世界上规模最大的深埋长大洞室群[8];已建的金沙江溪洛渡水电站的导流洞,封堵段方圆形过流断面尺寸宽24.0m,高26.0m,是目前世界上单洞断面最大的水工隧洞[9];新近开工建设的新疆北部引水工程喀双隧洞长达283.27km,其长度堪称世界同类之最[10]。

与此同时,我国隧道及地下工程修建技术取得长足发展。在隧道勘察技术方面,随着高分航测遥感等先进勘察手段的逐步引入应用,以及无人机勘察技术水平的快速提升,逐步形成了"空、天、地"三位一体的综合勘察技术;在设计技术方面,各行业根据自身特点逐步形成了围岩稳定性评价与分级、隧道支护结构设计、特殊岩土及不良地质处理等方法与理论体系;在施工技术方面,钻爆法、浅埋暗挖法、明挖法、盾构法、TBM法、沉管法等各种隧道修建方法均基本形成了完善的技术方法体系;在施工装备方面,三臂液压凿岩台车、三臂拱架安装机、湿喷机械手、全液压自行式仰拱栈桥、新型隧道衬砌台车、衬砌自动养护台车等一系列隧道专业设备的开发与应用,提升了我国钻爆法隧道施工的机械化水平。

尽管我国在隧道及地下工程领域取得了可喜成绩,在隧道建设规模上已居世界第一,在勘察、施工装备、施工技术等方面已处于世界先进水平,但在隧道支护结构设计方面还没有形成完备的理论与方法,仍停留在"以工程类比为主、计算为辅"的阶段,在今后的研究与实践中亟须加以突破,并基本达到"以计算为主、工程类比为辅"的水平。

1.1 隧道结构计算理论的发展与分类

隧道是修建在地下的通道,通常由一条或若干条坑道(洞室)组成。隧道支护结构是在坑道(洞室)内对围岩进行加固与保护所形成的结构,也称为"衬砌"或"支护"。常用的支护结构类型有现浇混凝土(或钢筋混凝土)衬砌、装配式衬砌、锚喷支护、复合式衬砌等。

1.1.1　隧道结构计算理论的七个发展阶段

早期隧道的建设完全依据经验,19世纪初才形成理论并用于指导设计和施工。在隧道结构计算理论形成的初期,人们仿照地面结构的计算方法进行隧道结构计算。经过较长时期的实践,隧道结构受力变形的特点才逐渐被认识,并形成了考虑地层对结构受力变形约束的隧道结构计算理论。20世纪中期起,计算机技术的出现和进步大大推动了岩土力学和工程结构等学科的进步,隧道的结构计算理论也因此有了较大的发展。隧道结构计算理论的发展可大致分为以下七个阶段:

(1)刚性结构阶段

19世纪的地下建筑物大多是采用砖石材料砌筑的拱形圬工结构,这类建筑材料的抗拉强度很低,且结构物中存在较多的接触缝,容易产生断裂。为了维持结构的稳定,当时的地下结构截面厚度都很大,结构受力后产生的变形较小,因而最先出现的计算理论是将地下结构视为刚性结构的压力线理论。

压力线理论认为,地下结构是由一些刚性块组成的拱形结构,所受的主动荷载是地层压力,当处于极限平衡状态时,它是由绝对刚体组成的三铰拱静定体系,铰的位置分别假设在墙底和拱顶,其内力可按静力学原理进行计算。压力线假设的计算方法缺乏理论依据,一般情况都偏于保守。

(2)弹性结构阶段

19世纪后期,混凝土和钢筋混凝土材料陆续出现,并用于建造地下工程,使地下结构具有较好的整体性,因此,地下结构开始按弹性连续拱形框架进行内力计算。

弹性连续拱形框架内力按超静定结构力学方法计算,作用在结构上的荷载是主动的地层压力。这种计算方法建议考虑地层对结构产生的弹性抗力的约束作用,由于有了较为可靠的力学原理为依据,故至今在软弱地层中设计地下结构时仍时有采用。

(3)假定抗力阶段

地下结构是埋设在岩土内的结构物,与周围岩体相互接触,因此在承受岩体所给的主动压力作用产生弹性变形的同时,将受到地层对其变形的约束作用。地层对衬砌变形的约束作用力称之为弹性抗力,计算理论也随之进入了假定抗力阶段。

弹性抗力的分布是与衬砌的变形相对应的,抗力分布图形先后出现了直线形(三角形或梯形)和镰刀形等。

(4)弹性地基梁阶段

由于假定抗力法对抗力图形的假定有较大的随意性,人们开始研究将边墙视为弹性地基梁的结构计算理论,将隧道边墙视为支承在侧面和基底地层上的双向弹性地基梁,即可计算在主动荷载作用下拱圈和边墙的内力。

首先应用的弹性地基梁理论是局部变形理论。在20世纪30年代,苏联提出按局部变形地基圆环理论计算圆形隧道衬砌的方法,在50年代又将其发展为侧墙(直边墙)按局部变形弹性地基梁理论计算拱形结构的方法。在稍后被用于地下结构计算的是共同变形弹性地基梁理论。该理论以地层的物理力学特征为依据,并考虑各部分地层沉陷的相互影响,在理论上比局部变形理论有所进步。

(5)连续介质阶段

由于人们认识到地下结构与地层是一个受力整体,自20世纪以来按连续介质力学理论计算地下结构内力的方法也逐渐发展,按弹性、弹塑性、黏弹性等本构模型,利用地层与衬砌之间的位移协调条件,得出了圆形隧道的弹性解、弹塑性解和黏弹性解。

(6)数值分析阶段

由连续介质力学建立地下结构的解析计算法难以应用于各种形状的断面,因而仅对圆形结构有了较多的研究成果。20世纪60年代以来,随着计算机技术的推广和岩土介质本构关系研究的进步,地下结构的数值计算方法有了很大的发展。

(7)极限和优化设计阶段

一般来说,假定衬砌结构处于弹性受力阶段的计算方法,不能反映实际结构最终破坏时的极限承载能力。实际上,衬砌结构最大受力截面发生裂缝并不意味着结构已全部丧失承载能力,因此,按极限状态计算是地下结构计算理论发展的一个方向。同时,结构力学优化设计方法也逐步引入了地下结构设计中,以达到节省材料、降低造价的目的。

应该指出,上述七个发展阶段在时间上并没有截然的先后之分,后期提出的计算方法一般也并不否定前期的研究成果。鉴于岩土介质的复杂多变,这些计算方法都各有其适用的范围,也都带有一定的局限性。总而言之,新方法的不断出现,意味着地下结构的计算理论将日益完善。

1.1.2 隧道结构计算方法的分类

按地层与衬砌相互作用考虑方式的不同,地下结构计算方法可大致分为两类:荷载—结构法和地层—结构法。数值计算法可分别归属于这两种方法。

认为地层对结构的作用只是产生作用在结构上的荷载(包括主动的地层压力和被动的地层抗力),以计算结构在荷载作用下产生的内力和变形的方法称为荷载—结构法。弹性连续框架法、假定抗力法和弹性地基梁法等都可归属于荷载—结构法。当软弱地层对结构变形的约束能力较弱时,地下结构计算常用弹性连续框架法,反之,可用假定抗力法或弹性地基梁法。假定抗力法和弹性地基梁法已形成了一些经典计算方法,按所采用的地层变形理论不同,又可分为局部变形理论计算法和共同变形理论计算法。

认为地层与结构一起构成受力变形的整体,并可按连续介质力学原理来计算结构和周边地层的计算方法称为地层—结构法。常见的关于圆形隧道的弹性解、弹塑性解和黏弹性解等都归属于地层—结构法。

荷载—结构法和地层—结构法都可按数值解计算,因为数值计算方法可以对许多复杂的岩土工程问题得到近似解。有限单元法、有限差分法、加权余量法、边界单元法等都归属于数值计算法。由于材料非线性、几何非线性、节理和其他不连续特征以及开挖效应等许多复杂的工程因素在有限单元法中都可得到适当的反映和考虑,故有限单元法是处理岩土工程和地下结构问题中发展最快的一种数值计算方法。

1.2 我国隧道支护结构设计方法的现状与问题

1.2.1 铁路隧道支护结构设计方法的现状

1) 设计规范规定

《铁路隧道设计规范》(TB 10003—2016)[11]在隧道结构设计方法方面主要有如下规定:

(1)隧道结构可采用破损阶段法和容许应力法设计,采用极限状态法时应符合相关标准的规定。

(2)锚喷衬砌和复合式衬砌的初期支护,可按工程类比法确定设计参数;施工期间可通过监控量测进行修正。对地质复杂、大跨度、多线和有特殊要求的隧道,除采用工程类比法外,还应结合数值解法或近似解法进行分析确定。

(3)计算复合式衬砌时,初期支护应按主要承载结构计算;二次衬砌在Ⅰ~Ⅲ级围岩可作为安全储备,Ⅳ~Ⅵ级围岩及符合规范规定的情形时宜按承载结构设计。

(4)隧道衬砌宜采用荷载—结构模型进行计算。结构抗裂有要求时,对素混凝土构件应进行抗裂验算,对钢筋混凝土构件应验算其最大裂缝宽度。

(5)初期支护及二次衬砌的设计参数,应根据隧道围岩分级、围岩构造特征、地应力条件等采用工程类比、理论分析确定。

(6)采用荷载—结构法计算隧道衬砌的内力和变形时,应考虑围岩对衬砌变形的约束作用,如弹性反力。弹性反力的大小及分布可根据衬砌结构形式、回填情况和围岩的变形性质等因素,采用局部变形理论进行计算。

(7)隧道衬砌按破损阶段检算构件截面强度时,根据结构所受的不同荷载组合,在计算中应分别选用不同的安全系数,并不应小于表1-1和表1-2所列数值。按所采用的施工方法检算施工阶段强度时,安全系数可采用表列"主要荷载+附加荷载"栏内数值乘以折减系数0.9。

混凝土和砌体结构的强度安全系数　　　　　　　　　表1-1

材料种类		混凝土		砌体	
荷载组合		主要荷载	主要荷载+附加荷载	主要荷载	主要荷载+附加荷载
破坏原因	混凝土或砌体达到抗压极限强度	2.4	2.0	2.7	2.3
	混凝土达到抗拉极限强度	3.6	3.0	—	—

钢筋混凝土结构的强度安全系数　　　　　　　　　表1-2

荷载组合		主要荷载	主要荷载+附加荷载
破坏原因	钢筋达到计算强度或混凝土达到抗压或抗剪极限强度	2.0	1.7
	混凝土达到抗拉极限强度	2.4	2.0

《铁路隧道设计规范(极限状态法)》(Q/CR 9129—2018)[12]在隧道结构设计方法方面主要有如下规定:

(1)隧道衬砌、明洞及洞门结构设计可采用以概率理论为基础的极限状态法设计。

(2)隧道衬砌结构设计时,应根据结构在施工、安装、运行及检修等不同时期可能出现的不同作用、结构体系和环境条件,分别按持久状况、短暂状况、偶然状况和地震状况进行设计。

(3)隧道设计应根据施工过程中的超前地质预报和现场揭示地质、监测信息开展信息化设计。

(4)围岩压力标准值及土压力标准值应根据围岩级别按规范中规定的公式计算,必要时应根据现场实测数据综合分析确定。

(5)围岩荷载计算时应考虑隧道所处的地形、地质条件、埋置深度、结构特征、工作条件、施工方法及相邻隧道间距等因素,也可依工程类比确定荷载。施工中如发现与实际不符,应及时修正。对地质复杂的隧道,必要时应通过实测数据综合分析确定荷载的代表值或计算值及其分布规律。

(6)锚喷衬砌和复合式衬砌的初期支护,可按工程类比法确定设计参数;施工期间应通过监控量测进行修正。对地质复杂、大跨度、多线和有特殊要求的隧道,除采用工程类比法外,还应结合数值解法或近似解法进行分析确定。

(7)计算复合式衬砌时,初期支护应按主要承载结构计算。

(8)隧道衬砌宜采用荷载—结构模型进行计算。结构抗裂有要求时,对素混凝土构件应进行抗裂验算,对钢筋混凝土构件应验算其最大裂缝宽度。

(9)初期支护及二次衬砌的设计参数,应根据隧道围岩分级、围岩构造特征、地应力条件等采用工程类比、理论分析确定。

(10)隧道衬砌计算时,应考虑围岩弹性抗力对衬砌变形的约束作用。弹性抗力的大小及分布可根据衬砌作用下的变形、回填情况和围岩的变形性质等因素,采用局部变形理论进行计算。

2) 主要研究进展

(1)围岩稳定性评价和分级[13]

隧道开挖后,周边围岩不需要进行特别处理,而在一定时间内能保持不发生有害变异(如大变形、崩塌、掉块、挤入等)的自支护能力称为围岩稳定。通过对比国内外相关围岩分级,得到影响围岩稳定性的主要因素包括岩石坚硬程度、岩体完整程度、地下水状态、结构面状态及初始地应力状态等。依据铁路隧道对自稳跨度的相关科研成果,并参考其他行业相关文献,得到了铁路隧道基于暂时稳定跨度(达到暂时稳定等级的最大跨度)的稳定性评价表(表1-3)。为提高和强化围岩定量分级,《铁路隧道设计规范》(TB 10003—2016)中的围岩分级方法引入了围岩基本质量指标BQ,并针对不同岩性细化了围岩弹性波速范围,同时提出了在基本围岩分级的基础上应根据地下水状态、围岩初始地应力状态对围岩级别进行修正。围岩级别共分为6级,其中Ⅲ、Ⅳ、Ⅴ级围岩又分别划分为两个亚级。

铁路隧道围岩稳定性评价　　　　　表1-3

围岩级别		各级围岩稳定性描述
基本级别	亚级	
Ⅰ	—	围岩稳定,无坍塌,可能发生岩爆
Ⅱ	—	暴露时间长,可能会出现局部小坍塌,破坏以掉块为主,侧壁稳定,层间结合差的平缓岩层顶部易塌落;暂时自稳跨度17~20m
Ⅲ	Ⅲ$_1$	拱部无支护时可产生小坍塌,侧壁基本稳定,爆破振动过大易塌;暂时自稳跨度14~16m
Ⅲ	Ⅲ$_2$	拱部无支护时可产生小坍塌,侧壁基本稳定,爆破振动过大易塌;暂时自稳跨度10~13m
Ⅳ	Ⅳ$_1$	拱部无支护时可产生较大的坍塌,侧壁有时会失去稳定性;暂时自稳跨度7~9m
Ⅳ	Ⅳ$_2$	拱部无支护时可产生较大的坍塌,侧壁有时会失去稳定性;暂时自稳跨度5~6m
Ⅴ	Ⅴ$_1$	围岩易坍塌,处理不当将出现大坍塌,侧壁经常出现小坍塌,浅埋时易出现地表下陷或塌穿至地表;暂时自稳跨度3~4m
Ⅴ	Ⅴ$_2$	围岩易坍塌,处理不当将出现大坍塌,侧壁经常出现小坍塌,浅埋时易出现地表下陷或塌穿至地表;暂时自稳跨度<3m
Ⅵ	—	围岩极易坍塌变形,有水时土砂常与水一起涌出,浅埋时易塌穿至地表;无自稳性

(2)隧道施工全过程变形与稳定性控制技术[13]

由赵勇、张顶立等人组成的中国铁路隧道围岩稳定性课题组经过10余年努力,创新总结形成了隧道围岩变形控制综合修建技术,其核心思想是以围岩稳定性为前提,以围岩全过程变形控制为目标,以科学的支护措施为手段,实现支护结构与隧道围岩结构的协同作用,从而充分发挥围岩的自承能力,达到安全、经济、快速、耐久的隧道稳定结构体系。

该研究成果认为隧道围岩由"浅层围岩"和"深层围岩"复合而成。"浅层围岩"是指隧道开挖后周边一定范围内丧失整体稳定性而无法实现长期自稳的松动区围岩,这部分围岩荷载需要及时支护;在此范围以外整体稳定性较好而且能够承担地层荷载的围岩则为"深层围岩",若对其采取及时有效的支护和干预则可保持其稳定性。"深层围岩"由"结构层"和"荷载层"组成,并交替出现,如图 1-1 所示。在工程实践中,结构层是每组围岩稳定性的控制性岩层,如果第一组围岩的结构层能保持长期稳定,则浅层围岩范围不再扩大;反之任何结构层的失稳都将形成新一轮的大范围的围岩失稳和破坏过程,表现为浅层围岩范围的扩大,直至发展到下一个结构层又达到一个新的相对稳定阶段。内侧结构层的失稳通常伴随着一定范围内围岩的垮落和松动,本质上是拱结构轴线的外移,实现地层荷载向外侧更大范围的岩层中传递,以达到新的平衡。

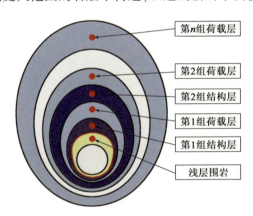

图 1-1　隧道围岩结构特性

对于复合隧道围岩,其荷载主要由两部分组成,即浅层围岩的"给定荷载"和深层围岩的"形变荷载",处于松动状态的浅层围岩所产生的荷载需要支护结构全部承担,处于相对稳定状态的深层围岩所产生的荷载大小则取决于对其结构层的控制水平及传力效果,对结构层变形控制越严则其荷载越大,反之亦然。根据支护方式和支护机理的不同,隧道支护体系对围岩的作用可划分为

"支"和"护"两个方面。"支"指的是对浅层围岩施加支护力,支承浅层围岩的松动荷载和深层围岩传递过来的部分形变荷载,使得浅层围岩由原本的单向或双向应力状态转变为双向或三向应力状态。"护"是指改善围岩力学性能,增强围岩完整性,减小潜在浅层围岩的范围。相对而言,"支"的本质为协助围岩承载,是被动手段,对应作用于隧道表面的支护形式,而"护"的本质为调动围岩承载,是主动干预,对应于深入围岩内部的支护和加固方式。在整个支护体系中,超前支护、初期支护和二次衬砌支护结构协同工作,共同维护隧道稳定,但由于各自施作的时序性以及隧道开挖的时空效应,彼此间也有明确的分工:

①超前支护的核心作用是防止围岩的坍塌冒落,控制开挖面破坏的范围和程度,也是安全开挖和施作后期各项支护的前提,其主要作用为调动围岩承载。其中,超前锚杆的作用表现在两个方面,既加固围岩提高其自身力学性能,又支护浅层围岩部分附加荷载。

②初期支护结构承担因开挖释放的全部附加荷载,是支护体系的主体,并且与围岩成为一体,其本质是协助围岩承载。

③二次衬砌结构通常作为安全储备,但由于其往往具有一定的刚度,因此施作后将与初期支护分担部分荷载。

另外,由于围岩变形破坏过程的阶段性以及支护结构的差异性,支护系统的协同作用体现在多个方面,主要有支护结构协同、时空转化协同、接触状态协同和作用过程协同。

(3)高速铁路机械化大断面隧道设计方法

郑万高铁湖北段于2016年底开展了大规模机械化配套施工,针对我国高速铁路大断面隧道标准化施工大型机械化配套技术、大断面隧道掌子面超前支护设计方法、大断面隧道洞身支护结构设计方法、大断面隧道标准化施工工法及工艺和施工组织管理方法等课题开展了系统研究。在机械化配套设计方面,涵盖了超前支护、开挖、初期支护、二次衬砌四大作业区,按配置机械完善程度分为基本型配套和加强型配套;在施工工法设计方面,有全断面法和微台阶法;在掌子面稳定性评价方面,采用定性评价与定量评价相结合的方式,分为稳定、暂时稳定和不稳定三种;在超前支护设计方法方面,根据掌子面稳定性评价结果确定超前支护措施(包括掌子面喷混凝土、超前小导管、管棚、掌子面锚杆、超前注浆等),并采用工程类比法、极限平衡法分析确定参数;在洞身支护设计方法方面,采用荷载—结构模型计算,浅埋、偏压段围岩压力按隧道设计规范公式值采用,深埋段根据对形变荷载的实测值确定。

1.2.2 公路隧道支护结构设计方法的现状

1)设计规范规定

《公路隧道设计规范》(JTG D70—2004)[14]在隧道结构设计方法方面主要有如下规定:

(1)荷载应根据隧道所处的地形、地质条件、埋置深度、结构特征和工作条件、施工方法、相邻隧道间距等因素确定。施工中如发现与实际不符,应及时修正。对于地质条件复杂的隧道,必要时应通过实地量测确定。

(2)在隧道结构上可能同时出现的荷载,应按承载能力和满足正常使用要求的检验分别进行组合,并按最不利组合进行设计。

(3)Ⅰ~Ⅳ级围岩中的深埋隧道,围岩压力主要为形变压力,其值可按释放荷载计算,并规定了释放荷载计算方法。Ⅳ~Ⅵ级围岩中深埋隧道的围岩压力为松散荷载时,其垂直均布压力及水平均布压力可规定公式计算[注:计算公式与《铁路隧道设计规范》(TB 10003—2016)相同]。

(4)衬砌结构类型和尺寸,应根据使用要求、围岩级别、工程地质和水文地质评价、隧道埋置深度、结构受力特点,并结合工程施工条件、环境条件,通过工程类比和结构计算综合分析确定。在施工阶段,还应根据现场监控量测调整支护参数,必要时可通过试验分析确定。

(5)锚喷衬砌可采用工程类比法或数值计算,并结合现场监控量测进行设计。

(6)复合式衬砌可采用工程类比法进行设计,并通过理论分析进行验算。初期支护及二次衬砌的支护参数可参照规范中的表格选用,并应根据现场围岩监控量测信息对设计支护参数进行必要的调整。

(7)隧道结构应按破损阶段法验算构件截面的强度。结构抗裂有要求时,对混凝土构件应进行抗裂验算,对钢筋混凝土构件应验算其裂缝宽度。

(8)深埋隧道中的整体式衬砌、浅埋隧道中的整体式或复合式衬砌及明洞衬砌应采用荷载—结构法计算。深埋隧道中复合式衬砌的二次衬砌也可采用荷载—结构法计算。采用荷载—结构法计算隧道衬砌的内力和变形时,应通过考虑弹性抗力等体现围岩对衬砌变形的约束作用。弹性抗力的大小及分布,对回填密实的衬砌构件可采用局部变形理论计算确定。

(9)按破损阶段检算构件截面强度时,应根据不同的荷载组合,分别采用不同的安全系数,并应不小于表1-4和表1-5所列数值。检算施工阶段的强度时,安全系数可采用表列"永久荷载+基本可变荷载+其他可变荷载"栏内数值乘以折减系数0.9。

混凝土和砌体结构的强度安全系数 表1-4

材料种类		混凝土		砌体	
荷载组合		永久荷载+基本可变荷载	永久荷载+基本可变荷载+其他可变荷载	永久荷载+基本可变荷载	永久荷载+基本可变荷载+其他可变荷载
破坏原因	混凝土或砌体达到抗压极限强度	2.4	2.0	2.7	2.3
	混凝土达到抗拉极限强度	3.6	3.0	—	—

钢筋混凝土结构的强度安全系数 表1-5

荷载组合		永久荷载+基本可变荷载	永久荷载+基本可变荷载+其他可变荷载
破坏原因	钢筋达到计算强度或混凝土达到抗压或抗剪极限强度	2.0	1.7
	混凝土达到抗拉极限强度	2.4	2.0

(10)Ⅰ~Ⅴ级围岩中,复合式衬砌的初期支护应主要按工程类比法设计,其中Ⅳ、Ⅴ级围岩的支护参数应通过计算确定,计算方法为地层—结构法。

(11)复合式衬砌中的二次衬砌,Ⅰ~Ⅲ级围岩中为安全储备,并按构造要求设计;Ⅳ、Ⅴ级围岩中为承载结构,可采用地层—结构法进行内力和变形计算。

(12)各级围岩的自稳能力宜根据围岩变形量测和理论分析来评定,也可按表1-6作出大致的评判。

公路隧道各级围岩自稳能力判断　　　　　　　表 1-6

围岩级别	自 稳 能 力
Ⅰ	跨度≤20m,可长期稳定,偶有掉块,无塌方
Ⅱ	跨度10~20m,可基本稳定,局部可发生掉块或小塌方; 跨度<10m,可长期稳定,偶有掉块
Ⅲ	跨度10~20m,可稳定数日至1月,可发生小~中塌方; 跨度5~10m,可稳定数月,可发生局部块体位移及小~中塌方; 跨度<5m,可基本稳定
Ⅳ	跨度>5m,一般无自稳能力,数日至数月内可发生松动变形、小塌方,进而发展为中~大塌方;埋深小时,以拱部松动破坏为主;埋深大时,有明显塑性流动变形和挤压破坏; 跨度≤5m,可稳定数日至1月
Ⅴ	无自稳能力,跨度5m或更小时,可稳定数日
Ⅵ	无自稳能力

注:1. 小塌方:塌方高度<3m,或塌方体积<30m³。
　2. 中塌方:塌方高度3~6m,或塌方体积30~100m³。
　3. 大塌方:塌方高度>6m,或塌方体积>100m³。

《公路隧道设计规范　第一册　土建工程》(JTG 3370.1—2018)[15]在隧道结构设计方法方面主要有如下规定:

(1)应根据隧道所处的地形、地质条件、埋置深度、支护条件、施工方法、相邻隧道间距等因素确定围岩压力,可按释放荷载或松散荷载计算。在施工和实地量测中发现与实际不符时,应及时修正。

(2)在隧道结构上可能同时出现的荷载,应按满足承载能力和满足正常使用要求分别进行组合,并按最不利组合进行设计。

(3)深埋隧道松散荷载垂直均布压力及水平均布压力,在不产生显著偏压及膨胀力的围岩条件下,可按规定公式计算(注:计算公式与《铁路隧道设计规范》(TB 10003—2016)相同,有围岩 BQ 或 $[BQ]$ 值时,对公式中体现围岩级别的因素进行了调整)。

(4)衬砌结构类型、支护参数,应根据使用要求、围岩级别、工程地质和水文地质评价、隧道埋置深度、结构受力特点,并结合周边工程环境、支护手段、施工方法,通过工程类比和结构计算综合分析确定。在施工阶段,尚应根据现场监控量测结果调整支护参数,实行动态设计,必要时可通过试验分析确定。

(5)锚喷衬砌支护参数可通过工程类比或数值计算确定,并结合现场监控量测调整。采用工程类比法时,支护参数可按规范中的附表选用(注:表中规定了人行通道、汽车通道、两车道隧道在Ⅰ～Ⅲ级围岩中的支护参数)。

(6)复合式衬砌,可采用工程类比法进行设计,必要时,可通过理论分析进行验算。两车道隧道、三车道隧道支护参数可按规范中的表格选用。四车道隧道应通过工程类比和计算分析确定。在施工过程中应根据超前地质预报及现场围岩监控量测信息对设计支护参数进行必要的调整。

(7)隧道结构应按破损阶段法验算构件截面的强度。结构抗裂有要求时,对混凝土构件应进行抗裂验算,对钢筋混凝土构件应验算其裂缝宽度。

(8)深埋隧道中的整体式衬砌、浅埋隧道中的整体式或复合式衬砌的二次衬砌及明洞衬砌等宜采用荷载—结构法计算。深埋隧道中复合式衬砌的二次衬砌也可采用荷载—结构法计算。采用荷载—结构法计算隧道衬砌的内力和变形时,应考虑弹性抗力等因素。弹性抗力的大小及分布,对回填密实的衬砌构件可采用局部变形理论计算确定。

(9)按破损阶段检算构件截面强度时,应根据不同的荷载组合,分别采用不同的安全系数,并应不小于表1-7和表1-8所列数值。验算施工阶段的强度时,安全系数可采用表列"永久荷载＋基本可变荷载＋其他可变荷载"栏内数值乘以折减系数0.9。

混凝土和砌体结构的强度安全系数　　　　　表1-7

破坏原因	混凝土			砌体		
	永久荷载＋基本可变荷载	永久荷载＋基本可变荷载＋其他可变荷载	永久荷载或永久荷载＋偶然荷载	永久荷载＋基本可变荷载	永久荷载＋基本可变荷载＋其他可变荷载	永久荷载或永久荷载＋偶然荷载
混凝土或砌体达到抗压极限强度	2.4	2.0	1.8	2.7	2.3	2.0
混凝土达到抗拉极限强度	3.6	3.0	2.7	—	—	—

钢筋混凝土结构的强度安全系数　　　　　　　表 1-8

破坏原因	永久荷载+ 基本可变荷载	永久荷载+基本可变 荷载+其他可变荷载	永久荷载+ 偶然荷载
钢筋达到计算强度或混凝土 达到抗压或抗剪极限强度	2.0	1.7	1.5
混凝土达到抗拉极限强度	2.4	2.0	1.8

（10）复合式衬砌的初期支护应主要按工程类比法设计。必要时，支护参数可按规范中提供的地层—结构法计算确定，并按使用阶段和施工阶段分别验算。

（11）复合式衬砌中的二次衬砌与初期支护共同承担围岩压力及其他外部荷载时，可采用地层—结构法计算内力和变形，并可采用荷载—结构法验算，验算时荷载按上述第（3）条取值。

（12）围岩稳定性分析时，可采用有限元强度折减法验算施工过程中的围岩安全系数，可将初期支护施工后的围岩安全系数作为判断围岩稳定性的依据。

（13）各级围岩的自稳能力宜根据围岩变形量测和理论分析来评定，也可按表 1-6 作出大致的评判。

2）主要研究进展

在超大跨度公路隧道支护结构力学特性研究方面，杜守继等[16]对软岩隧道围岩收敛曲线和衬砌受力变形曲线进行了研究，并分别对一次衬砌和二次衬砌的作用效果进行了评价。晏启祥等[17]以软岩小净距隧道为研究对象，重点分析了其在不同开挖方式下锚杆、喷混凝土层和二次衬砌的受力特点，以及洞周围岩特征点变形和应力随施工的变化过程。来弘鹏等[18]以某隧道为依托进行了现场测试，对围岩压力、格栅钢架钢筋应力、初期支护和二次接触压力等变化规律及分布特性进行了研究。陈建勋等[19]对某隧道洞口围岩压力、钢架应力、喷混凝土应力、纵向连接钢筋应力、锚杆轴力及拱部下沉进行了施工监测，并采用有限元法对隧道支护结构进行了计算分析，以了解浅埋偏压黄土隧道洞口段支护结构的受力状况。公路隧道方面对支护结构力学特性的研究多集中于两车道等跨度较小的隧道，且研究方法多以数值模拟为主，研究成果不尽一致，而对于单洞四车道的超大跨度隧道的变形规律与支护结构力学特性研究较少。

在超大跨度公路隧道支护结构设计参数研究方面，吴梦军[20]通过物理模型试验和数值模拟,对超大跨度隧道结构的应力和位移的发展规律进行了研究。曲海锋[21]基于荷载—结构理论,对超大跨度隧道的荷载模式、支护参数、断面形式进行了研究,提出了适用于超大跨度隧道荷载的"过程荷载"计算方法。黄成造等[22]基于荷载—结构法,采用遗传算法,综合考虑隧道变形和受力特点,并以工程造价为目标函数,建立了优化模型,通过对隧道实际的设计参数进行优化,提出了不同围岩条件下四车道隧道合理的支护参数。陈建勋[23]通过总结数十个软弱地层隧道初期支护中系统锚杆的受力和工程实际的变形情况,并结合理论分析,发现系统锚杆在软弱地层中加固围岩效果不明显,认为在软弱围岩中应取消系统锚杆,采用"钢架+锁脚锚杆(管)+喷射混凝土+钢筋网"的支护形式,该支护形式现已被广泛使用。

在双洞八车道隧道施工方法研究方面,郝哲[24]以金州公路隧道为依托,对大跨度隧道施工中的开挖变形、稳定监测和主动控制等若干问题进行了探讨,分析了最合理的围岩应力和变形特征,分析了一次支护的受力特征及最合适的二次衬砌时机,对主动控制的思想进行了完善。王应富等[25]利用有限元方法对四车道公路隧道的完整开挖过程进行了动态模拟研究,模拟开挖采用的双侧壁导坑法能够保证施工安全,对初期支护的剪力、围岩的变形、弯矩动态变化以及锚杆轴力进行了监控,提出了大跨度隧道施工容易出现的问题,并针对此问题指出了相应的解决措施。

综上,随着交通需求的发展,出现了越来越多的大跨度公路隧道,对大跨度公路隧道修建技术方面的研究成果也越来越多,设计方法也必定会逐步完善与成熟。

1.2.3　水电隧道及地下工程支护结构设计方法的现状

水电领域的隧道及地下工程主要涉及地下厂房洞室群、水工隧洞及其附属洞室两大类。与其他行业的隧道及地下工程相比,水电领域具有以下特点:

(1)洞室尺寸大且洞室尺寸变化幅度大,厂房跨度可达20~35m,高度可达60~90m,断面形状以高窄的城门洞形为主。

(2)由于洞室群布置多样、建设及运行管理条件各异,一般无法采用标准设计。

(3)为避免过于潮湿环境影响电站运行,一般设有十分庞大的防渗帷幕和排水系统。

(4)一般要求衬砌与围岩共同承担较大的内水压力,同时还有控制内水外渗的要求。

这些特点决定了水电隧道衬砌设计理念与方法有别于其他行业,目前采用的主要设计方法是工程类比法和数值分析法,在支护形式上多采用预应力锚索和长锚杆。

1.2.4 隧道支护结构设计方法中存在的问题

以下主要针对铁路和公路隧道设计规范,对目前我国隧道支护结构设计方法中存在的问题进行分析。

1) 围岩稳定性分析方法中存在的问题

公路隧道设计规范中明确提出了各级围岩自稳能力判断表(表1-6),铁路隧道设计规范中虽未提出自稳能力判别表,但在相关科研报告中提出了相关表格(表1-3)。由表1-3和表1-6可见,二者虽然在描述和具体数值上有所差别,但总的来说大同小异。这其中存在的主要问题有:

(1) 没有体现断面形状的差异。

(2) 没有体现埋深对自稳能力的影响,或者可以认为埋深对自稳能力的影响已经体现在地应力对围岩级别的修正上,但这种做法比较粗糙。

(3) 没有提出与自稳能力相对应的安全系数。

(4) 没有提出自稳能力的定量判据(如位移超标还是围岩被压碎而失稳等),只有定性判据。

常用的围岩稳定性分析方法有:传统有限元法、传统极限分析法、有限元强度折减法等。传统有限元法仅凭位移、应力及拉应力和塑性区大小不能确定地下工程的安全度和破裂面,致使地下工程设计无法进入严格的力学定量分析阶段[26]。传统极限分析法可以提供岩土材料整体失稳的判据,但这种方法需要事先知道岩土的潜在破坏面。对于一些比较简单的岩土工程问题,如均质材料中的边(滑)坡问题、地基承载力问题可以获得潜在破坏面,从而求出岩土工程的稳定安全系数或极限荷载,但由于隧道工程的复杂性,至今尚无法采用传统极限分析法求解稳定安全系数和极限荷载[26]。有限元强度折减法通过对岩土体强度参数的折减,使岩土体处于极限状态,因而自动生成破坏面而求得安全系数,不仅不需要事先找出潜在破坏面,反而可求得破坏面。该方法为隧道围岩稳定性提供了具有严格力学意义的定量指标,从而为隧道的设计计算提供了有力的技术支撑。但该方法得到的围岩稳定性安全系数实际上是材料的剪切(或受拉)强度储备能力,一般而言,隧道围岩的强度参数劣化并非整体性的,而是一个渐进性局部损伤(洞周围岩)至整体破坏的过程,强度折减法目前大多数研究均将围岩作为一个整体进行强度折减,实际上忽略了当围岩较好时洞周围岩作为承载或支护结构组成部分的可能性[27]。随着对隧道围岩稳定性分析理论研究的深入,需要及时将合适的分析方法纳入设计规范。

2) 初期支护设计方法中存在的问题

铁路隧道设计规范提出初期支护设计参数应根据隧道围岩分级、围岩构造特征、地应力条件等采用工程类比、理论分析确定,但没有提出理论分析的具体方法。公路隧道设计规范提出复合式衬砌的初期支护应主要按工程类比法设计,必要时可按规范中提供的地层—结构法计算,但也没有提出采用地层—结构法时的安全判据。

由于初期支护主要采用工程类比法设计,支护参数没有明确的安全系数值,设计者往往无所适从,设计中随意性很大,缺乏科学性。表1-9和表1-10分别为两个地区双向四车道高速公路和双向六车道高速公路隧道支护参数设计情况,可见,由于采用工程类比法设计,支护参数选择的随意性很大,A地区明显强于B地区,喷射混凝土厚度差别1~2cm,锚杆密度差别25%~80%,二次衬砌厚度差别5~10cm。

不同地区双向四车道隧道支护参数对比表　　表1-9

(设计时速100km、高速或一级公路)

围岩级别	衬砌类型	适用条件	初期支护						二次衬砌			
			喷射混凝土厚度(cm)		系统锚杆(m)				拱墙(cm)		仰拱(cm)	
					长度		间距(环×纵)					
			A地区	B地区	A地区	B地区	A地区	B地区	A地区	B地区	A地区	B地区
V级围岩	S5-3	V级围岩偏压	27	26	3.50	3.50	1.0×0.6	1.0×1.0	60*	50*	60*	50*
	S5-2	V级围岩浅埋	25	24	3.50	3.50	1.0×0.6	1.0×1.0	50*	45*	50*	45*

续上表

围岩级别	衬砌类型	适用条件	初期支护					二次衬砌			
			喷射混凝土厚度（cm）		系统锚杆(m)					拱墙（cm）		仰拱（cm）	
					长度		间距（环×纵）					
			A地区	B地区	A地区	B地区	A地区	B地区	A地区	B地区	A地区	B地区
Ⅴ级围岩	S5-1	Ⅴ级围岩深埋	25	24	3.50	3.50	1.0×0.8	1.0×1.0	50*	45*	50*	—
Ⅳ级围岩	S4-2	Ⅳ级围岩浅埋	22	20	3.00	3.00	1.0×0.8	1.2×1.2	45*	40*	45*	40*
	S4-1	Ⅳ级围岩深埋	22	18	3.00	3.00	1.2×1.0	1.2×1.2	40	35	40	—
Ⅲ级围岩	S3	Ⅲ级围岩	12	10	3.00	3.00	1.2×1.2	1.5×1.2	35	30	—	—
Ⅱ级围岩	S2	Ⅱ级围岩	—	5	—	2.50	—	—	—	30	—	—

注：标"*"的代表钢筋混凝土，A地区无Ⅱ级围岩设计参数。

不同地区双向六车道隧道支护参数对比表　　　表1-10

（设计时速100km、高速或一级公路）

围岩级别	衬砌类型	适用条件	初期支护					二次衬砌			
			喷射混凝土厚度（cm）		系统锚杆(m)					拱墙（cm）		仰拱（cm）	
					长度		间距（环×纵）					
			A地区	B地区	A地区	B地区	A地区	B地区	A地区	B地区	A地区	B地区
Ⅴ级围岩	S5-3	Ⅴ级围岩偏压	29	28	4.00	4.00	1.0×0.6	1.0×1.0	70*	60*	70*	60*
	S5-2	Ⅴ级围岩浅埋	29	28	4.00	4.00	1.0×0.6	1.0×1.0	60*	50*	60*	50*
	S5-1	Ⅴ级围岩深埋	27	26	3.50	4.00	1.0×0.7	1.0×1.0	60*	50*	60*	50*

续上表

围岩级别	衬砌类型	适用条件	初期支护						二次衬砌			
			喷射混凝土厚度（cm）		系统锚杆（m）				拱墙（cm）		仰拱（cm）	
					长度		间距（环×纵）					
			A地区	B地区	A地区	B地区	A地区	B地区	A地区	B地区	A地区	B地区
Ⅳ级围岩	S4-2	Ⅳ级围岩浅埋	25	24	3.50	3.50	1.0×0.8	1.0×1.0	55*	45*	55*	45*
	S4-1	Ⅳ级围岩深埋	25	20	3.00	3.50	1.0×1.0	1.0×1.0	50*	45*	50*	45*
Ⅲ级围岩	S3-2	Ⅲ级围岩（软岩）	23	13	3.00	3.00	1.0×0.6	1.0×1.0	45	40	—	—
	S3-1	Ⅲ级围岩（硬岩）	19	10	3.00	3.00	1.0×0.6	1.0×1.0	45	40	—	—
Ⅱ级围岩	S2	Ⅱ级围岩	—	8	—	2.50	—	—	—	35	—	—

注：标"*"的代表钢筋混凝土，A地区无Ⅱ级围岩设计参数。

3）二次衬砌计算中存在的问题

铁路隧道和公路隧道的设计规范中，均提出二次衬砌可采用荷载—结构法计算内力和变形，按破损阶段法计算安全系数[《铁路隧道设计规范（极限状态法）》（Q/CR 9129—2018）中采用分项系数的方式表达可靠性和安全性]。如：《铁路隧道设计规范》（TB 10003—2016）规定，二次衬砌在Ⅰ～Ⅲ级围岩可作为安全储备，Ⅳ～Ⅵ级围岩及符合规范规定的情形时宜按承载结构设计。《公路隧道设计规范》（JTG D70—2004）规定，复合式衬砌中的二次衬砌，Ⅰ～Ⅲ级围岩中为安全储备，并按构造要求设计；Ⅳ、Ⅴ级围岩中为承载结构，可采用地层—结构法进行内力和变形计算。《公路隧道设计规范 第一册 土建工程》（JTG 3370.1—2018）规定，复合式衬砌中的二次衬砌与初期支护共同承担围岩压力及其他外部荷载时，可采用地层—结构法计算内力和变形，并可采用荷载—结构法验算。但是，规范的这些规定存在以下问题：

(1)没有明确二次衬砌分担的围岩压力是多少。

(2)二次衬砌作为"安全储备"时,"安全储备"究竟取多少、是多少无法确定。

4)深埋隧道围岩压力计算方法中存在的问题

《铁路隧道设计规范》(TB 10003—2016)采用的深埋隧道围岩压力计算公式如下:

$$q = 0.45 \times 2^{S-1} \cdot \gamma \cdot \omega \quad (1-1)$$

式中:q——垂直均布压力(kN/m²);

S——围岩级别;

γ——围岩重度(kN/m³);

ω——宽度影响系数,按式(1-2)计算:

$$\omega = 1 + i(B - 5) \quad (1-2)$$

B——坑道宽度(m);

i——B 每增减1m时的围岩压力增减率:当 $B<5$m 时,取 $i=0.2$;当 $B>5$m 时,取 $i=0.1$。

《公路隧道设计规范 第一册 土建工程》(JTG 3370.1—2018)规定围岩压力可按释放荷载或松散荷载计算,当采用松散荷载计算时,其计算公式同式(1-1)和式(1-2),但宽度修正系数 i 按表1-11采用。

公路隧道围岩压力增减率 i 取值表　　　　表1-11

隧道宽度 B(m)	$B<5$	$5 \leqslant B <14$	$14 \leqslant B <25$	
围岩压力增减率 i	0.2	0.1	考虑施工过程分导洞开挖	0.07
			上下台阶法或一次性开挖	0.12

《公路隧道设计细则》(JTG/T D70—2010)对围岩压力计算的规定如下:

(1)围岩松散压力为全部支护的压力总和,初期支护或二次衬砌进行内力计算时,采用适当的方法进行荷载分配。

(2)埋深较浅的隧道可只计松散压力;埋深较大的隧道除松散压力外,还应计入围岩的形变压力。

(3)松散压力可以采用与铁路隧道相同的计算公式,也可采用普氏公式计算。

(4)硬岩围岩强度比小于或等于4,软岩围岩强度比小于或等于6时,应考

虑形变压力,按式(1-3)计算:

$$P_i = \left[(P_0 + c \cdot \cot\varphi)(1 - \sin\varphi)\right]\left(\frac{a}{R}\right)^{\frac{2\sin\varphi}{1-\sin\varphi}} - c \cdot \cot\varphi \qquad (1-3)$$

式中:P_i——作用在衬砌上任意一点的形变压力(kPa);

$\quad\quad P_0$——洞室深埋处原始地应力(kPa);

$\quad\quad c$——围岩的黏聚力(kPa);

$\quad\quad \varphi$——围岩的内摩擦角(°);

$\quad\quad a$——洞室的开挖半径(m);

$\quad\quad R$——洞室开挖后形成的塑性区半径(m)。

通过对比不同规范,发现在深埋隧道围岩压力计算方法方面存在以下问题:

(1)不同规范对围岩压力计算方法不同;

(2)《公路隧道设计规范 第一册 土建工程》(JTG 3370.1—2018)规定围岩压力可按释放荷载或松散荷载计算,《公路隧道设计细则》(JTG/T 70—2010)中松散压力可采用式(1-1)和普氏理论计算,但两个规范的两种方法的计算结果差别很大,用于结构设计时,其结果必然也差别很大;

(3)当按《公路隧道设计规范 第一册 土建工程》(JTG 3370.1—2018)采用释放荷载计算围岩压力时,由于荷载释放率没有明确的计算方法,导致计算结果差异较大;当按《公路隧道设计细则》(JTG/T D70—2010)计算形变压力时,由于没有明确塑性区半径的取值,而不同取值的计算结果差别极大,因此降低了该方法的适用性。

5)复合式衬砌结构设计理念中存在的问题

目前对于复合式衬砌初期支护与二次衬砌在承载中的作用,有多种设计理念[28],具体为:

第一种理念:初期支护作为承载主体,二次衬砌仅作为安全储备或仅承受不大的荷载,代表性国家有日本。

第二种理念:初期支护作为临时结构,只需要满足施工期间的安全,二次衬砌作为承载主体,承受全部的围岩压力,代表性国家有德国、英国等欧洲国家。

第三种理念:初期支护和二次衬砌都是承载主体,初期支护和二次衬砌各承担一定比例的围岩压力,代表性国家有中国。

第四种理念:除特殊情况外,一般不需要二次衬砌,完全依靠初期支护承载,代表性国家有挪威。

显然,按上述不同设计理念得出的设计方案在经济性上会有较大差别,安全性上也可能有差别,究竟哪一种设计理念最合理是目前支护结构设计中经常争议的问题,也直接影响支护参数的选择。

6)复合式衬砌气体安全性评价困难

复合式衬砌由初期支护、二次衬砌及二者之间的隔离层组成。从结构的角度看,复合式衬砌是一个整体结构,但如上所述,初期支护采用工程类比法进行设计,二次衬砌采用荷载—结构模型按破损阶段法进行安全系数计算,由于二者采用的分析方法不同,难以统一评价整体结构的安全性。

1.3 隧道支护结构设计总安全系数法

1.3.1 隧道支护结构设计总安全系数法的提出

针对上述隧道支护结构设计方法中存在的主要问题,国内外专家学者已对隧道围岩稳定性、支护与围岩相互作用、各支护结构(构件)的承载机理、围岩承载拱、二次衬砌的荷载—结构模型等方面进行了大量的研究。从既有研究成果看,在隧道支护结构设计理论方面有两个趋势:一种趋势是抛弃荷载—结构法,仅采用以数值分析为主要手段的地层—结构法,且认为对地层的模拟越精细越好;另一种趋势是坚持荷载—结构法,认为荷载—结构法物理意义明确,简单实用,最为困难的是围岩压力的取值,因此通过大量的现场实测,力求得出作用于支护结构上的围岩压力,以便于支护结构的计算。

作者认为,"隧道结构"广义讲是"地层结构",而地层—结构法与荷载—结构法在理论和实践上又各有优缺点,为便于隧道建设人员能够像理解桥梁、建筑结构一样理解"隧道结构",采用地层—结构法与荷载—结构法有机结合的方式应该是一个途径。具体而言,隧道作为一个结构物,其设计方法无疑应遵循结构设计原理的基本思想,就是以结构接近或达到破坏阶段作为研究对象,分析其极限承载能力。而隧道接近或达到破坏阶段时,可近似采用"无支护状态"进行描述,此时对围岩的变形与荷载特性分析可以得到大幅简化。通过采用与实际相符的精细化的岩土本构模型和先进的数值分析手段对无支护状态下的围岩状态进行分析，可以得出隧道支护结构需要的"假想"支护力，进而采用荷载—结构法进行支护结构设计与安全性评价。在安全性评价方面，必须包括围岩、初期支护与二次衬砌各自的贡献，形成"总安全系数"。也就是说，以隧道接近或达到破坏阶段为研究对象，采用地层—结构法与荷载—结构法相结合的方式，将围岩、荷载、支护结构进行有机整合，进而建立一个可以统一评价和计算隧道支护结构安全性的方法，即"隧道支护结构设计总安全系数法"。

1.3.2 隧道支护结构设计总安全系数法的技术思路

隧道支护结构设计必须考虑隧道是否需要支护、支护力如何计算、支护结构的内力、变形及安全性如何计算、计算结果与现场实测不符时如何优化调整等问题。对于这些问题的解答，如图 1-2 所示，总安全系数法采用的技术思路是：将支护结构与围岩的相互作用关系视为作用力与反作用力的关系，不严格考虑二者之间的变形协调，从而使需要解决的问题大幅简化；"隧道是否需要支护的判别"和"支护力计算"采用各种与实际情况相符的本构模型进行数值分析后确定，而支护结构本身安全性和变形则采用荷载—结构模型进行计算，从而将现代分析方法与传统分析方法的优点进行综合，实现支护参数的安全性评价与量化设计。

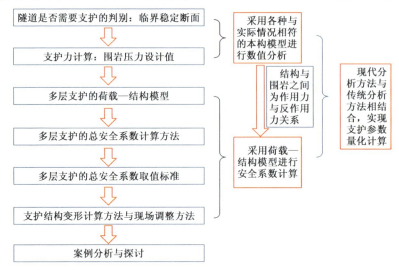

图 1-2　总安全系数法的技术思路

1.3.3　该方法需要解决的关键技术问题

采用隧道支护结构设计总安全系数法进行隧道结构设计时,需要依次解决以下关键技术问题:

(1)隧道是否需要支护的判别

隧道是否需要支护,即隧道在无支护状态下的稳定性分析。只有先了解围岩是否能够以规定的安全系数实现自稳,才能判别隧道是否需要支护。本书提出"临界稳定断面"的概念及计算方法,为判别"是否需要支护"提供依据,详见第2章。

(2)支护力取多少

设计阶段如何确定支护力是一个需要解决的关键问题。以往研究表明,作用于支护结构上的围岩压力与地质条件、支护参数、支护时机、施工方法、施工水平等因素有关,导致实际围岩压力难以确定。采用总安全系数法设计时,仅需要寻找围岩压力的最不利情况,因而可以使围岩压力的计算问题大幅简化。本书提出围岩压力设计值的概念以及将其作为"假想"支护力的思路,并对其计算方法与合理性展开了研究,详见第3章。

(3)隧道支护结构计算模型

隧道支护构件(结构)主要有锚杆、喷射混凝土、二次衬砌等,每个构件既可以自成为一个结构体系,也可以多构件组合共同形成一个复杂结构体系,因此需要解决单个结构体系计算模型如何选取、多构件复杂结构体系如何计算等问题。本书将隧道支护结构体系划分成由锚杆—围岩承载拱(以下简称"锚岩承载拱")、喷射混凝土层(含钢架、钢筋网等)、二次衬砌层组成的多层结构,对单层结构和多层结构的计算模型、安全系数计算方法等进行了研究,详见第4章。

(4)隧道支护结构安全系数计算方法

既有设计规范对结构安全系数的计算方法均是针对整体结构中的单一构件,对于多层支护结构,其安全系数究竟该如何计算,是针对各层结构分别计算还是整体计算,是隧道设计中需要解决的关键问题。本书建立了多层结构整体计算模型,并与多层结构分别按单层结构计算的方法进行了对比,得出了多层结构总安全系数的计算方法,详见第4章。

(5)隧道支护结构安全系数取值

对于多层支护结构,其安全系数的合理取值是多少、与一般单一结构相同还是不同等也是隧道设计中需要解决的关键问题。本书从隧道工程自身的特点出发,提出了支护结构在施工期和运营期的总安全系数取值建议,详见第4章。

(6)支护结构变形计算方法与现场调整方法

隧道施工现场监测多为变形监测,多层支护结构的变形该如何计算;再者,由于现有地质勘察手段无法完全和准确获取围岩的物理力学指标,支护结构计算模型与计算参数也不可避免存在偏差,现场该如何结合变形监测结果对支护结构进行调整,这些都是需要解决的关键问题。本书从围岩压力增长特性、喷射混凝土弹性模量增长特性出发,提出全断面法、台阶法施工时支护结构变形计算方法以及变形与支护结构安全系数之间的相互关系,得出支护参数的现场调整方法,详见第5章。

1.4 本书采用的计算参数与代表性隧道断面

1.4.1 主要计算参数

《铁路隧道设计规范》(TB 10003—2016)提出了各级围岩的物理力学指标,见表1-12。为节省篇幅,并便于编写,除特别注明外,本书采用的围岩物理力学指标按表1-12中的下1/3分位值取用,详见表1-13。

铁路隧道设计规范中的各级围岩物理力学指标表　　　表1-12

围岩级别	重度 (kN/m³)	弹性抗力系数 (MPa/m)	弹性模量 (MPa)	泊松比	内摩擦角 (°)	黏聚力 (MPa)
Ⅱ	25~27	1200~1800	20~33	0.2~0.25	50~60	1.5~2.1
Ⅲ	23~25	500~1200	6~20	0.25~0.3	39~50	0.7~1.5
Ⅳ	20~23	200~500	1.3~6	0.3~0.35	27~39	0.2~0.7
Ⅴ	17~20	100~200	1~2	0.35~0.45	20~27	0.05~0.2

本书采用的各级围岩物理力学指标表　　　表1-13

围岩级别	重度（kN/m³）	弹性抗力系数（MPa/m）	弹性模量（MPa）	泊松比	内摩擦角（°）	黏聚力（MPa）
Ⅱ	25.67	1400	24.33	0.217	53.33	1.7
Ⅲ	23.67	733	10.67	0.267	42.67	0.967
Ⅳ	21.0	300	2.87	0.317	31.0	0.367
Ⅴ	18	133	1.33	0.383	22.33	0.1

1.4.2　代表性隧道断面

除注明者外，本书主要采用的代表性隧道断面见图1-3（350km/h高速铁路双线隧道断面）[29]和图1-4（160km/h客货共线铁路单线隧道断面）[30]。这两个断面图仅是用于断面形状说明，具体支护参数在各章节中另行说明。

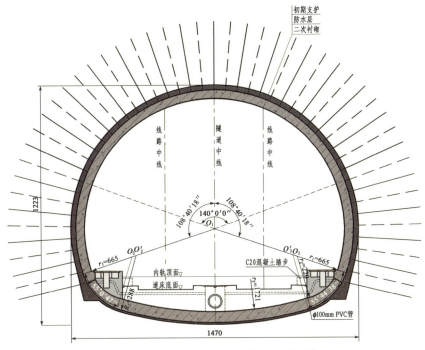

图1-3　350km/h高速铁路双线隧道断面（尺寸单位：cm）

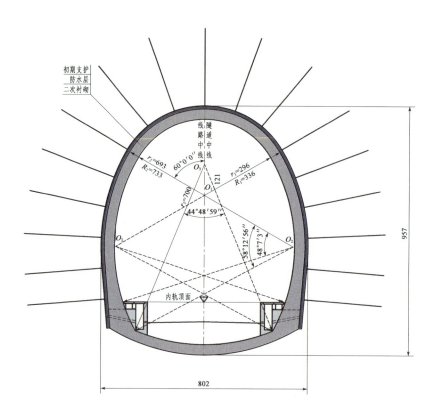

图 1-4　160km/h 客货共线铁路单线隧道断面(尺寸单位:cm)

本章参考文献

[1] 赵勇,田四明.截至 2018 年底中国铁路隧道情况统计[J].隧道建设(中英文),2019,39(2):324-335.

[2] 蒋树屏,林志,王少飞.2018 年中国公路隧道发展[J].隧道建设(中英文),2019,39(7):1217-1220.

[3] 陈学峰,刘建友,吕刚,等.京张高铁八达岭长城站建造关键技术及创新[J].铁道标准设计,2020,64(1):21-28.

[4] 郝哲,李伟,万明富.对大跨度隧道开挖中若干问题的思考[J].公路,2005(04):199-204.

[5] 溪洛渡水电站工程概况[J].水利水电施工,2014(03):4-10+119.

[6] 刘松涛,林毅,熊道品.向家坝水电站尾水隧洞大跨度、无拱座挂顶混凝土衬砌施工[J].

四川水力发电,2011,30(03):23-27+36.

[7] 陈鹏,方丹,万祥兵,等.白鹤滩地下厂房结构动力特性及抗震分析[J].水力发电,2019,45(03):50-53+119.

[8] 冯夏庭,江权,向天兵,等.大型洞室群智能动态设计方法及其实践[J].岩石力学与工程学报,2011,30(03):433-448.

[9] 彭万兵.溪洛渡水电站导流洞卵石推移质采样方案及其输沙特性[J].四川大学学报(工程科学版),2014,46(S2):21-25.

[10] 邓铭江.深埋超特长输水隧洞 TBM 集群施工关键技术探析[J].岩土工程学报,2016,38(04):577-587.

[11] 中铁二院工程集团有限责任公司.铁路隧道设计规范:TB 10003—2016[S].北京:中国铁道出版社,2017.

[12] 中铁二院工程集团有限责任公司.铁路隧道设计规范(极限状态法):Q/CR 9129—2018[S].北京:中国铁道出版社有限公司,2019.

[13] 赵勇,等.隧道设计理论与方法[M].北京:人民交通出版社股份有限公司,2019,83-88.

[14] 重庆交通科研设计院.公路隧道设计规范:JTG D70—2004[S].北京:人民交通出版社股份有限公司,2004.

[15] 招商局重庆交通科研设计院有限公司.公路隧道设计规范 第一册 土建工程:JTG 3370.1—2018[S].北京:人民交通出版社股份有限公司,2019.

[16] 杜守继.软岩隧道锚杆支护机理的数值解析[C]//中国岩石力学与工程学会 锚固与注浆新技术——第二届全国岩石锚固与注浆学术会议论文集.北京:中国电力出版社,2002:15-19.

[17] 晏启祥,何川,姚勇,等.软岩小净距隧道施工力学效应研究[J].地下空间与工程学报,2005(05):693-697.

[18] 来弘鹏,刘苗,谢永利.黄土地区浅埋暗挖三连拱地铁隧道围岩压力特征研究[J].岩石力学与工程学报,2011,30(S1):3103-3111.

[19] 陈建勋,姜久纯,罗彦斌,等.黄土隧道洞口段支护结构的力学特性分析[J].中国公路学报,2008(05):75-80.

[20] 吴梦军,黄伦海.四车道公路隧道动态施工力学研究[J].岩石力学与工程学报,2006(S1):3057-3062.

[21] 曲海锋.扁平特大断面公路隧道荷载模式及应用研究[D].同济大学,2007.

[22] 黄成造,严宗雪,骆晓,等.扁平特大断面公路隧道结构支护参数优化探讨[C]//2008

年全国隧道监控量测与反分析专题研讨会论文集.2008:64-70.

[23] 陈建勋. 软弱地层隧道初期支护技术：钢架喷网锁脚锚杆组合结构[M]. 北京:科学出版社, 2011.

[24] 郝哲,刘向峰,王来贵. 大跨度公路隧道开挖过程力学特性研究[M]. 北京:地质出版社, 2010.

[25] 王应富,蒋树屏,张永兴. 四车道隧道动态施工力学研究[J]. 公路交通科技, 2005(S1):134-137.

[26] 郑颖人,朱合华,方正昌,等. 地下工程围岩稳定分析与设计理论[M]. 北京:人民交通出版社, 2012:3-4.

[27] 肖明清,徐晨. 基于临界稳定断面的隧道围岩稳定性分析方法探讨[J/OL]. 岩土力学, 2020(05):1-9[2020-03-26]. https://doi.org/10.16285/j.rsm.2019.0697.

[28] 肖明清,孙文昊. 考虑环境作用的复合式衬砌结构设计方法探讨[J]. 铁道工程学报, 2009,26(12):55-59.

[29] 中铁第四勘察设计院集团有限公司. 时速350公里客运专线铁路双线隧道复合式衬砌∥铁路工程建设通用参考图:通隧[2008]0301[S]. 北京:铁道部经济规划研究院, 2008.

[30] 中铁工程设计咨询集团有限公司. 时速160公里客货共线铁路单线隧道复合式衬砌（普通货物运输）∥铁路工程建设通用参考图:通隧[2008]1001[S]. 北京:铁道部经济规划研究院, 2008.

Total Safety Factor Method
of Tunnel
Support Structure Design

第 2 章

隧道临界稳定断面计算与支护必要性判断

自然界中广泛存在没有任何支护但能基本自稳的洞室,如溶洞、黄土窑洞等,这引出了隧道围岩稳定性与是否需要支护的理论研究问题。现代隧道支护体系理论认为围岩既是荷载的来源也是承载的主体,但源此发展的行业规范与设计方法鲜有涉及围岩自稳条件辨识与量化围岩在隧道稳定中所起的作用,以至于隧道开挖后是否需要支护多凭经验类比,不能定量得出支护体系的安全储备。本章提出了隧道临界稳定断面的概念及基于临界稳定断面的隧道围岩稳定性分析方法,可量化分析围岩的自承载能力,并为支护体系定量设计提供一种新的思路。

2.1 隧道临界稳定断面

隧道围岩稳定性分析一直是隧道界关注的一个重点问题,由于隧道所赋存的工程环境和工程因素都会对围岩的稳定性造成影响,导致围岩的稳定性判别存在很大的困难,目前常用的围岩稳定性判别方法主要有依据规范的经验法和依靠计算的理论分析法。

在经验法方面,《工程岩体分级标准》(GB/T 50218—2014)、《岩土锚杆与喷射混凝土支护工程技术规范》(GB 50086—2015)等规范对各级围岩某一跨度区间的隧道自稳时间及可能出现的塌方程度进行了预计[1,2],但这类评价方法并没有给出明确的定量指标。在理论分析法方面,采用有限元解答时主要有两种方法,其一是在经典极限分析中引入离散方法,如有限元极限分析法、有限差分滑移线场法、有限元上、下限法等,该方法需事先知道材料中潜在的破坏面(或滑移面)的位置与形态,极限计算理论解答求解不易,因此适用范围有限[3];另外一种方法是有限元强度折减法,自1975年提出以来取得了大量而丰富的研究成果[3~5],该方法将围岩作为一个整体进行强度折减,得到的围岩稳定性安全系数实际上是材料的剪切(或受拉)强度储备能力,忽略了当围岩较好时洞周围岩作为承载或支护结构组成部分的可能性。鉴于目前的围岩稳定性分析方法存在难以定量、使用不便或对洞周围岩作为支护利用方面的分析不足等问题,需要寻求新的分析方法。

由工程实践经验和有关理论研究成果可知:

(1)大跨洞室难以全断面成洞,所以一般需要分块开挖支护;

(2)隧道扩挖过程中围岩受力状态逐渐趋于恶化甚至垮塌;

(3)根据卡斯特纳方程,隧道断面越大塑性区也越大,洞周围岩应力集中越明显[3];

(4)在裸洞自稳能力研究中,文献[6][7]等研究均表明洞室的自稳能力和断面形状、大小密切相关;

(5)挪威法在支护参数选取时主要参考隧道等效尺寸 S 与围岩质量指标 Q 值[8],相同 Q 值下,不同隧道跨度所需的支护代价大有区别。

可见,当围岩条件较好时,隧道尺寸小于一定值时无需系统支护,但当围岩较差时,小跨洞室锚喷支护可满足要求,而大跨洞室成洞的可行性甚至需要特别评估,也说明如果隧道断面不断扩大,围岩稳定性将逐渐降低直至失稳。

因此本章提出隧道临界稳定断面的概念,认为自稳裸洞的周边一定范围内的围岩形成了承载单元,当该部分围岩被开挖或者破坏,将对隧道的平衡状态产生影响导致围岩失稳或不能维持其原有断面形状。

如图 2-1a)所示,隧道临界稳定断面也就是与设计开挖断面中心埋深相同、几何形状相似、在无支护状态下围岩能够以设计安全系数达到自稳且基本能够维持其原有形状的最大断面。临界稳定断面可用于判别所设计隧道在无支护状态下的围岩稳定性,以及临界稳定断面内的围岩(以下简称"断面内围岩")作为支护结构组成部分的可能性。

当开挖断面小于临界稳定断面时,如图 2-1b)所示,可以认为断面内围岩对临界稳定断面起到了支护作用,可视为支护结构的一部分;当断面内围岩的安全系数满足设计要求时,认为围岩能够长期自稳,因而不需要系统的工程支护措施,否则需要补充工程支护措施达到设计所需要的安全系数。

当开挖断面大于临界断面时,如图 2-1c)所示,围岩不能自稳或者自稳安全系数小于设计安全系数,需要通过工程支护措施来满足设计对安全系数的要求。

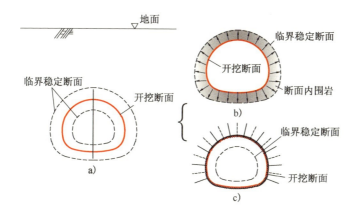

图 2-1　隧道临界稳定断面的概念示意图

2.2　临界稳定断面的计算方法

不同围岩(软岩、硬岩、裂隙围岩等)应采用不同的强度准则与相应的极限状态(临界稳定状态)计算方法,由于本章内容主要探讨如何采用临界稳定断面的思路进行隧道围岩稳定性分析,因此以下仅针对理想弹塑性材料和符合莫尔—库仑(Mohr-Coulomb)或者德鲁克—普拉格(Drucker-Prager)准则的围岩进行分析。

2.2.1　有限元模型的建立

借助有限元计算并判别围岩稳定性,得到临界稳定断面,计算模型如图 2-2 所示,具体步骤如下:

(1)建立有限元平面应变模型,围岩采用实体单元模拟,采用弹塑性本构关系,破坏准则采用莫尔—库仑或者德鲁克—普拉格准则。

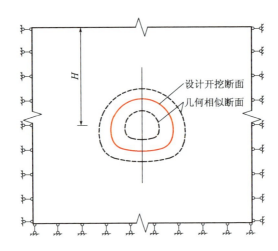

图 2-2　临界稳定断面的有限元计算模型示意图

（2）模型尺寸要满足圣维南定律的要求，即隧道与模型边界距离大于 3～5 倍的隧道跨度。

（3）通过位移边界和应力边界的组合模拟初始地应力场。

（4）保持设计开挖断面的形心位置不变，对开挖断面进行放大或缩小，得到若干与设计断面具有几何相似的断面，分别计算不同断面无支护开挖时围岩的受力特征与位移特征。

2.2.2　围岩稳定性的判据

开挖断面逐渐扩大，洞周围岩的位移随之不断增大，受力状态也趋于恶化，因此把临界稳定断面判别的原则确定为：不断扩大断面，直至某一断面率先达到任一稳定性判据时，即可表明该断面为临界稳定断面。

围岩的破坏形式主要有两种：一般洞室岩体的破坏形式属于受剪破坏，根据莫尔—库仑或者德鲁克—普拉格准则，当岩体内某一斜截面的剪应力超过破坏理论规定的滑动界限时，岩体发生屈服，屈服之后的岩体仍具有一定的承载能力，继续变形直至剪切极限破坏；另一种是受拉破坏，主要原因是软弱节理和裂隙对围岩的切割作用导致岩体的抗拉能力较差，尤其是隧道拱顶较平缓时可能出现拉裂破坏而垮塌。根据工程经验（维持原有断面形状的前提下不能发生大的破坏区）以及有限元方法求解的特点，隧道开挖稳定性有以下 4 种判据：

(1)有限元计算迭代求解不收敛[5];
(2)有限元计算的位移出现突变[5];
(3)超过极限剪应变的围岩深度超过一定的范围值;
(4)受拉破坏区深度超过一定范围值。

1)基于极限剪应变的围岩稳定性判据

(1)极限应变判据

理想弹塑性材料的应力—应变曲线如图2-3所示,若采用应变表述,材料从弹性阶段进入塑性阶段时的应变称为弹性极限应变 ε_y,刚进入塑性时不会破坏,但随着塑性发展,材料进入破坏阶段,此时应变达到了极限应变 ε_f。采用极限应变作为岩土类材料破坏的依据更能反映材料破坏的过程,且应变为无量纲的变形参数,某一应力及环境条件下材料的极限应变值是反映其变形强度的常数,不存在尺寸效应[9~11]。

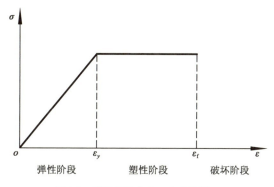

图2-3 理想塑性应力—应变曲线

(2)极限剪应变的求解

根据阿比尔的等[10]给出的极限应变的求解方法,采用数值分析软件对标准试件(试件尺寸为150mm×150mm×150mm)进行加载模拟(图2-4),约束试件底部径向位移,在顶部上表面施加竖直的均布荷载,逐级增加荷载,直到迭代求解不收敛,监测控制点的剪应变增量,加载试验收敛的临界状态时的剪应变即为该材料的单轴抗压条件下的极限剪应变。

采用表1-13中各级围岩物理力学指标,对Ⅱ、Ⅲ、Ⅳ、Ⅴ级围岩单轴受压条件下的极限剪应变的计算结果如表2-1所示。

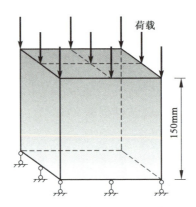

图 2-4 极限剪应变计算模型

单轴受压极限剪应变的计算结果　　　　　表 2-1

围岩级别	变形模量 E(GPa)	泊松比 ν	摩擦角 φ (°)	内聚力 c (MPa)	极限剪应变 (‰)
Ⅱ	24.3	0.233	53.3	1.70	3.14
Ⅲ	10.67	0.283	42.7	0.97	5.77
Ⅳ	2.87	0.33	31.0	0.37	8.32
Ⅴ	1.33	0.417	22.3	0.10	6.64

在实际工程应用中,受周围岩土体侧压抑制,会出现较单轴条件下更高的极限应变,如三轴加载条件下岩土材料的极限应变具有围压效应,围压越大极限应变越大[11]。

FLAC^{3D}中弹性极限剪应变 ε_y 采用应变偏张量第二不变量 $\sqrt{J'_2}$ 表示：

$$\varepsilon_y = \sqrt{J'_{2y}} = (\varepsilon_{1y} - \varepsilon_{3y})/\sqrt{3} \tag{2-1}$$

$$\varepsilon_y = \frac{1+\nu}{\sqrt{3}E}\frac{2c\cos\varphi + 2\sigma_3\sin\varphi}{1-\sin\varphi} = \frac{1+\nu}{\sqrt{3}E}\left[\sigma_c + \frac{2\sin\varphi}{1-\sin\varphi}\sigma_3\right] \tag{2-2}$$

式中：ε_y——弹性极限剪应变(‰)；

ε_{1y}——弹性极限最大主应变(‰)；

ε_{3y}——弹性极限最小主应变(‰)；

σ_c——单轴抗压强度(MPa)；

σ_3——围压(MPa)；

其他符号意义同前。

可知,弹性阶段的极限剪应变 ε_y 与 σ_3 呈线性关系,随着 σ_3 的增大而增大。

为了简化分析,假设同种材料极限剪应变 ε_f 与弹性极限应变 ε_y 满足一定的倍数关系,且在不同围压下为一定值,即

$$\varepsilon_f = \psi\varepsilon_y = \frac{1+\nu}{\sqrt{3}E}\left[\sigma_c + \frac{2\sin\varphi}{1-\sin\varphi}\sigma_3\right]\cdot\psi \qquad (2-3)$$

式中:ψ——材料极限剪应变与弹性极限应变的比例关系系数。

有研究表明,低围压约束状态下的极限应变 ε_f 与单轴受压条件下的极限应变 ε_c 具有线性关系[12],应变无量纲,采用‰表示,σ_3 的单位为 MPa,即

$$\varepsilon_f = \varepsilon_c + k_\varepsilon \sigma_3 \qquad (2-4)$$

则 k_ε 可以表示为:

$$k_\varepsilon = \frac{2\sin\varphi}{1-\sin\varphi}\frac{\varepsilon_c}{\sigma_c} \qquad (2-5)$$

Ⅱ、Ⅲ、Ⅳ、Ⅴ级围岩三轴状态下极限剪应变增量与围压的线性关系 k_ε 计算结果见表2-2。

线性关系 k_ε 的计算结果　　　　　　　表2-2

围岩级别	Ⅱ	Ⅲ	Ⅳ	Ⅴ
k_ε	2.48	5.49	13.51	28.60

(3)破坏区的分布特征与评价指标

如果采用极限应变判据,有限元计算时,提取隧道开挖后的径向力(小主应力),计算径向力作为围压下的岩体的允许极限应变值,如果该值小于围岩剪应变的计算结果,则判定该部分围岩已经进入破坏状态。竖向应力场为主时,破坏区位于边墙,如图2-5a)所示;水平应力场为主时,破坏区位于拱顶和隧底,如图2-5b)所示。

判定围岩失稳破坏的临界深度与断面大小与围岩条件有关,本研究做了简化分析,假设边墙破坏区域的最大深度超过1m,拱顶破坏区域的最大深度超过0.5m,则判定围岩失稳,隧底破坏区域原则上不会对隧道的稳定性带来影响。

2)基于张拉破坏的围岩稳定性判据

岩体的抗拉强度是评价岩体稳定性的重要指标,但岩体的抗拉强度难以测定,目前诸多研究均局限于岩块试件的测试,对实际工程的指导意义有限。霍克—布朗(Hoek-Brown)准则考虑了节理裂隙对岩体强度的影响,霍克(E. Hoek)等人[13~15]给出了广义非线性霍克—布朗准则与直线型莫尔—库仑准则的拟合

与换算关系,如图 2-6 所示。图中 σ_1 为大主应力,m_b 为岩体的霍克—布朗常量,s、a 为取决于岩体特征的常数,σ_{tM} 为采用莫尔—库伦准则计算得到的抗拉强度,σ_{tH} 为采用霍克—布朗准则计算得到的抗拉强度,σ_{cM} 为采用莫尔—库仑准则计算得到的抗压强度,σ_{cH} 为采用霍克—布朗准则计算得到的抗压强度,σ'_{3max} 为小主应力等效区间上限,σ_t 为抗拉强度。

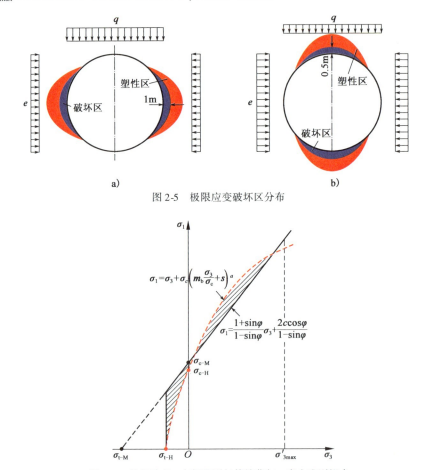

图 2-5 极限应变破坏区分布

图 2-6 广义霍克—布朗准则与等效莫尔—库仑准则拟合

由图 2-6 可知,采用莫尔—库仑准则计算单轴抗压强度(σ_{c-M})时的计算结果与霍克—布朗准则(σ_{c-H})差别不大,但是计算抗拉强度时往往会偏大,也即实际情况下因为节理裂隙的切割作用,围岩抗拉强度会进一步降低,因此有必要寻找考虑节理裂隙的围岩抗拉强度计算方法。

采用莫尔—库仑准则得到的单轴抗压强度和抗拉强度计算公式分别如式(2-6)和式(2-7)所示。

$$\sigma_c = \frac{2c\cos\varphi}{1-\sin\varphi} \qquad (2\text{-}6)$$

$$\sigma_t = \frac{2c\cos\varphi}{1+\sin\varphi} \qquad (2\text{-}7)$$

根据霍克—布朗准则[11]，岩体的单轴抗压强度 σ_c 为：

$$\sigma_c = \sigma_{ci}s^a \qquad (2\text{-}8)$$

岩体的抗拉强度 σ_t 为：

$$\sigma_t = -s\sigma_{ci}/m_b \qquad (2\text{-}9)$$

则

$$\frac{\sigma_c}{\sigma_t} = m_i \quad (GSI = 100) \qquad (2\text{-}10)$$

或

$$\frac{\sigma_c}{\sigma_t} = -m_b \cdot s^{a-1} \quad (GSI < 100) \qquad (2\text{-}11)$$

其中：

$$m_b = \exp\left(\frac{GSI-100}{28-14D}\right)m_i \qquad (2\text{-}12)$$

$$s = \exp\left(\frac{GSI-100}{9-3D}\right) \qquad (2\text{-}13)$$

$$a = 0.5 + \frac{1}{6}\left[\exp\left(\frac{-GSI}{15}\right) - \exp\left(\frac{-20}{3}\right)\right] \qquad (2\text{-}14)$$

式中：m_i——组成岩体的完整岩块的霍克—布朗常数；

GSI——地质强度指标，该指标与岩体的结构特征和风化程度、表面粗糙性特征有关；

D——扰动权重系数；

其他符号意义同前。

由式(2-8)可知，当 $GSI=100$，完整岩体的物理力学特性与岩块一致，岩体的压拉强度比等于组成岩体的完整岩块的霍克—布朗常数 m_i；当存在节理裂隙时，压拉强度比与 m_i 相比会有一定的折减，折减系数 η 与 GSI、D 相关，即将式(2-11)改写为式(2-15)。

$$\frac{\sigma_c}{\sigma_t} = -m_i \cdot s^{a-1} \cdot \exp\left(\frac{GSI-100}{28-14D}\right) = -\eta \cdot m_i \qquad (2\text{-}15)$$

绘制折减系数 η 与 GSI、D 的关系如图2-7所示,可知折减系数 η 位于1~3.32之间,该值与扰动系数负相关,扰动系数越大,η 越小;当 GSI 在30左右时,η 处于最大值,随着 GSI 的增大 η 逐渐趋于1。

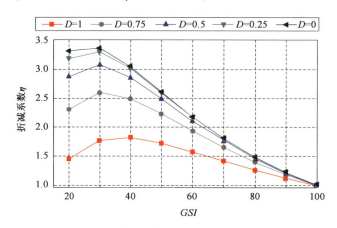

图2-7 折减系数 η 与 GSI、D 的关系图

根据文献[14],结合隧道场地围岩岩性、围岩劣损特征、施工扰动特征,分别选取参数 m_i、GSI、D。本章对应Ⅱ、Ⅲ、Ⅳ级围岩的岩体压拉强度折减系数 η 以及抗拉强度 σ_t 进行了简化计算,结果如表2-3所示。

Ⅱ、Ⅲ、Ⅳ级围岩抗拉强度指标计算结果(单位:MPa) 表2-3

围岩等级	m_i	η	σ_c	σ_t
Ⅱ	20	1.5	10.25	0.34
Ⅲ	15	2.0	4.43	0.15
Ⅳ	10	3.0	1.31	0.04

得到了各级围岩的抗拉强度控制指标,在有限元计算时,可以设置抗拉强度阈值,当抗拉强度超过 σ_t 时判定围岩破坏,当拱部围岩受拉破坏深度超过一定深度时判定围岩整体失稳,隧道底部围岩受拉破坏的深度可以适当增大。该范围值可根据断面大小与围岩条件自行确定,本章计算选取拱部围岩破坏极限深度0.5m,底部围岩破坏深度1.0m。

2.2.3 围岩自承载安全系数

当开挖断面小于临界稳定断面时,认为断面内围岩对临界稳定断面起到了支护作用,可视为支护结构的一部分。考虑到隧道长期运营过程中围岩会受到地下水、运营环境等因素的影响而劣化,因此需要对围岩强度进行折减。根据郑颖人等人的相关研究,强度折减法得到的围岩安全系数需达到1.15以上[5],将临界稳定断面外部围岩按式(2-16)、式(2-17)进行强度折减,折减系数为1.15,断面内围岩作为支护结构时的安全系数也采用强度折减法计算,通过不断折减断面内围岩的强度,直至模型达到极限平衡状态,失稳判据采用本章2.2.2节提出的4种判据。

$$c' = c/F_s \tag{2-16}$$

$$\tan\varphi' = \tan\varphi/F_s \tag{2-17}$$

式中: c' ——折减后的黏聚力(MPa);

φ' ——折减后的内摩擦角(°);

F_s ——强度折减系数。

具体步骤如下:

(1)建立有限元模型,将初始的围岩物理力学参数强度折减,折减系数为1.15,无支护开挖设计轮廓面,计算至收敛;

(2)通过参数改变实现断面内围岩的强度折减,计算至新的平衡状态,求解所得断面内围岩的强度折减系数即为安全系数。

初步建议断面内围岩作为支护结构时的设计安全系数(强度储备)采用1.40[3]。当断面内围岩的安全系数满足设计要求时,无需工程支护措施,仅需对局部围岩进行防护满足使用要求即可,否则需要补充工程支护措施。

2.3 临界稳定断面案例分析及与 Q 法的对比

2.3.1 两种典型铁路隧道断面选取

开挖轮廓面形状对围岩稳定性的影响较为显著,本章研究选取时速350km高速铁路双线隧道(以下简称"断面1")与时速160km单线铁路隧道(以下简称"断面2")两种典型的断面形式进行对比分析。断面1开挖跨度14.70m,高度12.38m,高跨比0.84;断面2开挖跨度8.34m,高度10.15m,高跨比0.82。两种断面形式分别如图2-8a)和图2-8b)所示。

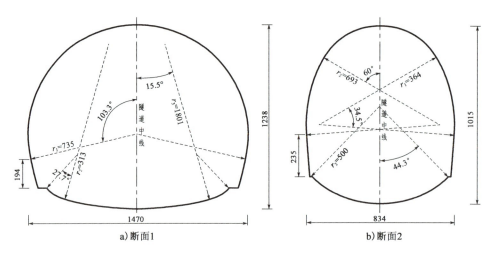

图 2-8 临界稳定断面分析案例选用的铁路隧道断面图(尺寸单位:cm)

2.3.2 临界稳定断面与围岩自承载安全系数的计算结果与分析

1)计算结果

计算Ⅱ、Ⅲ、Ⅳ级围岩在200m、400m埋深下的临界稳定断面,场地以自重应力场为主,不考虑水平构造应力的影响,两种隧道的临界稳定断面与断面内围岩作为支护结构时的安全系数计算结果分别见表 2-4 和表 2-5,其中,当设计开挖断面大于临界稳定断面时,围岩无法自稳,必须施加支护措施。

断面 1 计算结果　　　　　　　　　　　表 2-4

围岩等级	200m 埋深		400m 埋深	
	扩大系数/跨度	安全系数	扩大系数/跨度	安全系数
Ⅱ	7.50/110	2.24	1.95/28.7	1.40
Ⅲ	2.25/33.1	1.39	0.80/11.8	—
Ⅳ	0.40/5.9	—	0.20/2.9	—

注:扩大系数为临界稳定断面与设计开挖断面的几何相似比,跨度的单位为 m。

断面 2 计算结果　　　　　　　　　　　表 2-5

围岩等级	200m 埋深		400m 埋深	
	扩大系数/跨度	安全系数	扩大系数/跨度	安全系数
Ⅱ	15.9/132	2.67	2.90/24.2	1.42
Ⅲ	4.00/33.4	1.55	0.95/7.9	—

续上表

围岩等级	200m 埋深		400m 埋深	
	扩大系数/跨度	安全系数	扩大系数/跨度	安全系数
Ⅳ	0.55/4.6	—	0.30/2.5	—

注：扩大系数为临界稳定断面与设计开挖断面的几何相似比，跨度的单位为 m。

2）计算结果分析

在围岩失稳特征方面，断面 1 在Ⅱ级围岩 200m 埋深时的临界稳定断面的围岩失稳特征为拱部围岩张拉破坏，其他工况均由极限剪应变控制。

在围岩自稳能力方面，由表 2-4 和表 2-5 可知：

（1）相同围岩等级，埋深（或地应力）越大临界稳定断面越小，相应的围岩自承载安全系数也越小，因此在隧道开挖方法选择（全断面开挖或分部开挖）及支护参数选择时应该考虑埋深（或地应力）的影响；

（2）Ⅱ级围岩具有较强的自稳能力，400m 埋深以内可以满足长期稳定性的要求，围岩的自承载安全系数均大于 1.40，人为支护措施仅需要起到封闭围岩以及装饰效果即可；

（3）Ⅲ级围岩 400m 埋深时两种断面形式的隧道临界稳定断面略小于设计开挖断面，说明较大埋深的Ⅲ级围岩隧道需要一定的支护措施；Ⅲ级围岩 200m 埋深时，断面 1 的自承载安全系数略小于 1.40，需要提供一定的支护力以满足设计要求，断面 2 的围岩自稳安全系数略大于 1.40，无需支护；

（4）Ⅳ级围岩的自稳能力较差，临界稳定断面小于设计断面，隧道开挖后需要及时支护。

断面形状因素方面，以Ⅲ级围岩 400m 埋深为例，两种结构形式临界稳定断面无支护开挖后的塑性区与破坏区分布如图 2-9a）和 b）所示。

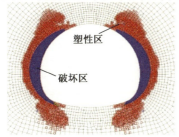

a）断面1　　　　　　　b）断面2
图 2-9　临界稳定断面塑性区与破坏区分布

断面 1 的临界稳定断面是设计开挖断面的 0.8 倍,即开挖跨度 11.76m,断面 2 的临界稳定断面是设计开挖断面的 0.95 倍,即开挖跨度 7.92m。可见,断面形状对围岩稳定性有一定影响,相同场地条件下,瘦高型的断面与接近圆形的断面相比围岩稳定性更差(仅针对本章研究所采用的计算参数而言)。

2.3.3 临界稳定断面跨度与 Q 法的对比

巴顿(N. Bardon)等人[8]根据 1250 个地下结构物的施工记录整理给出了经验设计法,绘制了考虑岩石质量等级 Q 值与隧道等效尺寸 S 来选择支护参数的图表,如图 2-10 所示,根据横轴 Q 值与纵轴 S 将支护参数表划分为 9 个不同类型的支护区,其中①区、②区无需系统支护,这两个区域边界最大的 S 值可以近似等效为本章研究提出的临界稳定断面的尺寸,根据文献[16]我国铁路隧道围岩分级与 Q 值系统围岩分类的对应关系,得到了采用挪威 Q 法设计无需系统支护时的最大等效尺寸如表 2-6 所示。

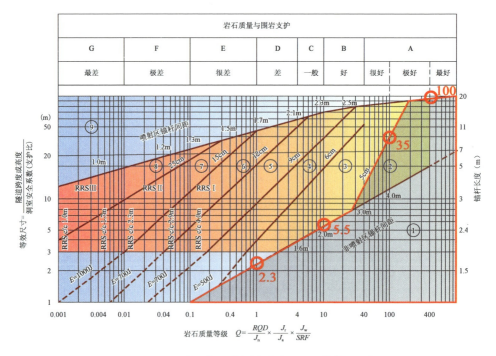

图 2-10 Q 法支护类型选取表与对应的无系统支护区域

临界稳定断面跨度与 Q 法无需系统支护时的最大断面尺寸对比　　表 2-6

围岩等级	Q 值范围	Q 法等效跨度（m）	350km 双线隧道临界稳定跨度(m)	160km 单线隧道临界稳定跨度(m)
Ⅱ	400~100	35~100	29.3~112.3	24.2~132.6
Ⅲ	100~10	5.5~35	12.0~33.8	7.9~33.4
Ⅳ	10~1	2.3~5.5	3.0~6.0	2.5~4.6

由表 2-6 可见，采用本章计算方法得到的临界稳定断面尺寸与挪威 Q 法得到的无需系统支护时的最大断面尺寸基本吻合。而且相对于挪威 Q 法，本章计算方法可以考虑隧道断面形状对临界稳定断面尺寸的影响，计算结果更为准确，也更具合理性。

2.4　深埋硬质岩隧道临界稳定断面及支护必要性分析

2.4.1　一般深埋硬质岩隧道开挖稳定性与支护措施

完整性较好的硬质岩（Ⅱ级围岩）隧道在一般埋深条件下仅需弱支护即能够满足设计要求。2005 年，高速铁路隧道设计之初，时速 350 公里高速铁路双线隧道（开挖跨度约 15m）Ⅱ级围岩支护参数为：拱墙喷射混凝土厚度为 8cm，拱部设置局部锚杆。经多座隧道实践后，在 2008 年的通用参考图中喷射混凝土厚度改为 5cm（表 2-7）。采用临界稳定断面法分析可以得出，400m、800m 埋深时（自重应力场为主，$\lambda = 0.3$），高速铁路双线隧道临界稳定断面的跨度分别为 29.0m、14.3m。可见，隧道可以不支护或仅需局部支护，这与工程经验相符。

时速 350km 双线隧道Ⅱ级围岩支护参数表　　表 2-7

项目	C25 喷射混凝土	系统锚杆	二次衬砌		
	部位/厚度(cm)	长度(m)/布置方式	拱墙	仰拱	底板
Ⅱ$_a$	拱墙/5	2.5/局部	35	—	30
Ⅱ$_b$	拱墙/5	2.5/局部	35	45	—

2.4.2 超大埋深硬质岩隧道开挖稳定性

随着隧道埋深的进一步增大,不少硬岩隧道或地下洞室发生了岩爆[17,18],因此,超大埋深硬岩隧道围岩稳定性同样面临巨大的工程风险。

关于深埋隧洞完整围岩的破坏形式,主要为岩爆和片帮,前者有明显的弹射现象,具有较高的初始动能,危害性更大;后者发生剥离,并没有初速度,如果片帮发生位置位于隧道拱顶或者拱肩,然后在自重作用下垮落,也会对正常的生产作业和生命财产安全造成危害。两种不同的破坏形式取决于岩体挤压变形过程中所累积的应变能的大小,弹性应变能则取决于洞周岩体在隧道开挖卸荷后的二次应力状态。

图 2-11 给出了不同围压情况下硬岩的破坏模式以及硬脆性岩石的霍克—布朗强度包络线和工程现场的强度包络线,图中横、纵坐标分别表示小主应力 σ_3(围压)、大主应力与岩石抗压强度的比值。

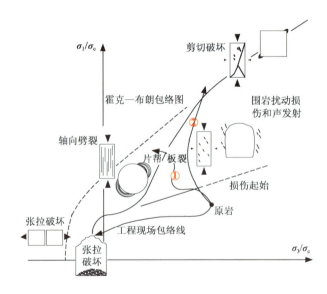

图 2-11 围岩应力路径与破坏形式[19]

原岩初始状态受地应力场挤压作用,处于自然平衡状态,当二次应力场中最大主应力 σ_1 持续增加,而最小主应力 σ_3 连续降低,围岩应力超过工程现场的强度包络线,围岩中的裂纹将沿着最大主应力方向扩展,一般表现为片帮和板裂破坏,如应力调整线路①;而最大主应力 σ_1 持续增加、最小主应力 σ_3 处于较高状态时,现场的强度包络线逐渐和霍克—布朗准则强度包络线趋于一致,围岩主要的破坏模式为剪切破坏,如应力调整线路②。

由此可知,高地应力硬岩隧道开挖,洞周围岩应力调整过程中,主要面临两种形式的破坏(图2-12),一种是轴向劈裂产生的拉张型板裂化破坏,另外一种是剪切楔形破坏,两种破坏模式根据不同的应力状态和围岩损伤模式具有不同的能量释放程度。

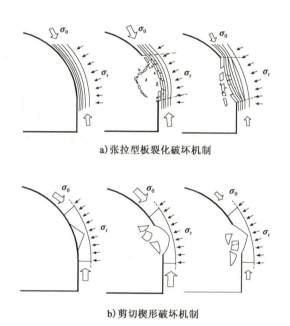

a) 张拉型板裂化破坏机制

b) 剪切楔形破坏机制

图 2-12 两种典型的岩爆破坏机理

按2.2节的方法进行计算,当埋深达到1500m,且不考虑构造应力时,Ⅱ级围岩条件下,时速350km高速铁路双线隧道的临界稳定断面的跨度为12.0m($\lambda=0.3$)或7.2m($\lambda=1.0$),如图2-13所示。设计断面开挖后产生破碎区范围(图2-14):$\lambda=0.3$,边墙区域最大深度1.5m;$\lambda=1.0$,洞周均匀分布深度1.0m,均面临岩爆等局部失稳风险,需要支护,这与工程经验基本相符。

可见,采用临界稳定断面分析方法,可以得出超大埋深隧道Ⅱ级围岩也需要系统支护的结论,可以为岩爆灾害预测提供一种新的思路。

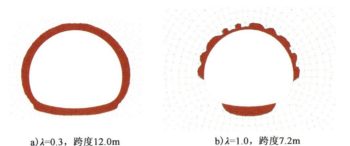

a) $\lambda=0.3$，跨度12.0m　　　　b) $\lambda=1.0$，跨度7.2m

图2-13　不同侧压力系数下高铁双线隧道的临界稳定断面

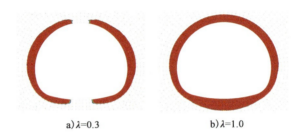

a) $\lambda=0.3$　　　　　　　　b) $\lambda=1.0$

图2-14　不同侧压力系数下高铁双线隧道(跨度15m)开挖后破碎区范围

2.5　小　　结

为定量评价隧道围岩的稳定性并指导支护设计,提出了隧道临界稳定断面的概念及基于临界稳定断面的隧道围岩稳定性分析方法,主要包括以下内容：

(1)提出了隧道临界稳定断面的概念,即与设计开挖断面中心埋深相同、几何形状相似、在无支护状态下围岩能够以设计安全系数达到自稳的最大断面。临界稳定断面可用于判别所设计隧道在无支护状态下的围岩稳定性,以及临界稳定断面内的围岩作为支护结构组成部分的可能性。

(2)建立了有围压时极限剪应变指标以及抗拉强度指标的计算方法,两种指标可以定量描述围岩的破坏情况,提高了围岩失稳判据选取的准确性。

(3)建立了基于临界稳定断面的围岩自承载安全系数的计算方法,以及需要工程支护时所需设计支护力的计算方法,为围岩自稳能力判别与工程支护参数的量化设计提供了依据。

(4)对铁路隧道两种典型断面形式的分析结果表明,对围岩稳定性影响较大的是围岩级别、断面形状以及埋深(地应力),因此在隧道开挖方法选择(全断面开挖或分部开挖)及支护参数选择时应该综合这些因素的影响。

(5)采用临界稳定断面分析方法,可以得出超大埋深(高地应力)硬岩隧道也需要系统支护的结论,可以为岩爆灾害预测提供一种新的思路。

本章参考文献

[1] 长江水利委员会长江科学院. 工程岩体分级标准:GB/T 50218—2014[S]. 北京:中国计划出版社,2014.

[2] 中冶建筑研究总院有限公司. 岩土锚杆与喷射混凝土支护工程技术规范:GB 50086—2015[S]. 北京:中国计划出版社,2015.

[3] 郑颖人,朱合华,方正昌,等. 地下工程围岩稳定分析与设计理论[M]. 北京:人民交通出版社,2012,367-373.

[4] ZIENKIEWICZ O C, HUMPHESON C, LEWIS R W. Associated and non-associated visco-plasticity and plasticity in mechanics[J]. Geotechnique,1975,25(4):671~689.

[5] 郑颖人,邱陈瑜,宋雅坤,等. 土质隧洞围岩稳定性分析与设计计算方法探讨[J]. 后勤工程学院学报,2009,25(3):1-9.

[6] 周敏娟,王海彦,胡宇庭. 开挖跨度对隧道围岩稳定性影响研究[J]. 中外公路,2015,35(6):226-229.

[7] XIAO Mingqing, XU Chen. The composite lining total safety factor design method and cases study[C]// World Tunnel Congress. 2019.

[8] BARTON N. Rock mass classification and tunnel reinforcement selection using the Q-system[C]// ASTM Special Technical Publication 1984. Philadelphia:[s.l.]. 1988.59-88.

[9] 高红,郑颖人,冯夏庭. 岩土材料最大主剪应变破坏准则的推导[J]. 岩石力学与工程学报,2007,26(3):518-524.

[10] 阿比尔的,冯夏庭,郑颖人,等. 岩土类材料应变分析与基于极限应变判据的极限分析[J]. 岩石力学与工程学报,2015,34(8):1552-1560.

[11] 李世贵,黄达,石林,等. 基于极限应变判据—动态局部强度折减的边坡破坏演化数值模拟[J]. 工程地质学报,2018,26(5):1227-1236.

[12] 朱建明,任天贵,明士祥,等.基于三轴实验的软破岩石破坏准则的研究[J].中国矿业,1998(3):41-44.

[13] HOEK E,WOOD D,SHAH S. A modified Hoek-Brown criterion for jointed rock masses[C]// HUDSON J A ed. Proceedings of the Rock Characterization,Symposium of ISRM. London:British Geotechnical Society,1992:209-214.

[14] 卓莉,何江达,谢红强,等.基于Hoek-Brown准则确定岩石材料强度参数的新方法[J].岩石力学与工程学报,2015,34(S1):2773-2782.

[15] 朱合华,张琦,章连洋.Hoek-Brown强度准则研究进展与应用综述[J].岩石力学与工程学报,2013,32(10):1945-1963.

[16] 赵勇,等.隧道设计理论与方法[M].北京:人民交通出版社股份有限公司,2019,83-88.

[17] 蔡美峰,何满潮,刘东燕.岩石力学与工程[M].北京:科学出版社,2002,320-326.

[18] 冯夏庭,陈炳瑞,明华军,等.深埋隧洞岩爆孕育规律与机制:即时型岩爆[J].岩石力学与工程学报,2012,31(3):433-444.

[19] DIEDERICHS M S. Mechanistic interpretation and practical application of damage and spalling prediction criteria for deep tunneling[C]// The 2003 Canadian Geotechnical Colloquium. Canadian Geotechnical Journal,2007,44(9):1082-1116.

Total Safety Factor Method
of Tunnel
Support Structure Design

第 3 章

隧道围岩压力设计值及其计算

围岩压力是隧道工程设计中一个极为重要的参数,其计算也是一个经典难题。由于地质条件的千变万化、施工水平的差别、支护参数的不同,即使围岩条件相同,围岩压力在时空上也具有变异性,导致实际围岩压力难以确定。采用总安全系数法设计时,仅需要寻找围岩压力的最不利情况,为此,本章提出了采用围岩压力设计值作为设计支护力进而解决实际围岩压力难以确定的问题的思路,并对其计算方法进行了研究。

3.1 现行围岩压力计算方法存在的问题

第 1 章第 1.2.4 节中,对于目前铁路和公路隧道设计规范中深埋隧道围岩压力计算方法,以及两者之间的不同之处和应用中存在的问题,进行了介绍。下面以《铁路隧道设计规范》为例,从结构设计原理、现场经验、国内外对比、隧道围岩压力全寿命期变化规律等方面对其围岩压力计算方法的不合理之处进行分析。

1) 从结构设计原理角度分析

《铁路隧道设计规范》(TB 10003—2016)[1]中的围岩压力计算公式[式(1-1)]系根据成昆、贵昆、川黔等铁路共 127 座单线隧道 417 个施工坍方资料经统计得出的。该方法将深埋隧道的围岩压力按松散压力考虑,假定隧道开挖后不加约束自由坍塌,将坍塌的岩土体的重力作为确定围岩压力的依据。在统计分析时,以不同围岩级别坍方高度的"算术平均值"作为数学期望值进行回归分析。

根据结构设计原理,采用安全系数法设计时,要求采用最不利荷载与组合;采用概率极限状态法设计时,永久荷载采用概率分布的假设检验方法确定时,检验的显著性水平取 0.05。显然,规范中以"算术平均值"为基础进行统计分析的方法与结构设计原理不符。

2) 从现场实测经验角度分析

众多实测与现场经验表明,围岩压力除与隧道跨度相关外,还与埋深有关,埋深越大,围岩压力也相应增加。

蔡美峰院士在《岩石力学与工程》[2]一书中指出:实践表明,深部矿井的巷道(800~1000m)的地压大小、破坏范围都要比较浅的巷道更严重,需要有计入深度影响的简便地压估算公式,可以采用圆形巷道支护反力为 0 时($p_i = 0$)塑性区半径范围内的围岩自重。

关宝树教授在《隧道工程设计要点集》[3]一书中指出:

(1)形变压力主要体现在喷射混凝土或锚喷支护的接触压力上,根据国内外的现场实测,接触力既有径向应力,又有切向应力;对径向接触应力影响最大的因素是跨度,其次是埋深。

(2)日本在采用标准设计的基础上,要求根据现场监控量测数据并参考埋深来选择支护方式。

郑颖人院士在《地下工程围岩稳定分析与设计理论》[4]一书中指出:无论深埋隧洞,还是浅埋隧洞,只要隧洞与土体紧密接触都应采用形变压力计算,而形变压力显然与埋深相关。

3) 与国外围岩压力计算方法对比

国际上比较有代表性的围岩压力计算公式有 Q 系统围岩压力和 RMR 系统围岩压力。

(1) Q 系统围岩压力计算公式[5,6]

图 3-1 中阴影部分是巴顿(Barton)等人根据实测数据绘制的围岩压力的包络图,相应 Q 系统围岩压力计算公式如下:

第 3 章 隧道围岩压力设计值及其计算

$$q = \begin{cases} \dfrac{2.0}{J_r} Q^{-\frac{1}{3}} \times 0.1 & J_r > 3 \\ \dfrac{2.0}{3J_r} Q^{-\frac{1}{3}} J_n^{\frac{1}{2}} \times 0.1 & J_r < 3 \end{cases} \tag{3-1}$$

$$Q = \dfrac{RQD}{J_n} \times \dfrac{J_r}{J_a} \times \dfrac{J_w}{SRF} \tag{3-2}$$

式中：q——顶部围岩压力(单位：MPa)；

RQD——岩体质量指标；

J_n——节理组数；

J_r——节理粗糙度影响系数；

J_a——节理风化变异系数；

J_w——节理水折减系数；

SRF——应力折减系数。

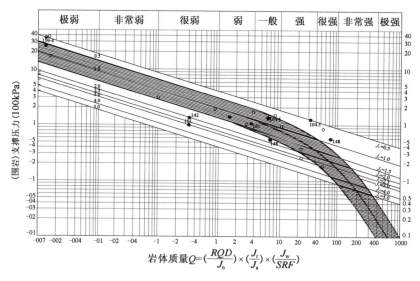

图 3-1　Q 系统围岩压力包络图

以上 6 个参数表述了影响地下洞室稳定性的 3 个主要因素：RQD/J_n 表示岩体的节理化程度或者岩块的大小；J_r/J_a 表示节理面的粗糙度和摩擦特点，反应块体之间的剪切强度；J_w/SRF 表示主动应力条件。

Q 系统围岩压力计算公式也体现了隧道跨度(高度)和埋深的影响。

SRF 描述了隧道壁周边的应力与岩石强度之间的关系,可以从表 3-1 所示的描述中确定,其取值与埋深、隧道跨度等因素有关。由于 Q 值中包含 SRF,因此围岩压力也与埋深、隧道跨度有关。

SRF 应力折减系数取值标准 表 3-1

	应力折减因素			SRF
a) 与开挖方向交叉的软弱破碎带,当开挖时可能导致岩体松动				
A	含黏土或化学风化不完整岩石的软弱带在短区段内多次出现,围岩很松散(在任何深度上);或者长区段破碎软弱围岩(在任何深度上);挤压性围岩见 L、M			10
B	在完好的无黏土岩层中,短区段内出现多个剪切带,围岩松散(任何深度)			7.5
C	含或不含黏土或化学风化不完整岩石的单一软弱带(深度≤50 m)			5
D	松动张开的节理,严重节理化或呈小块状等(在任何深度上)			5
E	含或不含黏土或化学风化不完整岩石的单一软弱带(深度>50 m)			2.5
注:1) 如果软弱层只影响但不与地下洞室开挖相交,则将 SRF 的值降低 25%~50%				
b) 完好的块状岩石为主,应力问题		σ_c/σ_1	σ_θ/σ_c	SRF
F	低应力,近地表,张开节理	>200	<0.01	2.5
G	中等应力,最有利的应力条件	200~10	0.01~0.3	1
H	高应力,非常紧的结构,通常有利于稳定;也有可能不利于稳定,取决于应力和节理面、软弱面的相对方向*	10~5	0.3~0.4	0.5~2 2~5*
J	块状岩体中开挖 1h 之后产生中等板裂化	5~3	0.5~0.65	5~50
K	块状岩体中开挖几分钟内产生板裂及岩爆	3~2	0.65~1	50~200
L	块状岩体中开挖产生严重岩爆与位移突变	<2	>1	200~400
注:2) 对于强各向异性原始应力场(如有实测值):当 $5 \leq \sigma_1/\sigma_3 \leq 10$ 时,将 σ_c 减少至 $0.75\sigma_c$。当 $\sigma_1/\sigma_3 > 10$ 时,将 σ_c 折减至 $0.5\sigma_c$,其中 σ_c 为无侧限抗压强度,σ_1 和 σ_3 分别为大、小主应力,σ_θ 为最大切向应力(通过弹性理论估算)。 3) 当隧道顶部埋深小于跨度时,建议 SRF 从 2.5 增加到 5(见 F)				
c) 挤压性围岩:在高地应力作用下,软弱围岩产生塑性变形			σ_θ/σ_c	SRF
M	轻度挤压岩石压力			1~5	5~10

续上表

应力折减因素			SRF
N	严重挤压岩石压力	>5	10~20

注:4)必须根据相关文献,即辛格(Singh)等,1992 年,巴辛(Bhasin)和格里姆斯塔德(Grimstad),1996 年,确定的挤压性围岩条件

d)膨胀岩:化学膨胀活动取决于水的存在		SRF
O	轻微肿胀岩石压力	5~10
P	重型的膨胀岩压力	10~15

岩体中块体的形状和尺寸取决于节理的几何特征。节理组中节理近乎彼此平行并系统排布,不规则排布或间隙为几米的节理称为随机节理。表 3-2 根据节理组数和随机节理特征给出了 J_n 的参数值。节理组的定义取决于近乎平行节理之间的节理间距,也取决于地下洞室的跨度或高度。如果节理间距大于洞室跨度或高度,则由该特定节理组形成的岩石块体通常太大而不能脱落,该节理将被视为随机节理。因此,J_n 与洞室的跨度和高度具有一定的相关性,由于 Q 值中包含 J_n,因此围岩压力也与洞室的跨度和高度有关。

J_n 值　　　　　表 3-2

	节 理 组 数	J_n
A	巨块状,没有或少量节理	0.5~1.0
B	一组节理	2
C	一组节理并有随机节理	3
D	两组节理	4
E	两组节理并有随机节理	6
F	三组节理	9
G	三组节理并有随机节理	12
H	节理在四组以上,严重节理化,岩石呈碎块状	15
J	破碎岩体,类土状	20

注:1)隧道交叉口,使用 $3 \times J_n$
　　2)隧道洞口,使用 $2 \times J_n$

(2)*RMR* 系统围岩压力[7]

戈尔(Goel)和杰斯瓦(Jethwa)基于 *RMR* 指标给出的围岩压力计算公式如下,计算公式包含了埋深的影响。

$$q = \frac{7.5 B^{0.1} H^{0.5} - RMR}{20 RMR} \tag{3-3}$$

$$RMR = R_1 + R_2 + R_3 + R_4 + R_5 + R_6 \tag{3-4}$$

式中：B——隧道开挖跨度(m)；

H——隧道埋深(m)；

R_1——岩块的单轴抗压强度(MPa)；

R_2——岩石质量指标 RQD；

R_3——结构面间距；

R_4——结构面条件；

R_5——地下水条件；

R_6——结构面产状与工程走向的关系。

可见，国外代表性围岩压力计算方法均将埋深作为影响因素之一。

4) 从隧道围岩压力全寿命期变化规律角度分析

在不考虑偶然因素作用下，隧道围岩压力从施工至破坏全寿命期一般会经历以下 4 个阶段(图 3-2)。

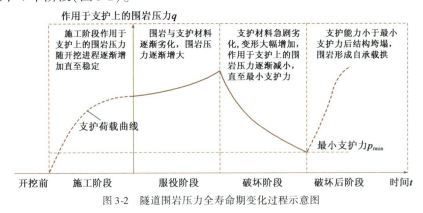

图 3-2 隧道围岩压力全寿命期变化过程示意图

(1) 阶段一：施工阶段。施工阶段，随着隧道施工进程以及支护结构的施作，围岩与支护结构的相互作用力不停地调整，至施工完成后，围岩与结构的相互作用处于暂时平衡状态，围岩压力一般不是固定值，由支护与围岩协调变形确定，与地质条件、支护参数、支护时机、施工水平、材料性能等因素有关。

(2) 阶段二：服役阶段。在服役阶段，受地下水、周边环境及各种运营因素作用，围岩与支护材料逐渐劣化(但支护结构的刚度变化不大)，围岩压力呈现逐步增大的趋势。

（3）阶段三：破坏阶段。当支护结构达到使用寿命时，支护材料发生急剧劣化，支护刚度大幅下降，支护变形大幅增加，围岩塑性区急剧扩展，围岩自承载能力充分发挥，相应围岩压力逐步减小，直至支护与围岩处于极限平衡状态；当支护结构材料劣化至无法承受破坏前的围岩压力（也即极限平衡状态对应的最小支护力 $p_{i\min}$）时，支护结构发生垮塌。

（4）阶段四：破坏后阶段。支护结构垮塌后，围岩失去支承，发生由内往外逐步塌方，塌方高度逐渐加大，直至围岩自承载拱形成，围岩又处于新的暂时平衡状态。

显然，铁路隧道设计规范的围岩压力计算公式和普氏理论计算公式均采用阶段四对应的塌方高度，而该阶段的支护结构已不存在，因而采用该阶段的塌方高度作为围岩压力对于结构设计而言已无意义。

综上所述，现有铁路隧道设计规范中的围岩压力计算公式，与结构设计原理不符，与现场经验不符，没有考虑埋深因素影响，与实际结构所处全寿命期的阶段不对应，因此存在不合理之处。

3.2 采用围岩压力设计值作为设计荷载的必要性与可行性

3.2.1 采用围岩压力设计值作为设计荷载的必要性

围岩压力问题是隧道工程一个经典难题，其计算理论经历了古典压力理论、松散体压力理论、弹塑性压力理论等三个阶段。尽管国内外对围岩压力的研究已有诸多成果，但由于岩土体性质、地应力、边界条件、施工过程等方面的复杂性和随机性，深埋隧道围岩压力的计算方法仍然存在很多困难，并形成了以下共识：根据"支护—围岩"共同作用原理，支护力（围岩压力）与围岩特性、围岩变形、支护刚度、支护时机等因素相关，不同工点有不同的值，难以采用一个定值来表达。

尽管施工完成后的一定时间内围岩压力在某一个具体位置为定值，在设计中一般作为恒载处理，但由于地质条件的千变万化、施工水平的差别、支护参数的不同、服役阶段围岩的劣化等原因，即使围岩条件相同，围岩压力在时空上也具有变异性，具有"活载"的特性。采用安全系数法设计时，荷载及组合应采用最不利工况，因此需要寻找围岩压力的最不利情况。为此，可以引用"围岩压力设计值"作为支护结构的设计荷载,来解决实际荷载难以确定的问题。

所谓"围岩压力设计值",就是以隧道接近或达到破坏阶段为研究对象,得出可以同时满足安全性与经济性两个指标的隧道支护结构设计需要的"假想"支护力。需说明的是,围岩压力设计值不是作用于支护上的实际值,只是一个用于结构计算的荷载名义值。

3.2.2 采用围岩压力设计值作为设计荷载的可行性

显然,只要围岩压力设计值具备安全性与经济性两个特征(即围岩压力设计值既要能够包络可能的最大围岩压力,又不能过于保守而影响经济性),则用于设计就是可行的,该种方式也是地面结构确定活载设计值的处理方法。表3-3为各国桥梁活载标准与实际最大荷载比值的平均值[8],由表可见,设计值既高于实际最大值,具有安全性,但又高出不太多,具有经济性。

各国桥梁活载标准与实际最大荷载比值的平均值表　　　表3-3

国家	美国	德国	日本	英国	法国
K_f	1.408	1.418	1.274	1.364	1.631

3.3 围岩压力设计值的通用算法

3.3.1 围岩自承载安全系数计算

由第2章可知,当开挖断面小于临界稳定断面时,认为断面内围岩对临界稳定断面起到了支护作用,可视为支护结构的一部分。考虑到隧道长期运营过程中围岩会受到地下水、运营环境等因素的影响而劣化,因此需要对围岩强度进行折减。根据郑颖人等人的相关研究,强度折减法得到的围岩安全系数需达到1.15以上[9],将临界稳定断面以外围岩按式(3-5)、式(3-6)进行强度折减,折减系数不小于1.15(可根据跨度、围岩特性和工程重要性等因素确定折减系数),断面内围岩作为支护结构时的安全系数也采用强度折减法计算,通过不断折减断面内围岩的强度,直至模型达到极限平衡状态,失稳判据采用2.2.2节提出的4种判据。

$$c' = c/F_s \tag{3-5}$$

$$\tan\varphi' = \tan\varphi/F_s \tag{3-6}$$

式中：c'——折减后的黏聚力(MPa)；

φ'——折减后的内摩擦角(°)；

F_s——强度折减系数。

具体步骤如下。

(1)建立有限元模型,将初始的围岩物理力学参数强度折减,折减系数为1.15,无支护开挖设计轮廓面,计算至收敛。

(2)通过参数改变实现断面内围岩的强度折减,计算至新的平衡状态,寻找强度折减系数即为安全系数。

初步建议断面内围岩作为支护结构时的设计安全系数(强度储备)采用1.40。当断面内围岩的安全系数满足设计要求时,无需工程支护措施,仅需对局部围岩进行防护满足使用要求即可,否则需要补充工程支护措施。

3.3.2 围岩压力设计值计算

当设计断面大于临界稳定断面,或者虽然设计断面小于临界稳定断面,但断面内围岩作为支护结构时的安全系数小于设计要求时,需要提供工程支护措施,相应需要得出支护力设计值(即围岩压力设计值)。

对于隧道围岩压力全寿命期变化规律阶段三(破坏阶段),维持围岩极限平衡状态所需的支护力可称为最小支护力 $p_{i\min}$。设计中采用的围岩压力(也即围岩压力设计值)应大于最小支护力 $p_{i\min}$,即围岩压力设计值在最小支护力 $p_{i\min}$ 的基础上应具有一定的安全储备,使之尽可能包络服役期围岩压力但又不过分保守影响经济性。为避免围岩压力过大,设计中需要合理调节施工步序、支护时机和支护刚度。

对于工程支护措施而言,设计开挖断面以外的围岩均为其支护的对象,因此需要工程支护时围岩失稳的判据将发生变化,尽管2.2.2节所述的剪切破坏区、张拉破坏区深度达到了一定值,但由于支护措施对围岩的支撑作用,围岩也不会失稳破坏,只有当破坏区围岩形成的松散荷载大于支护力时才能判定支护结构失效,也即维持松散荷载平衡所需的支护力就是最小支护力。考虑到计算方法、计算模型、计算参数等的不确定性,工程支护的设计支护力(也即围岩压力设计值)还应具有不小于1.4 的安全系数。该安全系数应该根据工程的重要性、对变形控制的严格性等因素进行调整,一般情况下,对于大跨度隧道和地应力较高的隧道宜取更大的值。

因此可得出围岩压力设计值通用算法为：在强度折减法的基础上，基于各种数值分析方法计算围岩松弛区所需的平衡力，得出最小支护力，再取最小支护力的 1.4 倍以上作为围岩压力设计值，图 3-3 为围岩压力设计值计算原理图。具体步骤如下：

(1) 建立有限元等数值分析模型，将初始的围岩物理力学参数强度折减，折减系数为 1.15，开挖设计轮廓面，施加支护力，计算至收敛，并计算破坏区的范围。

(2) 调整支护力，直至等于维持极限平衡破坏区范围内围岩重力平衡所需的抗力，即最小支护力 $p_{i\min}$。进一步将拱部竖直荷载 $p_{i\min}$ 等效为均布荷载，记为 $q_{\min}$，水平荷载可通过竖直荷载与侧压力系数计算得到。

(3) 将最小支护力乘以一定的安全系数 k 作为围岩压力设计值 q（对于小净距隧道，外侧、内侧分别记为 q_1 和 q_2）。k 一般取 1.4 以上，并可以根据工程重要性、对变形控制的严格程度等因素进行调整。

图 3-3　围岩压力设计值计算原理图

围岩压力设计值通用计算方法的主要优点是：

(1) 可以根据具体的地质条件采用各种符合实际工程的本构模型，提高计算结果的准确性；

(2) 采用极限应变、受拉破坏区等判据，可以定量描述围岩的破坏状态。主要缺点是：计算过程复杂，最小支护力需要反复试算，计算工作量大。

3.3.3　围岩压力设计值通用计算方法案例分析

1) 案例一：隧道处于均质围岩中的案例

以时速 350km 高速铁路双线隧道（断面 1）和时速 160km 单线铁路隧道（断

面2)为例,当隧道处于均质围岩中时,不同围岩级别和不同埋深需要的设计支护力计算结果见表3-4(表中设计支护力取最小支护力的2.0倍),埋深200m与400m时隧道周边围岩破碎区范围见图3-4和图3-5。

均质地层设计支护力计算结果(kPa)　　　　　表3-4

断面形式	围岩等级	200m埋深	400m埋深
断面1	Ⅲ	13	43
	Ⅳ	109	231
断面2	Ⅲ	0	35
	Ⅳ	65	145

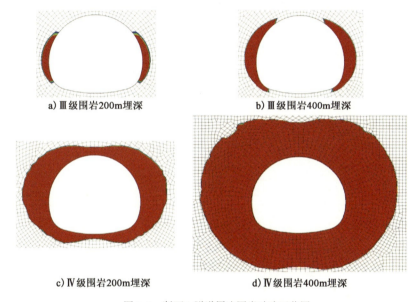

a) Ⅲ级围岩200m埋深　　　　　b) Ⅲ级围岩400m埋深

c) Ⅳ级围岩200m埋深　　　　　d) Ⅳ级围岩400m埋深

图3-4　断面1隧道周边围岩破碎区范围

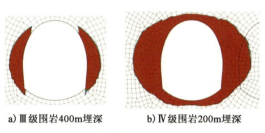

a) Ⅲ级围岩400m埋深　　　　　b) Ⅳ级围岩200m埋深

图　3-5

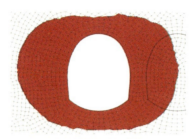

c) Ⅳ级围岩400m埋深

图 3-5 断面2隧道周边围岩破碎区范围

2) 案例二：隧道周边有断层时的案例

仍以时速350km高速铁路双线隧道(断面1)为例，当隧道所处的地层为Ⅲ级围岩，隧道埋深为200m和400m，记为工况1、工况2；隧道所处地层为Ⅳ级围岩，隧道埋深为200m和400m，分别记为工况3、工况4。当隧道开挖范围外有一断层(断层的物理力学指标按表1-13中的Ⅴ级围岩取值)，与断层破碎带的近接距离为5m，断层破碎带厚度为5m，呈30°倾角。接触面采用库仑滑移模型，滑移面的计算参数如表3-5所示。

接 触 面 参 数　　　　　　　表 3-5

法向刚度(GPa)	切向刚度(GPa)	黏聚力(MPa)	内摩擦角(°)	抗拉强度(MPa)
1.5	0.3	0.1	8	0

工况1~4极限平衡状态时的破坏区计算结果如图3-6所示，拱部竖直荷载按外侧、内侧(分别为半个隧道跨度)各自平均的方式等效为梯形荷载，外侧、内侧分别记为 q_1 和 q_2，水平荷载可通过竖直荷载与侧压力系数相乘的方法计算得到。

由图3-6可知，隧道近接断层破碎带会导致支护荷载出现明显的偏压作用，竖直围岩压力等效为梯形荷载后如图3-7所示，根据前述方法计算得到的设计支护力如表3-6所示，表中设计支护力取最小支护力的2.0倍。

隧道周边有断层时设计支护力计算结果(kPa)　　　　　表 3-6

围岩等级	200m 埋深		400m 埋深	
	竖向荷载 q_1	竖向荷载 q_2	竖向荷载 q_1	竖向荷载 q_2
Ⅲ	11	11	48	61
Ⅳ	269	138	384	224

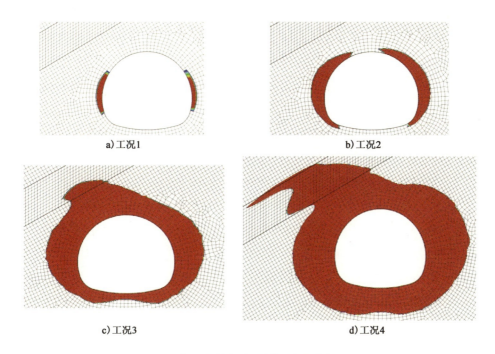

图 3-6 近接断层破碎带破坏区分布

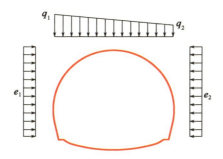

图 3-7 近接断层破碎带隧道支护荷载的偏压作用

3) 案例三：处于均质围岩中的小净距隧道案例

小净距隧道为并行的两隧道间净距较小、两洞结构彼此产生有害影响的隧道。由于小净距隧道中夹岩墙厚度远小于分离式隧道，同时在施工过程中多次受到扰动，使得围岩稳定性和支护结构受力较为复杂。

诸多学者对小净距隧道围岩压力进行了深入研究。在浅埋隧道方面,肖明清对浅埋小净距隧道围岩压力进行了探讨,首次提出了浅埋小净距隧道围岩压力的计算公式[10];舒志乐等对浅埋偏压小净距隧道的围岩压力进行了分析,推导了浅埋偏压小净距隧道围岩压力计算公式[11];上述方法被广泛应用并编入了《公路隧道设计细则》(JTG/T D70—2010)和《公路隧道设计规范 第一册 土建工程》(JTG 3370.1—2018)[12,13];在深埋隧道方面,刘继国、郭小红根据普氏理论经验公式对深埋小净距隧道的围岩压力计算公式进行了推导[14],该方法编入了《公路隧道设计细则》(JTG D70—2010),但该方法采用普式理论,与深埋分离式隧道采用塌落拱理论有所差别,于是《公路隧道设计规范 第一册 土建工程》(JTG 3370.1—2018)对其计算公式进行了修订,使得小净距隧道与分离式隧道围岩压力计算基础理论有了形式上的统一。《铁路隧道设计规范》(TB 10003—2016)[1]没有提出小净距隧道围岩压力计算方法,仅有基于塌落拱理论的单洞隧道围岩压力计算方法。上述深埋隧道围岩压力计算方法均存在3.1节所述的问题。

本节运用围岩压力设计值的方法和思路探讨深埋小净距隧道围岩压力及分布规律。选取的计算案例为时速160km单线铁路隧道,断面如图3-8所示。

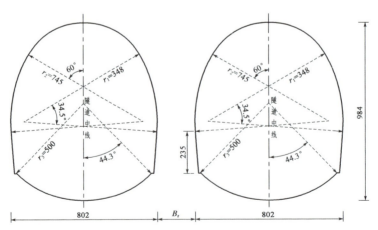

图3-8 时速160km单线铁路小净距隧道断面图(尺寸单位:cm)

B_z-净距

计算Ⅳ级围岩400m埋深条件下的围岩压力设计值,净距B_z分别为0(仅为对比分析而设定的工况)、2m、4m、6m、8m($1B_t$,B_t为隧道开挖宽度,下同)、20m($2.5B_t$)、40m($5B_t$),分别记为工况1~7;同时计算净距为2m时200m、300m、500m三种埋深工况,分别记为工况8~10。

同时取单洞(也相当于分离式隧道)埋深200m、300m、400m、500m作为对比,分别记为工况11~14。

按照2.2节方法对工况11~14进行计算,得到的极限平衡破坏区如图3-9所示,单洞隧道围岩压力设计值q的计算结果如表3-7所示(安全系数k取2.0),为简化说明,本节内容只给出拱部竖直荷载计算结果(下同)。

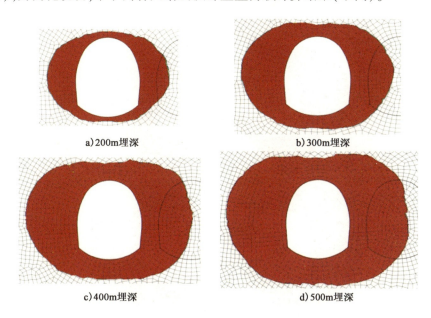

图3-9 单线铁路隧道极限平衡破坏区

深埋单洞隧道拱部围岩压力设计值q(kPa) 表3-7

埋深(m)	200	300	400	500
均布荷载q	65.1	111.3	144.9	168

计算得到工况1~10极限平衡破坏区如图3-10所示,围岩压力设计值拱部荷载计算结果如表3-8(安全系数k取2.0)所示。

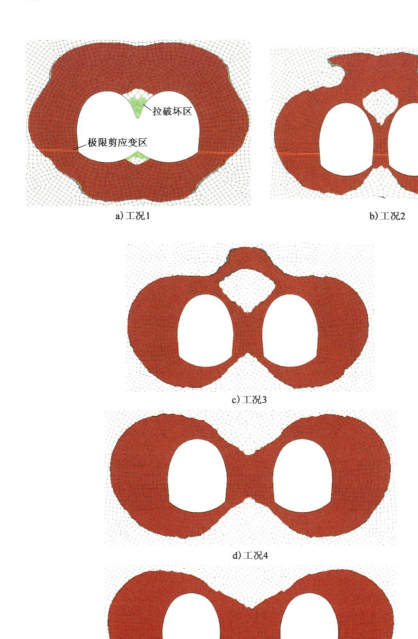

a) 工况1

b) 工况2

c) 工况3

d) 工况4

e) 工况5

图 3-10

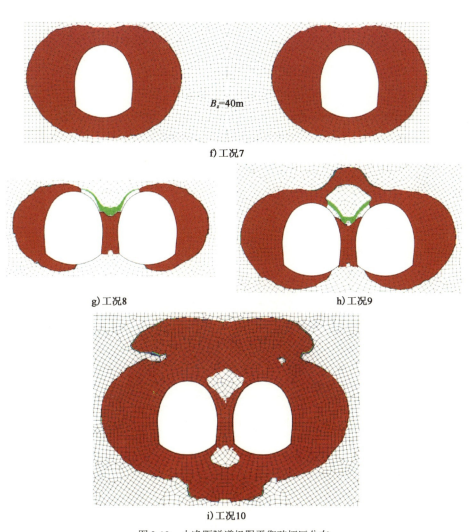

图 3-10　小净距隧道极限平衡破坏区分布

小净距隧道围岩压力设计值(竖直荷载,kPa)　　表 3-8

工况	q_1	q_2	平均值	工况	q_1	q_2	平均值
1	325.5	325.5	325.5	6	157.5	157.5	157.5
2	178.5	325.5	252	7	149.1	149.1	149.1
3	151.2	201.6	176.4	8	88.2	44.1	66.15
4	157.5	90.3	123.9	9	126	172.2	149.1
5	159.6	94.5	127.05	10	352.8	371.7	362.25

注：q_1、q_2 分别为竖直梯形荷载的外侧值、内侧值。

对比分析图 3-10 和表 3-8 计算结果,小净距隧道围岩压力设计值的分布形态与净距和埋深密切相关,共计 3 种分布形态:

(1)当埋深较小或者净距较大(但 $B_z < 2.5 B_t$)时,$q_1 > q_2$,如工况 4、工况 5、工况 8;

(2)埋深增大或者净距减小,$q_1 < q_2$,如工况 2、工况 3 和工况 9;

(3)当埋深较大或者净距很小时,$q_1 \approx q_2$,如工况 1 和工况 10。

埋深相同的情况下(400m 埋深),改变净距,通过对比工况 1~7,小净距隧道与单洞隧道围岩压力设计值比值 η 随净距的关系如图 3-11 所示。

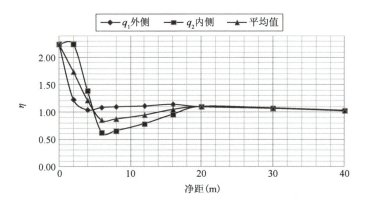

图 3-11 η 与净距的关系曲线

由表 3-8 和图 3-11 可知:

(1)不同净距时,小净距隧道与单洞隧道围岩压力设计值的比值 η 处于 0.65~2.25 之间;

(2)q_1 始终大于单洞隧道 q,且随净距由 0 增大至 4m 时(约 $0.5B_t$)迅速减小,当净距大于 4m,q_1 逐渐趋于 q,变化幅度在 10% 以内;

(3)q_2 随净距增大迅速减小,在净距为 6m 左右时(约 $0.75B_t$)出现极小值点,随后逐渐增大,在净距大于 20m 后(约 $2.5B_t$)趋于单洞隧道 q;

(4)净距大于 20m(约 $2.5B_t$)后,q_1 与 q_2 相当。

在净距相同的条件下(2m 净距),改变隧道埋深,对比工况 8、工况 9、工况 2、工况 10,小净距隧道与单洞隧道围岩压力设计值比值 ψ 随埋深的关系如图 3-12 所示。

第 3 章 隧道围岩压力设计值及其计算

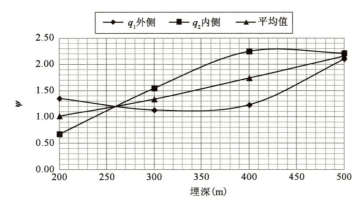

图 3-12 ψ 与埋深的关系曲线

由表 3-8 和图 3-12 可知：

(1) 隧道埋深越大，围岩压力设计值越大；

(2) 小净距隧道内外侧围岩压力设计值平均值与单洞隧道的比值与埋深呈正相关，且比值大于 1.0。

深埋小净距隧道水平围岩压力采用竖直荷载乘以侧压力系数计算得到，但受净距影响，隧道内外侧的侧压力系数采用不同的计算公式。

外侧：
$$e_1 = \lambda_1 q_1 \tag{3-7}$$

内侧：
$$e_2 = \lambda_2 q_2 \tag{3-8}$$

式中：λ_1——外侧压力系数；

λ_2——内侧压力系数。

外侧压力系数 λ_1 取值与深埋单洞隧道侧压力系数相同，按本案例计算参数，$\lambda_1 = 0.5$；对于内侧压力系数，其大小与净距相关，当净距较小时，内侧中夹岩柱均处于破坏区，可按散体理论计算侧压力系数，假定滑动模式如图 3-13 所示，因此可以近似采用文献[7]的简化公式：

当 $\beta \geqslant 45° + \varphi_c/2$ 时，
$$\lambda_2 = \frac{\tan\beta - \tan\varphi_c}{\tan\beta[1 + \tan\beta(\tan\varphi_c - \tan\theta) + \tan\varphi_c\tan\theta]} \tag{3-9}$$

$$\tan\beta = (q_{2\min}/\gamma + h)/(B_z/2) \tag{3-10}$$

当 $\beta < 45° + \varphi_c/2$ 时，近似取 $\lambda_2 = \lambda_1$。

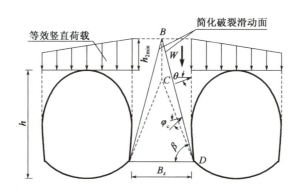

图 3-13 小净距隧道中夹岩柱假定滑动模式图

计算结果如表 3-9 所示。

以上：φ_c——计算内摩擦角(°)；

θ——破坏区顶板土柱两侧摩擦角(°)，根据规范规定Ⅳ级围岩可以取 $(0.7 \sim 0.9)\varphi_c$；

β——内侧假定破裂角(°)；

h——隧道高度(m)；

h_{2min}——内侧竖直荷载等效土柱高度(m)；

W——滑移体自重(kN)。

小净距隧道侧压力系数计算结果　　　　表 3-9

工况	1	2	3	4	5	6	7	8	9	10
λ_1					0.5					
λ_2	0	0.09	0.15	0.16	同λ_1		0.15	0.12	0.1	0.08

3.3.4 通用算法中不同强度折减系数对支护力的影响研究

上述通用算法中采用的围岩强度折减系数为 1.15，但对于某些易软化的围岩，需要采用更大强度折减系数。以下采用折减系数 1.3 进行设计支护力计算，并与折减系数 1.15 做比较。

仍以均质围岩中的时速 350km 高速铁路双线隧道(断面 1)和时速 160km 单线铁路隧道(断面 2)为例，当围岩强度折减系数采用 1.3 时，Ⅳ级围岩不同埋深需要的设计支护力计算结果及与折减系数 1.15 的对比见表 3-10(表中设计支护力取最小支护力的2.0倍),埋深400m时隧道周边围岩破碎区范围见图3-14和图3-15。

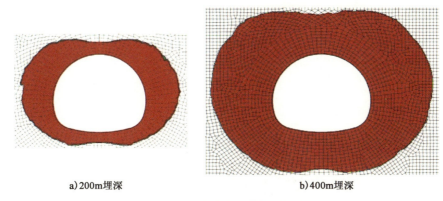

a)200m埋深 b)400m埋深

图3-14 断面1隧道极限平衡破坏区分布

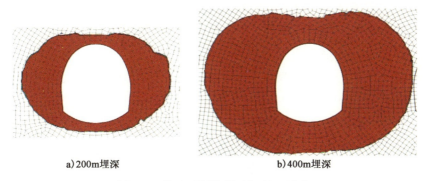

a)200m埋深 b)400m埋深

图3-15 断面2隧道极限平衡破坏区分布

由表3-10可知：

(1)当折减系数为1.3时,断面1围岩压力设计值相比1.15的折减系数工况高约45%;断面2围岩压力设计值相比1.15的折减系数工况高约35%;

(2)易软化围岩隧道设计时需要充分考虑其软化性能,否则可能导致计算围岩压力偏小而不安全。

不同强度折减系数设计支护力计算结果(kPa)　　　　表3-10

断面形式	围岩等级	200m 埋深			400m 埋深		
		折减系数1.3	折减系数1.15	支护力比值	折减系数1.3	折减系数1.15	支护力比值
断面1	Ⅳ	159	109	1.46	336	231	1.45
断面2	Ⅳ	88	65	1.35	193.2	145	1.33

3.4 围岩压力设计值的简便算法

结构接近破坏时,可近似采用无支护状态进行描述。顶部围岩压力设计值可采用数值分析方法计算或采用理论解计算,侧压力取顶部围岩压力设计值与侧压力系数的乘积。

3.4.1 数值分析方法

围岩压力设计值采用数值分析方法时,可以采用有限元、有限差分法等分析方法,围岩本构模型可以根据具体情况采用非线性弹塑性、理想弹塑性、黏弹塑性等,计算工况为无支护状态。

当无支护状态能够收敛时,可以取隧道开挖跨度范围内顶部塑性区范围围岩自重的 1.2 倍作为围岩压力设计值;当无支护状态不收敛时,可施加逐步加大的预支护力直至收敛,然后取隧道开挖跨度范围内顶部塑性区范围围岩自重的 1.2 倍作为围岩压力设计值,而预支护力则由围岩预加固措施承担。

以下为Ⅲ、Ⅳ级围岩、埋深 400m、时速 350km 高速铁路双线隧道计算结果(图 3-16),顶部围岩压力计算结果如表 3-11 所示。

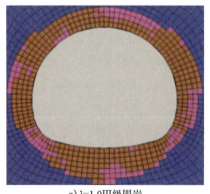
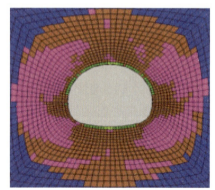

a) $\lambda=1.0$ Ⅲ级围岩 b) $\lambda=1.0$ Ⅳ级围岩

图 3-16

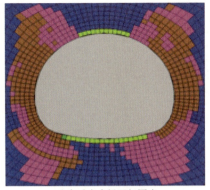
c) 自重应力场Ⅲ级围岩

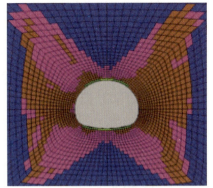
d) 自重应力场Ⅳ级围岩

图 3-16 时速 350km 高速铁路双线隧道塑性区计算结果(埋深 400m)

数值分析方法隧道顶部围岩压力设计值(kPa)　　　　表 3-11

应力场条件	Ⅲ	Ⅳ
$\lambda = 1.0$	59	283
自重应力场	41	228

3.4.2 理论解法

采用理论解时,应首先将隧道设计断面的外接圆作为等效圆形隧道,再采用等效圆形隧道塑性区理论解中 45°位置处的塑性区深度自重作为顶部围岩压力设计值的基本值,基本值乘以调整系数后可作为围岩压力设计值的近似值。

(1) 当埋深(H)不小于 10～15 倍洞径(D)时

当埋深 $H \geq (10 \sim 15)D$ 时,对于符合莫尔—库仑强度准则的围岩,围岩压力设计值的计算公式如下:

竖向均布荷载:
$$q = \alpha\gamma(R_{pd} - a) \tag{3-11}$$

水平均布荷载:
$$e = \beta\lambda q \tag{3-12}$$

$$R_{pd} = R_0 \left\{ \frac{[p_0(1+\lambda) + 2c\cot\varphi](1-\sin\varphi)}{2P_i + 2c\cot\varphi} \right\}^{\frac{1-\sin\varphi}{2\sin\varphi}} \times$$

$$\left\{ 1 + \frac{p_0(1-\lambda)(1-\sin\varphi)\cos 2\theta}{[p_0(1+\lambda) + 2c\cot\varphi]\sin\varphi} \right\} \tag{3-13}$$

式中：γ——围岩重度(kN/m^3)；

λ——围岩侧压力系数；

α、β——分别为拱部和侧部围岩压力调整系数，一般不小于1.2，同时根据围岩产状等因素进行调整(如水平岩层，α可取大于1.0的系数，β可取小于1.0的系数)；

R_{pd}——支护力$P_i=0$时，45°位置处隧道塑性区半径；

p_0——围岩初始应力，自重应力场为主时，$p_0=\gamma h$；

c——围岩黏聚力(kPa)；

φ——围岩内摩擦角(°)；

θ——与隧道横轴的夹角(°)；

R_0——隧道开挖半径，断面非圆形时取当量圆半径(m)；

a——当量圆圆心至45°位置处隧道开挖边界的距离(m)。

需说明的是，式(3-13)即为鲁宾涅特方程[2]，当$\lambda=1.0$时，式(3-13)计算结果与式(3-14)相同，式(3-14)即为著名的卡斯特纳方程[2]。当$\lambda\neq1.0$时，式(3-13)$\theta=45°$位置处隧道塑性区半径也与式(3-14)计算结果相同，但式(3-14)中的p_0应取水平应力与竖直应力的平均值。

$$R_{pd}=R_0\left\{\frac{(p_0+c\cot\varphi)(1-\sin\varphi)}{P_i+c\cot\varphi}\right\}^{\frac{1-\sin\varphi}{2\sin\varphi}} \qquad (3-14)$$

(2) 当埋深(H)小于10~15倍洞径(D)时

当$H<(10\sim15)D$时，按上述公式得到的结果误差较大，建议采用实际埋深下的弹塑性有限元方法求解无支护时的塑性区范围，并取拱部的平均塑性区高度作为围岩压力设计值的等效高度。为简化设计，也可直接采用$H=(10\sim15)D$时的计算值。

3.5 通用算法与简便算法的对比

以350km/h高速铁路双线隧道和160km/h单线铁路隧道为例，不同埋深的计算结果对比见表3-12和表3-13。由表可见，简便算法得出的压力值要高于通用算法，但总体上较为接近。此外，简便算法的理论解只能得出均质地层圆形隧道的围岩压力设计值，而通用算法和简便算法的数值分析方法可以得出复杂断

第 3 章 隧道围岩压力设计值及其计算

面和复杂围岩条件时的围岩压力设计值。

350km/h 高速铁路双线隧道顶部围岩压力设计值对比表（kPa） 表 3-12

围岩级别	围岩压力设计值通用计算方法		围岩压力设计值简便算法（理论解）	
	埋深 200m	埋深 400m	埋深 200m	埋深 400m
Ⅱ级	0	0	0	6
Ⅲ级	13	43	15	47
Ⅳ级	109	231	124	227

160km/h 单线铁路隧道顶部围岩压力设计值对比表（kPa） 表 3-13

围岩级别	围岩压力设计值通用计算方法		围岩压力设计值简便计算方法（理论解）	
	埋深 200m	埋深 400m	埋深 200m	埋深 400m
Ⅱ级	0	0	0	0
Ⅲ级	0	35	27	49
Ⅳ级	65	145	98	167

3.6 围岩压力设计值与隧道设计规范的对比

3.6.1 与均质围岩中的单洞隧道的对比

以时速 350km 高速铁路双线隧道为例（等效直径约 15m），采用表 1-13 中的计算参数，按式（3-11）～式（3-13）可得出不同埋深隧道围岩压力设计值，与《铁路隧道设计规范》(TB 10003—2016)（以下简称"铁路隧规"）中的结果对比见表 3-14 和图 3-17。由表 3-14 和图 3-17 可见，Ⅲ级围岩在 750m 埋深范围内小于规范值，Ⅳ级围岩在大于 250m 埋深后即大于规范值，Ⅴ级围岩总是大于规范值。

计算案例围岩压力设计值对比表（单位：kPa） 表 3-14

围岩压力设计值	Ⅴ级围岩 ($\lambda=0.7$)	Ⅳ级围岩 ($\lambda=0.5$)	Ⅲ级围岩 ($\lambda=0.4$)
400m 埋深计算值	1417	227	47
800m 埋深计算值	2578	376	87
按隧规的计算值	259	150	83

注：① λ 为侧压力系数；
②表中不同埋深的围岩压力计算值已包含 1.2 的调整系数。

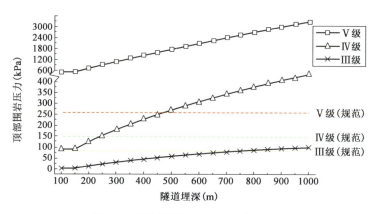

图 3-17　计算案例围岩压力设计值对比表

3.6.2　与均质围岩中的小净距隧道的对比

1) 设计规范提供的小净距隧道围岩计算方法

《公路隧道设计规范　第一册　土建工程》(JTG 3370.1—2018)(以下简称"公路隧规")提供了深埋小净距隧道围岩压力计算方法,为便于与本书进行对比,特摘录如下:

(1) 垂直压力

垂直压力由基本松散压力 q_1 和附加松散压力 q_2、q'_2 组成(图 3-18)。

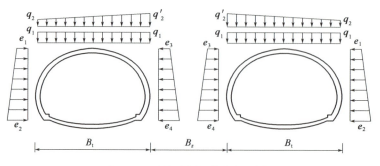

图 3-18　小径距隧道荷载分布示意图

基本松散压力 q_1:单侧洞室形成的稳定平衡拱下部的围岩压力,假定其为均布荷载(kPa)。

附加松散压力 q_2、q'_2：左右洞室共同形成的极限平衡拱下部围岩松散压力减去基本松散压力及中岩墙体承担的上部围岩压力后的荷载,假定其为梯形分布荷载(kPa)。

小净距隧道内外侧垂直压力按式(3-15)、式(3-16)计算。

外侧：
$$q_{外} = q_1 + q_2 = \gamma(h_{q1} + h_{q2}) \tag{3-15}$$

内侧：
$$q_{内} = q_1 + q'_2 = \gamma(h_{q1} + h'_{q2}) \tag{3-16}$$

小净距隧道形成的平衡拱一般介于以下两种极限状态之间。

情况一：隧道开挖方式不当,或中岩柱加固措施不合理,中岩墙承载能力较小。左右洞室的平衡拱范围逐渐扩大,最后在左右洞室的上方形成一个共同的平衡拱。此时不考虑中夹岩柱作用,以整个小净距隧道开挖宽度作为毛洞跨度的塌落拱曲线,为最不利情况,此时塌落拱高度按式(3-17)计算：

$$h_1^w = 0.45 \times 2^{S-1} \times [1 + i(2B_t + B_{np} - 5)] \tag{3-17}$$

情况二：加固后的中岩墙体形成了一个承载能力很高的柱体,阻止了岩柱体上方松散土体的下沉,减小了平衡拱的形成范围,仅在单侧洞室上方各自形成稳定的平衡拱,左右洞的平衡拱无影响。取小净距隧道单栋结构计算的塌落拱曲线,是最理想的情形,塌落拱高度按式(3-18)计算：

$$h_{q1} = 0.45 \times 2^{S-1} \times [1 + i(B_t - 5)] \tag{3-18}$$

小净距隧道垂直压力按以下公式计算：

$$q_1 = \gamma h_{q1} = 0.45 \times 2^{S-1} \gamma [1 + i(B_t - 5)] \tag{3-19}$$

$$q'_2 = \gamma h'_{q2} = \gamma \left[\frac{4}{3}(h_1^w - h_{q1}) - \frac{P_z}{\gamma B_m}\right]\frac{B_{wp} + B_t}{B_m} \tag{3-20}$$

$$q_2 = \gamma h_{q2} = \gamma \left[\frac{4}{3}(h_1^w - h_{q1}) - \frac{P_z}{\gamma B_m}\right]\frac{B_{wp}}{B_m} \tag{3-21}$$

说明：当 $q_2 < 0$ 时,取 $q_2 = 0$,当 $q'_2 < 0$ 时,取 $q'_2 = 0$。

上述式中：S——围岩级别；

i——开挖宽度每增减 1m 时的围岩压力增减率,可以按照表3-15取值,宽度大于 14m 时取 0.12；

围岩压力增减率取值表　　　　　　　表 3-15

隧道宽度 B(m)	$B<5$	$5 \leqslant B < 14$	$14 \leqslant B < 25$	
围岩压力增减率 i	0.2	0.1	考虑施工过程分导洞开挖	0.07
			上下台阶法或者一次开挖	0.12

B_{wp}——外侧边破裂面在水平方向的投影长度(m)，可按式(3-22)计算：

$$B_{wp} = (H_t - H_w)\tan\left(45° - \frac{1}{2}\varphi_c\right) \quad (3-22)$$

B_{np}——内侧边破裂面在水平方向的投影长度(m)，可按式(3-23)计算：

$$B_{np} = \min\left[\frac{1}{2}B_z, (H_t - H_n)\tan\left(45° - \frac{1}{2}\varphi_c\right)\right] \quad (3-23)$$

H_t——隧道开挖高度(m)；

H_w——洞室外侧破裂面与侧边开挖轮廓线交点的高度(m)；

H_n——洞室内侧破裂面在边墙上起始的高度(m)；

γ——围岩重度(kN/m³)；

φ_c——岩体的计算摩擦角(°)；

B_t——单侧隧道的开挖宽度(m)；

B_m——小净距隧道单侧洞室可能坍塌的宽度，按式(3-24)计算：

$$B_m = B_t + B_{wp} + B_{np} \quad (3-24)$$

P_z——中夹岩柱对上部岩体的支撑力。

上述符号示意如图 3-19、图 3-20 所示。

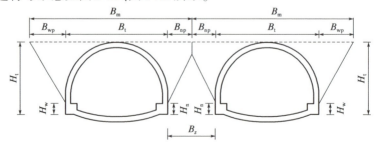

图 3-19　小净距隧道荷载计算示意图($B_{zp}=0$)

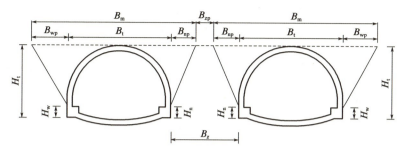

图 3-20　小净距隧道荷载计算示意图（$B_{zp}>0$）

对于小净距隧道的中夹岩柱，应考虑隧道支护结构（如预应力对拉锚索）的主动支护力对岩体抗压强度的提高效应，根据莫尔—库仑强度理论，其换算强度可按式(3-25)计算：

$$R_S^T = P_i \frac{1+\sin\varphi}{1-\sin\varphi} + R_S^b \tag{3-25}$$

式中：R_S^T——中夹岩柱岩体的换算强度(kPa)；

R_S^b——中夹岩柱岩体单轴抗压设计强度(kPa)；

P_i——支护结构对中夹岩柱的主动支护抗力(kPa)；

φ——中夹岩柱岩体内摩擦角(°)。

因此，中夹岩柱对上部岩柱的支撑力可按式(3-26)计算：

$$P_z = \frac{R_S^T B_{zp}}{K_z} \tag{3-26}$$

式中：K_z——中夹岩柱的支撑能力的安全系数，一般取 $K_z=2$；

B_{zp}——中夹岩柱有效承载宽度(m)，按式(3-27)计算：

$$B_{zp} = B_z - 2B_{np} \tag{3-27}$$

(2) 水平侧压力

当围岩级别为Ⅰ～Ⅲ级时：

外侧：
$$e^i_{1\sim2} = \lambda(q_1 + q_2)$$

内侧：
$$e^i_{3\sim4} = \lambda(q_1 + q'_2)$$

当围岩级别为Ⅳ～Ⅵ级时：

外侧：
$$e^i_{1\sim2} = \lambda(q_1 + q_2 + \gamma h_i)$$

内侧：
$$e^i_{3\sim4} = \lambda(q_1 + q'_2 + \gamma h_i)$$

上述式中：$e^i_{1\sim2}$——外侧拱部及变强任意点水平方向围岩压力（kPa）；

$e^i_{3\sim4}$——内侧拱部及变强任意点水平方向围岩压力（kPa）；

h_i——计算点到拱顶的距离（m）；

λ——侧压力系数；

其余符号意义同前。

2）计算结果对比

根据公路隧规可得出 3.3.3 节中小净距隧道工况 1 至 10 围岩压力值和单洞隧道围岩压力值，如表 3-16 所示。

规范围岩压力计算结果（竖直荷载，kPa）　　　表 3-16

工 况	小净距隧道		单洞隧道
	外侧荷载	内侧荷载	均布荷载
1	124.1	185.0	100.8
2、8、9、10	125.0	187.5	
3	125.6	189.6	
4	126.0	191.5	
5	110.7	136.3	
6、7	100.8	100.8	

由表 3-16 可知，按公路隧规得到的小净距隧道围岩压力具有以下特征：

（1）围岩压力与埋深无关；

（2）只有当 $B_z>2B_{np}$ 时，中夹岩柱有效承载宽度 $B_{zp}>0$，中夹岩柱才具有承载能力，所以随净距增大，小净距隧道围岩压力先增大后减小，当 $B_z\approx6m$ 时（约 $0.75B_t$），围岩压力最大，$B_z\approx9m$ 时（约 $1.1B_t$），围岩压力趋于单洞隧道；

（3）围岩压力分布总是中间大两边小。

对比本书围岩压力设计值（详见表 3-8）与按公路隧规计算方法得到的计算结果，可知二者不仅数值差别较大，而且分布形态也有很大差别，公路隧规计算方法得出的拱部围岩压力为"内侧大外侧小"，而本文算法得出的围岩压力形态与埋深和净距相关，共有 3 种分布形态。造成上述差别的主要原因是：

（1）公路隧规采用的荷载计算模型是基于塌落拱理论的塌方高度，因此是中间大两侧小。但如前所述，该塌方高度实际上是图 3-2 中的"破坏后阶段"的围岩压力，而该阶段的支护结构已不存在，因而采用该阶段的塌方高度作为围岩压力对于结构设计而言已无意义。

(2)公路隧规没有区分内外侧压力系数的差别,则当两隧道的净距为 0 时,按公路隧规公式可以得出"内侧水平侧压力要大于外侧水平侧压力"的结论,而既然两隧道净距为 0,则内侧压力也必定是 0,这说明公路隧规公式存在不合理之处。

(3)本书提出的算法是基于结构刚好接近垮塌时的极限状态进行计算,与通用的结构设计原理一致,更具合理性。

3.7 相关因素对围岩压力设计值的影响与修正

由表 3-14 和图 3-17 可见,V 级围岩的压力设计值远远大于规范值,与现场感觉不符,有其特殊原因,现对其分析如下。

3.7.1 空间效应对围岩压力设计值的影响与修正

以 V 级围岩为例,假设某段 V 级围岩埋深 400m,长度为 L,其两侧为 Ⅳ 级围岩,且 V 级围岩与 Ⅳ 级围岩的交界面垂直于隧道轴线。采用三维弹塑性有限元对不同 L、不同洞径 D 情况下的围岩压力设计值进行了分析(计算模型见图 3-21),取无支护状态下,隧道顶部 90°范围内塑性区高度平均值与围岩压力设计值简便算法的理论解得出的塑性区高度进行对比,二者比值为 ξ,ξ 与洞径 D 和 V 级围岩区段长度 L 的关系如图 3-22 所示。

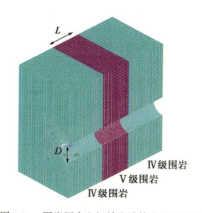

图 3-21 围岩压力空间效应计算有限元模型

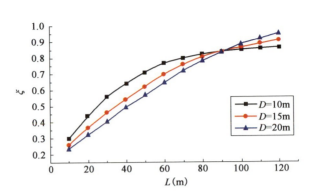

图 3-22　Ⅴ级围岩总长度、洞径对围岩压力设计值的影响

由图 3-22 可见,随着Ⅴ级围岩长度的增加,其压力设计值越来越接近简便算法的计算值。当Ⅴ级围岩宽度为 10m 时,折减系数在 0.3 以下;当Ⅴ级围岩宽度为 20m 时,折减系数约 0.3~0.45;当Ⅴ级围岩宽度为 90m 时,折减系数约为 0.8。因此,围岩压力具有明显的空间效应,当现场出现大埋深、长区段的Ⅴ级围岩,必然会产生软岩大变形,这与工程经验是相符的。实际上,不仅Ⅴ级围岩具有空间效应,只要是力学指标低的围岩夹在力学指标高的围岩之间,则围岩压力都会存在空间效应。

3.7.2　超前注浆对围岩压力设计值的影响

对于长区段深埋Ⅴ级围岩,根据工程经验,这些地段施工中均十分艰难,一般均需要进行超前注浆加固,以改善施工和支护受力条件,这说明注浆加固可以减少支护力,现对围岩注浆加固对围岩压力设计值的影响进行分析。

采用第四强度理论,根据厚壁圆筒弹性解(拉麦公式)、弹塑性解(多姆克公式)、塑性极限状态解,计算注浆加固圈的承载能力 P_z 有不同的计算公式。由于是软弱围岩才需要超前注浆加固,而软弱围岩开挖后的塑性区较大,因此,注浆加固圈的承载能力建议采用塑性极限状态解,即按式(3-28)计算:

$$P_z = \frac{2}{\sqrt{3}}[\sigma]\ln\frac{h_z + R_0}{R_0} \quad (3\text{-}28)$$

式中:P_z——注浆加固圈的极限承载力(kPa);

$[\sigma]$——注浆圈的极限强度(kPa);

h_z——注浆圈的厚度(m)。

以时速 350km 高速铁路双线隧道为例,假设注浆加固圈厚度为 3m,侧压力系数 $\lambda = 1.0$,$[\sigma]$ 取 2.6MPa(考虑围岩并非理想弹塑体,取极限强度为屈服强度的 1.3 倍)。采用式(3-28)作为加固圈的支护力,再按式(3-13)求解该支护力作用下的剩余塑性区高度 h_{p1},将该剩余塑性区高度作为隧道支护结构的围岩压力设计值(图 3-23)。

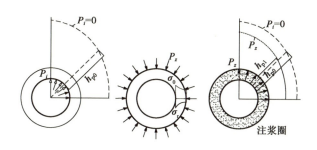

图 3-23　考虑注浆加固圈的围岩压力设计值计算模型图
h_{p0}-无超前注浆时塑性区高度;h_{p1}-超前注浆后塑性区高度

按上述方法计算得到的修正后的 V 级围岩的压力设计值在埋深为 400m 时约为图 3-23 计算值 h_{p0} 的 24.9%,埋深为 800m 时约为图 3-23 计算值 h_{p0} 的 30.2%,可见,注浆加固圈显著减少了围岩压力。

3.7.3　大埋深软弱围岩或隧底存在软弱地层时的影响

上述计算方法中,均认为底部的主动围岩压力为 0,这是有其适用条件的。对于大埋深软弱围岩或隧底为软弱地层时,围岩表面收敛位移均呈现"底鼓值＞两帮收敛值＞拱顶下沉值"的分布规律。底鼓是造成巷道失稳破坏的重要因素,由于巷道底板所处的部位特殊,工作面装岩出渣和材料运输使得底板支护加固滞后于两帮和顶拱数十米甚至数百米,而且隧道拱部常用的支护加固方法难以在底板支护加固中实现,导致底板暴露时间长,支护加固强度低,底板围岩(特别是 2 个底角附近围岩)由于应力高度集中而发生强烈的剪切滑移(图 3-24),宏观表现为剧烈的底鼓变形,进而形成主动荷载[15]。底部主动荷载的具体计算方法有待今后进一步研究。

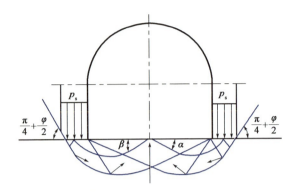

图 3-24　软弱围岩大埋深隧道底部产生主动荷载的原理

3.8　围岩压力设计值的安全性与经济性评价

3.8.1　安全性评价

1）按支护时机分析

围岩压力设计值简便算法的理论解中，顶部围岩压力设计值采用支护力为"0"时的最大塑性区自重，是一种无支护时围岩受开挖扰动影响的主要范围，包含了"最大松弛压力+部分形变压力"，而实际隧道均有支护，理论上只要不发生坍塌，则围岩压力设计值就具有合适的安全性。但从图 3-25 所示的支护时机对支护力的影响曲线可以看出，当支护力等于围岩压力设计值 P_r 时，支护力的安全性只能包络围岩位移大于设计支护力所对应的位移（δ_1）的情况（图 3-25 中的支护时机 2 和支护时机 3），而施工中也可能出现"支护过早"引起支护力大于围岩压力设计值的情况（如图 3-25 中的支护时机 1），则在支护时机 1 中，当支护力达到 P_r 时（对应的围岩位移为 δ_2），支护强度已无法继续增加，进而产生塑性变形。此时，要进一步分析结构达到破坏状态时的变形能力（Δ）。随着变形的增加，围岩压力会下降，如果 $\Delta \geqslant (\delta_1-\delta_2)$，则围岩压力设计值仍是安全的；如果 $\Delta < (\delta_1-\delta_2)$，则围岩压力设计值是不安全的。因此，当 $\Delta < (\delta_1-\delta_2)$ 时，不应简单认为是支护强度过弱，而应通过采取更为柔性的支护方式（如可缩式支护）或适当加大施工循环进尺长度等方法来避免"支护过早"的情况。

围岩压力设计值的通用算法中考虑了运营期围岩的劣化影响(围岩强度储备安全系数不小于1.15),并设置了适当的支护力安全系数(不小于1.4),只要不出现"支护过早",同样也就具有合适的安全性。

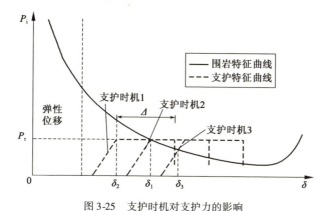

图3-25 支护时机对支护力的影响

2)与相关规范和现场实测值对比

(1)相关实测成果

结合铁路隧道采用大型机械化施工的案例,王明年等[16]在郑州至万州高铁(以下简称"郑万高铁")现场开展了大量的围岩压力与支护受力测试工作,并通过现场实测及文献调研方法,共获取国内2000—2018年间修建的44座隧道、205个形变荷载监测断面数据样本(主要分布在我国华北、华中、华东、华南以及西南地区,样本包括不同时间、施工工法、围岩级别、隧道跨度),将样本数据整理分析后拟合得到初期支护竖向形变荷载按式(3-29)计算,水平形变荷载按式(3-30)计算。

$$q = \alpha \cdot k_c \cdot B \cdot e^{0.5s - \frac{15}{H}} \quad (3-29)$$

$$e = \lambda q \quad (3-30)$$

式中:q——竖向形变荷载(kPa);

e——水平形变荷载(kPa);

S——围岩级别;

B——隧道跨度(m);

H——埋深(m);

λ——侧压力系数(表3-17);

α——修正系数，$\alpha = 1.2$；

k_c——施工水平影响系数，当采用大型机械化配套施工时，$k_c = 1$；当采用普通机械化配套施工时，$k_c = 1.03 \sim 1.15$（根据围岩级别进行取值，围岩级别越高，取值越大）。

侧 压 力 系 数 表　　　　　　　　　　表3-17

围岩级别	Ⅲ级	Ⅳ级	Ⅴ级
侧压力系数	<0.25	0.25~0.5	0.5~1.0

（2）对比分析

以200m和400m埋深为例，采用围岩压力设计值简便算法的理论解与《铁路隧道设计规范》（TB 10003—2016）、Q法围岩压力公式以及按公式(3-29)计算结果的对比见表3-18。由表可见，200m埋深时简便算法计算值高于郑万高铁隧道实测值约2.4%~11.8%，400m埋深时简便算法计算值高于郑万高铁实测值79.5%~96.7%，因而具有安全性。

围岩压力设计值与相关规范及现场实测值对比　　　表3-18

围岩级别	围岩压力计算方法	200m 埋深		400m 埋深	
		竖向荷载（kPa）	与公式(3-29)结果比值	竖向荷载（kPa）	与公式(3-29)结果比值
Ⅳ级	铁路隧规公式	151.2	122.5%	151.2	118.0%
	Q法（按$J_r=1$，$J_n=9$计算）	158.7	128.6%	200	156.1%
	式(3-29)	123.4	100%	128.1	100%
	围岩压力设计值简便算法	126.3	102.4%	230.8	179.5%
Ⅴ级	铁路隧规公式	259.2	127.4%	259.2	122.7%
	Q法（按$J_r=1$，$J_n=9$计算）	342.0	168.1%	430.9	204.0%
	式(3-29)	203.4	100%	211.2	100%
	围岩压力设计值简便算法（取Ⅳ级1.8倍）	227.4	111.8%	415.4	196.7%

注：Ⅳ级围岩200m埋深时$Q=2$，400m埋深时$Q=1$；Ⅴ级围岩200m埋深时$Q=0.2$，400m埋深时$Q=0.1$。

3.8.2 经济性评价

围岩压力设计值的经济性评价采用两个指标,一是在设计支护力作用下的塑性区高度与无支护力时最大塑性区的比值,该比值不宜过小;二是设计支护力与最小支护力的比值,该比值不宜过高。

1) 设计支护力作用下的塑性区高度

以 400m 埋深为例,采用围岩压力设计值作为设计支护力时,不同围岩级别、不同隧道洞径的实际塑性区高度与无支护时最大塑性区高度的对比见图 3-26(图中 V 级围岩按无限长并考虑了 3m 范围注浆加固圈的承载作用)。由图可知:

(1) 隧道当量半径越大,塑性区高度的折减比例越小,支护力对塑性区扩展的控制作用越明显;

(2) Ⅲ、Ⅳ、Ⅴ 级围岩当量半径小于 9m 时,采用所提出的围岩压力设计值作为支护力,可以将实际塑性区范围控制在最大塑性区的 67%~95%,与最大塑性区范围较为接近,具有合适的经济性。

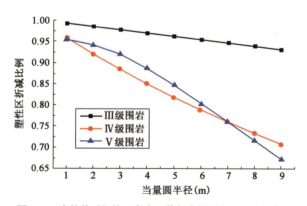

图 3-26 支护前后塑性区高度比值与当量圆半径的关系曲线

2) 围岩压力设计值与最小支护力的比值关系

(1) 最小支护力计算方法一

当 $\lambda = 1$ 时,圆形隧洞围岩松动区内滑裂面为一对对数螺线,假设松动区内强度已大大下降,可认为滑移岩体已无自承作用以致其全部重量由支护抗力 P_{imin} 来承担[4],如图 3-27 所示,由此有:

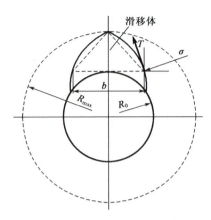

图 3-27 最小支护力计算方法一的计算图示

$$P_{i\min} = \frac{\gamma(R_{\max} - R_0)}{2} \quad (3-31)$$

式中：$R_{\max}$——与 $P_{i\min}$ 相应的松动区半径。

由切向应力 $\sigma_\theta = P_0$ 确定松动半径 $R_{\max}$：

$$R_{\max} = R_0 \left\{ \frac{(P_0 + c\cot\varphi)(1 - \sin\varphi)}{(P_{i\min} + c\cot\varphi)(1 + \sin\varphi)} \right\}^{\frac{1-\sin\varphi}{2\sin\varphi}} \quad (3-32)$$

由式（3-31）和式（3-32）联立可以解出最小支护力。据此计算 400m、800m 埋深时不同当量半径隧道的围岩压力设计值与最小支护力的比值关系 $P_r/P_{i\min}$，如图 3-28 和表 3-19、表 3-20 所示。可知：

①隧道当量圆半径对Ⅲ、Ⅳ级围岩该比值的影响不大，分别在 3.30 和 3.00 左右；

②Ⅴ级围岩该比值关系与当量圆半径呈正相关，且始终大于 1，在常用隧道当量半径范围（3~8m）约为 1.2~1.8（已考虑上述注浆加固圈影响）。可见，围岩压力设计值约为最小支护力 1.2~3.3 倍，具有合适的经济性。

最小支护力—（c 值无折减）与围岩压力设计值的比值（直径 15m 隧道）　　表 3-19

围岩级别	埋深 400m			埋深 800m		
	最小支护力（kPa）	简便算法荷载设计值（kPa）	荷载设计值/最小支护力	最小支护力（kPa）	简便算法荷载设计值（kPa）	荷载设计值/最小支护力
Ⅲ级	7	47	6.71	21.6	88	4.07
Ⅳ级	58	228	3.93	102	376	3.69
Ⅴ级	225	410	1.82	356	676	1.90

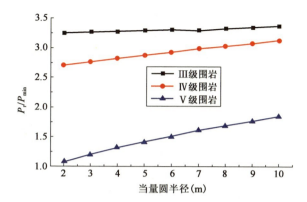

图 3-28　P_r/P_{imin} 与当量圆半径的关系曲线(埋深 400m)

最小支护力一(c 值折减 70%)**与围岩压力设计值的比值**(直径 15m 隧道)　表 3-20

围岩级别	埋深 400m			埋深 800m		
	最小支护力(kPa)	简便算法荷载设计值(kPa)	荷载设计值/最小支护力	最小支护力(kPa)	简便算法荷载设计值(kPa)	荷载设计值/最小支护力
Ⅲ级	14.5	47	3.24	30	88	2.67
Ⅳ级	76	228	3.00	122	376	2.26
Ⅴ级	252	410	1.63	380	676	1.78

(2) 最小支护力计算方法二

最小支护计算方法二采用 3.3 节的围岩压力设计值的通用算法，即在保证围岩强度储备安全系数 1.15 的前提下，平衡隧道周边破碎区围岩自重所需的支护力即为最小支护力，围岩压力设计值取最小支护力不小于 1.4 倍。也就是说，设计支护力为最小支护力的 1.4 倍以上，取值同样不是特别保守，具有合适的经济性。

3.8.3　围岩压力设计值总体评价

(1) 采用"围岩压力设计值"作为设计支护力，为解决设计中无法预先获得实际围岩压力的问题提供了解决思路，有利于从设计角度将复杂的问题简单化。围岩压力设计值的合理性评价可以采用安全性与经济性两个指标。需说明的是，围岩压力设计值不是作用于支护上的实际值，只是一个用于结构计算的荷载名义值。

(2) 围岩压力设计值可以采用基于强度折减法的通用算法，或采用基于无支护状态下塑性区围岩自重的两种简便算法进行计算。

(3) 当软弱围岩的两端为较好围岩时，围岩压力具有空间效应，实际的围岩压力设计值要低于理论计算值,具体折减值与隧道洞径、软弱围岩的长度等因素有关;超前注浆加固圈具有明显的承载作用,可以显著降低围岩压力设计值。

(4)围岩压力设计值通用算法考虑了围岩强度储备安全系数1.15,支护力安全系数一般取1.40倍以上,只要不出现"支护过早",就具有合适的安全性。围岩压力设计值简便算法中,顶部围岩压力设计值采用支护力为"0"时的最大塑性区自重,是一种无支护时围岩受开挖扰动影响的主要范围,包含了"最大松弛压力+部分形变压力",而实际隧道均有支护,理论上只要不发生坍塌,则围岩压力设计值就具有合适的安全性。采用围岩压力设计值简便算法的理论解与按实测值回归得出的式(3-29)计算结果的对比也表明,围岩压力设计值高于实测值约30%~50%,因而具有安全性。

(5)采用所提出的围岩压力设计值作为支护力,可以将实际塑性区范围控制在最大塑性区的67%~95%,且设计支护力约为最小支护力1.2~3.3倍,具有合适的经济性。

3.9 采用应变软化模型的围岩压力设计值探讨

3.9.1 应变软化模型与本构关系

1)应变软化本构模型

在弹塑性岩石的力学分析方面,可将应力—应变曲线划分为三个阶段(图3-29):弹性阶段、塑性软化阶段和塑性流动阶段。

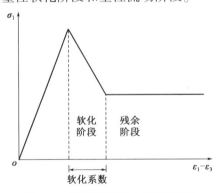

图3-29 应变软化模型力学特性曲线

当岩石处于弹性阶段时,变形随着应力成比例地增加,卸荷之后岩石完全复原且变形消失。当岩石处于塑性阶段时,变形不随应力成比例增加,卸荷之后岩石不能完全复原且存在部分变形。整个塑性阶段分为塑性软化阶段和塑性残余阶段,前者表现为主应力随着变形的增加而不断减少,后者表现为岩石变形快速增加直至破坏。

2) 岩体不同峰后力学行为下的开挖模型

根据以上假定,图 3-30 给出了岩体不同峰后力学行为下的三种力学开挖模型,对于理想弹塑性模型与脆—塑性模型,根据受力状态可将围岩划分为两个区域,深部为弹性区域,此处岩体并未受岩体开挖卸荷的影响;接近于洞壁处为塑性或塑性残余区域,在此范围内岩体达到屈服破坏状态。对于应变软化模型,围岩由内而外则由三个区域组成:弹性区域、塑性软化区域与塑性残余区域。在这三种力学开挖模型中,支护压力 p_i 均匀作用于隧道洞壁,弹塑性区域交界处的径向与切向应力分别为 σ_{r2} 与 $\sigma_{\theta2}$,塑性或塑性残余区域的半径为 R_p;特别地,在应变软化模型中,塑性软化与残余区域交界处的径向与切向应力分别为 σ_{r1} 与切向应力 $\sigma_{\theta1}$,塑性残余区域的半径为 R_r。

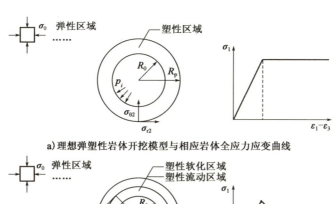

a) 理想弹塑性岩体开挖模型与相应岩体全应力应变曲线

b) 应变软化岩体开挖模型与相应岩体全应力应变曲线

图 3-30

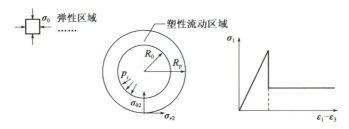

c) 弹—脆—塑性岩体开挖模型与相应岩体全应力应变曲线

图 3-30 岩体力学开挖模型与全应力应变曲线示意图

理想弹塑性与弹—脆—塑性行为可视为应变软化行为对应的两种特殊情况，在隧道开挖之后，理想弹塑性得到的围岩塑性区域与围岩变形最小，反之，弹—脆—塑性得到的围岩塑性区域与围岩变形最大。

3) 屈服准则

根据经典弹塑性理论[17]，岩土材料卸荷后的应力应变受到屈服准则 f 和塑性势函数 g 的影响，而 f 与 g 依赖于应力张量 σ_{ij} 和塑性软化系数 η。其中，屈服准则可表达如下：

$$f(\sigma_{ij}, \eta) = 0 \tag{3-33}$$

霍克—布朗屈服准则（2002 年版）[18]与莫尔—库仑屈服准则可分别表示为：

$$f(\sigma_1, \sigma_3, \eta) = \sigma_1 - \sigma_3 - \sigma_{ci}(m_b\sigma_3/\sigma_{ci} + s)^a = 0 \tag{3-34}$$

$$f(\sigma_1, \sigma_3, \eta) = \sigma_1 - K_\varphi \sigma_3 - 2c\sqrt{K_\varphi} = 0 \tag{3-35}$$

上述式中：σ_{ci}——完整岩石的单轴抗压强度；

m_b、s 与 a——表征岩体强度的参数，均可通过实验获得；

c——岩体黏聚力；

K_φ——岩体摩擦系数，$K_\varphi = (1 + \sin\varphi)/(1 - \sin\varphi)$；

φ——岩体摩擦角。

各个强度参数 m_b、s、a、c、φ、K_φ 均为塑性软化系数 η 的函数，在多数现有文献中[19,21]，塑性软化系数 η 可由塑性剪切应变表示，基于平面应变状态，η 等于最大塑性主应变 ε_1^p 与最小塑性主应变 ε_3^p 之差：

$$\eta = \varepsilon_1^p - \varepsilon_3^p \tag{3-36}$$

根据大量现有研究中的假定[19,21]，强度参数 ω（代表 m_b、s、a、c、φ、K_φ 中任一参数）与 η 变化规律如图 3-31 所示，关系式如下：

对于理想弹塑性模型：
$$\omega(\eta) = \omega^{\text{peak}} \tag{3-37a}$$

对于应变软化模型：
$$\omega(\eta) = \begin{cases} \omega^{\text{peak}} - (\omega^{\text{peak}} - \omega^{\text{res}}) \dfrac{\eta}{\eta^*}, & 0 < \eta < \eta^* \\ \omega^{\text{res}}, & \eta \geq \eta^* \end{cases} \tag{3-37b}$$

对于弹—脆—塑性模型：
$$\omega(\eta) = \omega^{\text{res}} \tag{3-37c}$$

在图 3-31 与式(3-37a~c)中，η^* 为临界塑性软化系数(即临界塑性剪切应变)，在理想弹塑性模型中，η^* 为无穷大，ω 为峰值 ω^{peak}；在弹—脆—塑性模型中，η^* 为0，ω 为 ω^{peak} 跌落之后的残余值 ω^{res}；在应变软化模型中，η^* 控制着围岩从塑性软化区域向残余区域的转换，当 $\eta = 0$ 时，围岩处于弹性阶段，此时 ω 为 ω^{peak}；当 $0 < \eta < \eta^*$ 时，围岩处于塑性软化阶段，此时 ω 随着 η 增大而线性递减，当 η 由0增至 η^* 时，ω 由 ω^{peak} 减小至 ω^{res}；当 $\eta > \eta^*$ 时，围岩处于塑性流动阶段，此时 ω 为 ω^{res}。

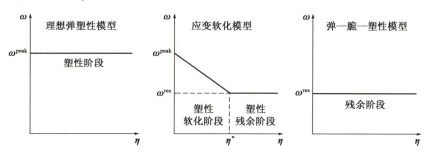

图 3-31 强度参数随塑性软化系数变化规律

3.9.2 计算工况与计算参数

仍以时速 350km 高铁双线隧道为例，采用三维有限差分软件(FLAC^{3D})建模计算无支护开挖下的塑性区范围与围岩压力设计值，模型网格划分如图 3-32 所示。取侧压力系数 $\lambda = 1$ 的常应力场条件下，200m、400m、800m 三种埋深，Ⅲ、Ⅳ、Ⅴ级三种围岩等级，同时计算理想弹塑性模型、软化系数分别为 0.2、0.02 三种本构关系，共计 27 种计算工况。对于长区段深埋 Ⅴ 级围岩，根据工程经验，一般均需要进行超前注浆加固，以改善施工和支护受力条件，为简化计，注浆圈参数取表 1-13 中 Ⅳ 级围岩参数。Ⅲ、Ⅳ、Ⅴ级围岩弹性阶段物理力学参数参照

表 1-13，残余内摩擦角与残余黏聚力估算方法如下：

基于崔岚等[22]提出的由 GSI 预测变形与强度参数的方法，根据对应的某一围岩级别的变形模量，反算出对应未破坏岩体 GSI 的值，根据该值确定残余破坏岩体 GSI 的值，根据残余 GSI 来确定残余区域的霍克—布朗强度准则中的强度参数，根据霍克—布朗强度准则与莫尔—库仑强度准则的转换关系来明确残余区域的内摩擦角与黏聚力，计算结果如表 3-21 所示。

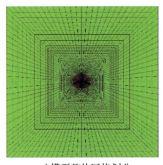

a) 模型整体网格划分　　　　b) 隧道和加固圈网格划分

图 3-32　计算模型有限元网格划分

各工况残余强度参数取值　　　　表 3-21

围岩级别	Ⅲ			Ⅳ			Ⅴ		
隧道埋深	200	400	800	200	400	800	200	400	800
内摩擦角(残余阶段)(°)	11.47	19.50	18.20	8.72	18.45	18.17	6.23	14.64	14.49
黏聚力(残余阶段)(MPa)	0.72	0.58	0.54	0.36	0.26	0.26	0.10	0.08	0.07

3.9.3　塑性区范围计算结果与对比分析

1) 计算结果

计算各工况无支护开挖后的塑性区分布如图 3-33～图 3-35 所示。

 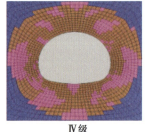 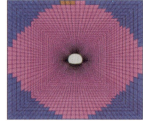

Ⅲ级　　　　　　　　　　Ⅳ级　　　　　　　　　　Ⅴ级

a) 软化系数=0.02

图　3-33

第 3 章　隧道围岩压力设计值及其计算

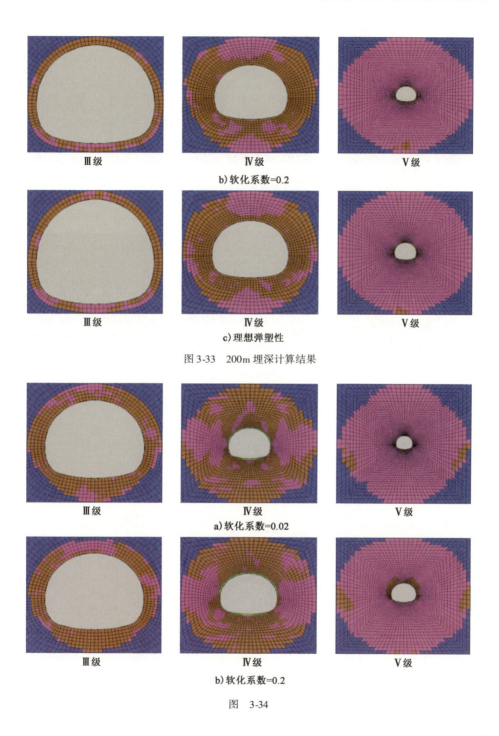

b) 软化系数=0.2

c) 理想弹塑性

图 3-33　200m 埋深计算结果

a) 软化系数=0.02

b) 软化系数=0.2

图 3-34

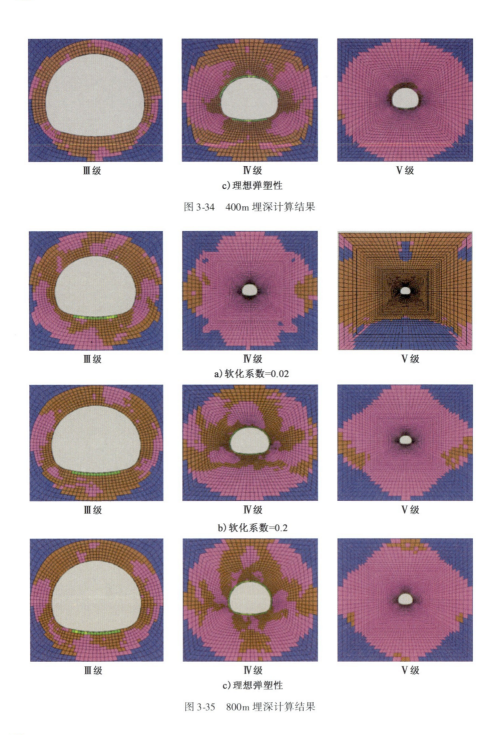

Ⅲ级　　Ⅳ级　　Ⅴ级

c) 理想弹塑性

图 3-34　400m 埋深计算结果

Ⅲ级　　Ⅳ级　　Ⅴ级

a) 软化系数=0.02

Ⅲ级　　Ⅳ级　　Ⅴ级

b) 软化系数=0.2

Ⅲ级　　Ⅳ级　　Ⅴ级

c) 理想弹塑性

图 3-35　800m 埋深计算结果

2) 对比分析

根据第 3.4 节算法,取隧道开挖跨度范围内顶部塑性区范围围岩自重的 1.2 倍作为围岩压力设计值。围岩压力设计值(为对比,取等效土柱高度)的计算结果如表 3-22 所示。

$\lambda=1$ 时围岩压力设计值等效土柱高度 表 3-22

隧道埋深(m)	围岩级别	有限元解等效土柱高度(m)			3.4 节弹塑性理论解等效土柱高度(m)
		软化系数 0.02	软化系数 0.2	理想弹塑性	
200	Ⅲ	0.87	0.87	0.87	1.28
	Ⅳ	8.36	7.65	7.53	7.75
	Ⅴ(无注浆圈)	67.88	47.42	44.47	43.0
	Ⅴ(预注浆加固)	49.07	47.78	16.97	16.28
400	Ⅲ	2.98	2.83	2.71	2.81
	Ⅳ	20.29	13.29	12.87	13.47
	Ⅴ	52.72	35.12	33.10	29.86
800	Ⅲ	6.39	4.63	4.60	4.74
	Ⅳ	61.84	23.37	20.54	21.59
	Ⅴ	破坏至边界	79.72	67.28	51.20

注:Ⅴ级围岩如无特殊说明均采用 3m 的注浆圈进行预加固;Ⅴ级围岩采用注浆预加固后围岩压力设计值采用 3.7.2 节计算方法。

由表 3-22 可知:

(1)Ⅲ级围岩时,800m 埋深软化系数为 0.02 的工况比理想弹塑性模型计算结果大约 39%,其余工况三种本构模型的计算结果差距均较小,说明应变软化模型对于围岩强度较高的围岩影响不大;理想弹塑性模型或者弹塑性理论解方法计算精度和包络性较好。

(2)Ⅳ级围岩时,对于埋深较浅的情况,三种本构模型的计算结果仍基本相同,差距在 10% 以内;埋深大于 400m,软化系数为 0.02 的应变软化模型比其余两种模型计算结果高约 34%~36%,达到 800m 时,结果高约 62%~67%,说明本构模型的影响随着埋深变大、围岩级别变大而越来越显著,软化系数越小,计算得到的塑性区域范围越大,围岩越不稳定;当围岩应变软化效应并不很明显时,理想弹塑性模型或者弹塑性理论解方法计算精度和包络性较好。

(3) Ⅴ级围岩时,即使埋深为200m,三种本构模型的计算结果也相差较大,例如,软化系数为0.02的应变软化模型比其他模型的塑性半径多出44.9%,当埋深800m时,软化系数为0.02的SS模型完全无法算出,说明当围岩等级很差时,要重点强调围岩的应变软化程度。

3) 有关讨论

理论上,采用的岩土本构模型和破坏准则越接近实际,塑性区的计算结果就越准确,按本书所述的围岩压力设计值计算方法得到的计算结果也越可靠,因此设计中对围岩压力设计值的修正应综合考虑岩土本构模型的精度,本构模型越符合实际,修正系数取值就可以越小,反之可以取相对较大的修正系数,以同时兼顾安全性和经济性。

本章参考文献

[1] 中铁二院工程集团有限公司.铁路隧道设计规范:TB 10003—2016[S].北京:中国铁道出版社有限公司,2017.

[2] 蔡美峰,何满潮,刘东燕.岩石力学与工程[M].北京:科学出版社,2002:320-326.

[3] 关宝树.隧道工程设计要点集[M].北京:人民交通出版社,2003.

[4] 郑颖人,朱合华,方正昌,等.地下工程围岩稳定分析与设计理论[M].北京:人民交通出版社,2012:367-373.

[5] BARTON N. Rock mass classification and tunnel reinforcement selection using the Q – system [A]. In: Pro(c) Symp. Rock Class. Eng. Purp. ASTM Special Technical Publication 1984 [C]. Philadelphia:[s. l.]. 1988:59-88.

[6] NGL. Handbook of rock mass classification and support design using the Q-system [DB/OL]. (2015-5). http://www.ngi.no.

[7] GOEL, R. K., JETHWA, J. L. Prediction of support pressure using RMR Classification[J]. Proc. Indian Geotechnical Conf., 1991.

[8] 中国铁路设计集团有限公司,中铁第四勘察设计集团有限公司.城际铁路设计规范:TB 10623—2014[S].北京:中国铁道出版社,2015.

[9] 郑颖人,邱陈瑜,宋雅坤,等.土质隧洞围岩稳定性分析与设计计算方法探讨[J].后勤工程学院学报,2009,25(03):1-9.

[10] 肖明清.小间距浅埋隧道围岩压力的探讨[J].现代隧道技术.2004,41(3):7-10.

[11] 舒志乐,刘保县,李月.偏压小净距隧道围岩压力分析[J].地下空间与工程学报,2007(03):430-433.

[12] 中交第二公路勘察设计研究院有限公司.公路隧道设计细则:JTG/T D70—2010[S].北京:人民交通出版社,2010.

[13] 招商局重庆交通科研设计院有限公司.公路隧道设计规范 第一册 土建工程:JTG 3370.1—2018[S].北京:人民交通出版社股份有限公司,2019.

[14] 刘继国,郭小红.深埋小净距隧道围岩压力计算方法研究[J].公路,2009(03):200-205.

[15] 刘泉声,张伟,卢兴利,等.断层破碎带大断面巷道的安全监控与稳定性分析[J].岩石力学与工程学报,2010,29(10):1954-1962.

[16] 王明年,王志龙,张霄,等.深埋隧道围岩形变压力计算方法研究[J].岩土工程学报,2020,42(01):81-90.

[17] Kaliszky S. Plasticity Theory and Engineering Applications[M]. Amsterdam:Elsevier,1989.

[18] Hoek E, Carranza-Torres C, Corkum(B) Hoek-Brown failure criterion-2002 edition[C]. Proceedings of the 5th North American Rock Mechanics Symposium and 17th Tunnelling Association of Canada Conference. Tonronto, 2002:267-273.

[19] Lee Y K, Pietruszczak S. A new numerical procedure for elasto-plastic analysis of a circular opening excavated in a strain-softening rock mass[J]. Tunnelling and Underground Space Technology, 2008(23):588-599.

[20] Wang S L, Yin X T, Tang H, et al. A new approach for analyzing circular tunnel in strain-softening rock masses[J]. International Journal of Rock Mechanics and Mining Sciences, 2010, 47:170-178.

[21] Zhang Q, Jiang B S, Wang S L, et al. Elasto-plastic analysis of a circular opening in strain-softening rock mass[J]. International Journal of Rock Mechanics and Mining Sciences, 2012, 50:38-46.

[22] Lan Cui, Jun-Jie Zheng, et al. Prediction of critical strains and critical support pressures for circular tunnel excavated in strain-softening rock mass[J]. Engineering Geology 224,2017:43-61.

Total Safety Factor Method
of Tunnel
Support Structure Design

第 4 章

总安全系数法的结构计算模型与计算方法

根据第 3 章得出围岩压力设计值后,隧道支护结构就可以采用荷载—结构法进行内力计算。由于隧道支护结构一般是由锚杆围岩承载拱(以下简称"锚岩承载拱")、喷射混凝土层、二次衬砌层组成的多层结构,因此需要分别建立单层结构和多层结构的计算模型。每层结构自身的安全系数可以采用破损阶段法计算,多层结构的总安全系数需要在考虑各层结构之间的变形协调与破坏次序之后,包含每层结构的贡献。又由于既有设计规范对结构安全系数的取值是针对整体结构中的单一构件,因此还需要考虑隧道工程自身的特点研究多层结构总安全系数的取值。

本章重点对支护结构的计算模型、总安全系数计算方法、总安全系数取值、特殊支护方式的计算方法等进行介绍。

4.1 隧道支护结构的主要设计内容

在确定隧道内轮廓断面后,隧道支护结构的设计主要包括结构形式、结构参数、建筑材料等内容。对于采用新奥法施工的隧道,结构形式一般分为锚喷支护和复合式衬砌两种。锚喷支护由锚杆和喷射混凝土组成,有时也包括超前加固。其中,锚杆的结构与材料参数主要包括锚杆的长度、间距、直径、材质等,喷射混凝土的结构与材料参数主要包括厚度、强度、钢架和钢筋网参数等。复合式衬砌由初期支护和二次衬砌以及二者之间的防水隔离层组成,一般初期支护的设计内容与锚喷支护基本相同,二次衬砌的结构和材料参数主要包括厚度、混凝土强度、钢筋强度与布置等。各种结构形式的主要设计内容详见图4-1。

本章主要对结构安全性的计算方法进行介绍。

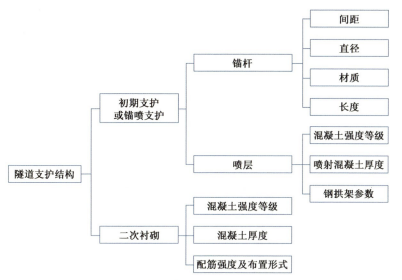

图4-1 隧道支护结构的主要设计内容

4.2 支护结构计算模型

4.2.1 支护结构分层

在总安全系数设计法中,将复合式衬砌隧道支护结构分为锚杆围岩承载拱、喷射混凝土层(包括喷射混凝土、喷射钢纤维混凝土、钢架、钢筋网等,以下简称"喷层")、二次衬砌三层结构,将锚喷支护结构分为锚岩承载拱和喷层两层结构,每层结构及多层结构组合后的组合结构均有相应的荷载结构计算模型,分别如下。

模型一:锚岩承载拱的荷载结构模型;

模型二:喷层的荷载结构模型;

模型三:二次衬砌的荷载结构模型;

模型四:破坏阶段复合结构模型。

各荷载结构模型中,围岩压力均取全部的围岩压力设计值。

4.2.2　模型一:锚岩承载拱计算模型

1) 模型介绍

锚岩承载拱的荷载结构法计算模型见图 4-2。模型中,围岩压力采用第 3 章中得出的围岩压力设计值;承载拱结构体采用梁单元模拟;承载拱与地层相互作用径向采用无拉弹簧模拟,墙脚处采用竖向和水平向弹性支撑模拟。

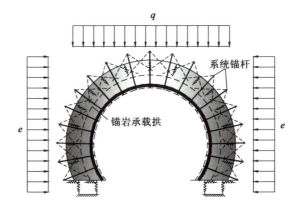

图 4-2　模型一(锚岩承载拱的荷载结构模型)

2) 模型参数

(1) 承载拱厚度

锚杆的外端头按一定角度往隧道内侧进行压力扩散(扩散角度应根据具体的地质条件选择,最大不超过 45°),相邻锚杆压力扩散后的交点所形成的连线即为承载拱的外边线,承载拱内边线为喷层外表面或围岩内表面。

(2) 承载拱材料强度

如图 4-3 所示,隧道开挖后,周边一定深度范围内的围岩进入塑性状态,无法承担后续增加的荷载。当采取喷层、锚杆等措施进行支护后,可增加塑性区围岩的侧限力,进而增加围岩继续承载的能力。按此机理,可得出锚岩承载拱范围内围岩材料的极限强度。当然,对于开挖断面小或者围岩强度高的隧道,可能周边围岩并没有进入塑性,或者仅部分区域进入塑性,但为安全考虑,计算模型中不包含开挖后围岩从未塑性到其发展为塑性状态这一部分的强度。

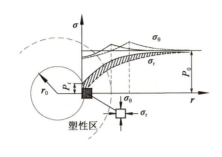

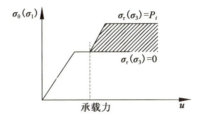

图 4-3　塑性区围岩在支护力作用下的承载机理

承载拱范围内围岩的极限强度仅考虑支护后增加的强度,按式(4-1)计算,即将锚杆与喷层、二次衬砌提供的支护力作为 σ_3,进而根据莫尔—库仑强度准则得出围岩的 σ_1（图 4-4）,将此 σ_1 作为承载拱本身的材料极限强度 $[\sigma_c]$。

$$[\sigma_c] = \sigma_1 = 2c \cdot \tan\left(45° + \frac{\varphi}{2}\right) + \sigma_3 \cdot \tan^2\left(45° + \frac{\varphi}{2}\right) \quad (4-1)$$

$$c = \frac{0.35 A_s f_y}{bs} + c_p \quad (4-2)$$

式中：c——承载拱围岩的采用锚杆加固后的黏聚力,按式(4-2)计算;

　　　φ——承载拱围岩的内摩擦角;

　　　A_s——锚杆的有效截面积;

　　　f_y——锚杆的杆体强度(采用屈服强度);

　　　b、s——分别为锚杆的环向间距和纵向间距;

　　　c_p——锚岩承载拱在塑性状态下的残余黏聚力。

式(4-2)中,将锚杆的抗剪强度折减了 50%,是考虑锚杆与围岩共同发生剪切变形时,因局部应力集中引起对围岩黏聚力的提高值不是均匀分布。c_p 与围岩的力学特性以及应力状态有关,在整个承载拱范围内也非定值,本书除无特别说明外,为简化计算,残余黏聚力 c_p 根据围岩特性采用不同的折减系数,其中Ⅲ、Ⅳ、Ⅴ级围岩分别取开挖前初始值的 50%、70%、90%。对于有试验成果或取值依据的工程,c_p 应按实际情况取值。

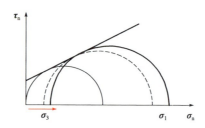

图 4-4　锚岩承载拱材料强度计算模型图

3) 安全系数计算方法

锚岩承载拱的安全系数按现行隧道设计规范的破损阶段法进行计算。由于承载拱的厚度一般较大,其受力状态一般为小偏心,因此,可按规范采用下式计算:

$$K_1 N_z = \alpha b [\sigma_c] \tag{4-3}$$

式中:K_1——锚岩承载拱的安全系数;

　　　N_z——构件验算截面的轴力;

　　　α——轴向力偏心影响系数;

　　　b——承载拱计算宽度;

　　　$[\sigma_c]$——承载拱围岩的极限抗压强度,按式(4-1)计算。

4) 侧限力 σ_3 的计算方法

σ_3 由 σ_{31}(锚杆提供)、σ_{32}(喷层提供)、σ_{33}(二次衬砌提供)组成,施工阶段可不计入 σ_{33}。

$$\sigma_{31} = \frac{0.5 T_1}{bs} \left(\text{或} \frac{0.4 T_2}{bs} \right) \tag{4-4}$$

$$\sigma_{32} = 0.5 K_2 \cdot q \tag{4-5}$$

$$\sigma_{33} = 0.5 K_3 \cdot q \tag{4-6}$$

式中:q——围岩压力设计值,按第 3 章相关公式计算;

　　　T_1、T_2——分别为锚杆的杆体强度和抗拔强度,计算方法详见图 4-5;

K_2、K_3——分别为喷层、二次衬砌的安全系数(计算方法详见后述);

b、s——分别为锚杆的环向间距和纵向间距。

图 4-5 中,σ_{31} 为锚杆提供的侧限力,f_y 为锚筋杆体的极限抗拉强度(采用屈服强度),d 为锚筋直径,f_{rb} 为砂浆锚固体与地层间的极限黏结强度,d_g 为砂浆锚固体的外径,l_g 为锚筋与砂浆的锚固长度。

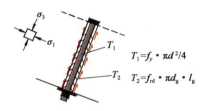

图 4-5　σ_{31} 计算方法示意图

需说明的是,σ_{31}、σ_{32}、σ_{33} 计算时均折减了 50%,这是基于以下原因:①考虑喷层、二次衬砌与锚岩承载拱之间的协同作用可能因为无法密贴而弱化;②锚杆提供的 σ_{31} 在锚岩承载拱中为非均匀分布;③考虑破坏次序的不利影响(详见后述),为整体结构的延性预留一定条件,防止先达到破损阶段的结构层因变形过大或多处破损而破坏时导致结构整体突然破坏。

5) 锚杆各设计参数的说明

(1) 各设计参数计算方法

如上所述,锚杆的设计参数包括锚杆的长度、间距、直径、材质等,其中锚杆的长度采用模型一计算,并满足最小长度要求(系统锚杆的长度不小于间距的 2 倍);锚杆的间距、直径和强度根据需要其提供的侧限力 σ_{31} 按式(4-3)和图 4-5 计算。

(2) 硬岩地层局部锚杆最低强度要求

当地质条件好、围岩强度应力比大时,隧道周边围岩没有塑性化或塑性区深度很小,仅需要采用局部锚杆来加固不稳定岩块,此时锚杆的作用是将不稳定岩块或隧道周边不稳定的围岩悬吊在外侧的稳定岩体上(图 4-6),在侧墙部位则采用锚杆阻止岩块滑动。因此,锚杆强度在竖直方向的分量应大于不稳定岩块的重力。

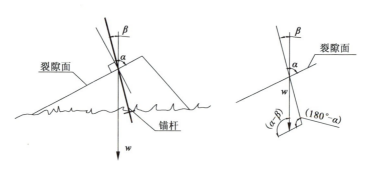

图 4-6 悬吊锚杆的计算图示

4.2.3 模型二:喷层的荷载结构模型

1) 模型介绍

喷层的荷载结构法计算模型见图 4-7。模型中,围岩压力采用第 3 章中得出的围岩压力设计值;喷层采用梁单元模拟;结构与地层相互作用采用无拉径向弹簧和切向弹簧模拟。当仅拱墙部位设置喷层时,墙脚处采用竖向和水平向弹性支撑模拟。

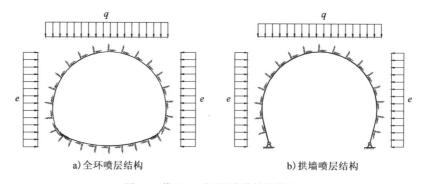

图 4-7 模型二(喷层的荷载结构模型)

2) 模型参数

喷层作为结构层的最小厚度不宜小于 8cm[1],且应随着跨度加大而加大。

3) 安全系数计算方法

求得喷层的内力后,结构安全系数 K_2 按现行隧道设计规范[2,3]采用破损阶段法进行计算,当喷层内设置了钢筋网、钢架时,可按钢筋混凝土或型钢—混凝土组合结构计算。

4) 以锚为主支护时喷层的计算

采用以锚为主支护方式时,喷层仅承担相邻两根锚杆内端头(即喷射混凝土壁面的锚杆垫板)按45°向围岩扩散后交点以下的椎体区域的围岩自重,喷层内力按多点支撑双向板计算(图4-8),喷层强度安全系数按规范采用破损阶段法计算。

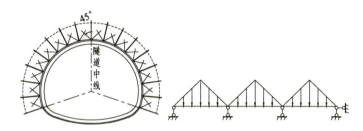

图4-8 以锚为主支护方式中喷层的荷载计算模型

4.2.4 模型三:二次衬砌的荷载结构模型

1) 模型介绍

二次衬砌的荷载结构法计算模型见图4-9。模型中,围岩压力采用第3章中得出的围岩压力设计值;二次衬砌采用梁单元模拟;结构与地层相互作用在设置有防水板的部位采用无拉径向弹簧模拟,无防水板的部位采用无拉径向弹簧和切向弹簧模拟。当结构没有设置仰拱时,墙脚处采用竖向和水平向弹性支撑模拟。

2) 模型参数

二次衬砌的结构厚度应满足规范对其最小厚度的要求,一般小跨度隧道最小厚度为25cm,大跨度隧道最小厚度为30cm。

3) 安全系数计算方法

求得二次衬砌的内力后,结构安全系数 K_3 按现行隧道设计规范[2,3]采用破损阶段法进行计算,当二次衬砌内设置了钢筋、钢架时,可按钢筋混凝土或型钢—混凝土组合结构计算。

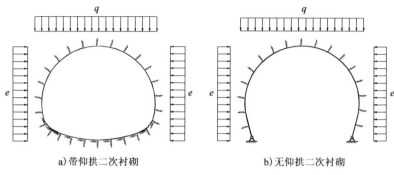

图 4-9　模型三(二次衬砌的荷载结构模型)

4.2.5　模型四:破损(坏)阶段复合结构模型

1) 模型介绍

(1) 喷层—二次衬砌复合结构模型

喷层—二次衬砌复合结构的荷载结构法计算模型见图 4-10 和图 4-11。为模拟喷层、二次衬砌的先后受力次序,将计算模型分成两步。

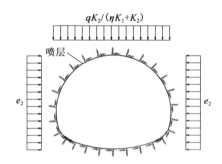

图 4-10　喷层—二次衬砌复合结构第一步的计算模型

第一步:喷层先期承受围岩压力计算模型。

喷层先于二次衬砌承受围岩压力时,其荷载结构模型与上述模型二相同,但对其围岩压力进行了修改,计算模型见图 4-10。喷层承担的拱部围岩压力 q_2 按其与锚岩承载拱的刚度比进行分配,也可近似采用各自安全系数比进行分配,如式(7-8)、式(7-9)所示。

$$q_2 = \frac{q\,K_2}{\eta K_1 + K_2} \qquad (4\text{-}7)$$

$$e_2 = \lambda q_2 \qquad (4\text{-}8)$$

式中：q——围岩压力设计值；

K_1——锚岩承载拱的安全系数；

K_2——喷层的安全系数；

η——锚岩承载拱安全系数的折减系数，主要考虑锚岩承载拱与喷层的材料不同，发挥至各自极限强度所对应的变形不同，因而按变形协调考虑后对其进行折减，具体计算方法详见4.3.2节。

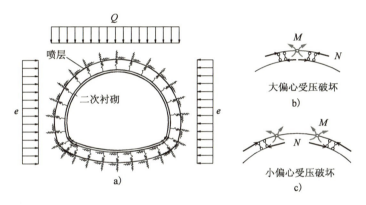

图4-11 喷层—二次衬砌复合结构第二步的计算模型

第二步：破损(坏)阶段复合结构模型

破损(坏)阶段喷层—二次衬砌复合结构的荷载结构法计算模型采用上述模型二与模型三叠加(图4-11)，但对围岩压力、二次衬砌与喷层之间的径向弹簧刚度进行了修改。围岩压力 Q 采用第3章中得出的围岩压力设计值的若干倍，按式(4-9)计算；二次衬砌与喷层之间的径向弹簧刚度 k 按式(4-10)计算。

$$Q = K_d q \qquad (4\text{-}9)$$

$$k = \frac{2E_1 E_2 A}{E_1 h_1 + E_2 h_2} \qquad (4\text{-}10)$$

上式中：K_d——喷层—二次衬砌复合结构整体破损阶段的荷载比例系数（即通过加大荷载值来使复合结构达到整体破损的荷载与设计荷载的比值，其内涵与安全系数相近但又不完全相同）；

q——围岩压力设计值；

E_1、E_2——分别为喷层、二次衬砌的弹性模量；

h_1、h_2——分别为喷层、二次衬砌的厚度；

A——接触单元的面积。

喷层—二次衬砌复合结构承载能力的计算过程为：

①喷层先期受力，与锚岩承载拱分担荷载 q；

②喷层、二次衬砌形成复合结构共同承载，不断增加荷载，并不断检算各截面的安全系数；

③当喷层或二次衬砌的某一个截面达到破损阶段（安全系数等于1.0），假设其可以维持破损阶段的承载力，并将破损区域的内力作为边界条件施加在破损位置，再继续增大荷载检算结构剩余承载力，其计算模型如图4-11b)、c)所示（分别对应大偏心受压破坏和小偏心受压破坏）；

④当喷层或者二次衬砌均达到最不利截面强度，或者二次衬砌出现三个以上的破损截面，即定义其达到复合结构的极限承载力。

(2) 锚岩承载拱—喷层—二次衬砌三层复合结构模型

采用与喷层—二次衬砌复合结构模型相同的方法，可建立锚岩承载拱、喷层、二次衬砌三层复合结构的整体承载力模型，但由于锚岩承载拱的安全性主要建立在喷层、二次衬砌的安全性上，随着喷层、二次衬砌达到整体破损状态而达到最大值（虽然可以通过增加锚杆强度提高锚岩承载拱的承载能力，但喷层和二次衬砌达到整体破损时，从结构的表观适用性来说已不适于继续承载，因此在设计承载力方面不宜再考虑锚岩承载拱的剩余强度），因此上述三层复合结构实际上可以简化为二层结构。

2) 模型参数

复合结构模型中，各参数的取值方法同模型一～模型三。

3) 安全系数计算方法

虽然采用复合结构模型可以得出复合结构整体破损阶段的荷载比例系数

K_d,但 K_d 的内涵与安全系数相近却又不完全相同。理论上的复合结构安全系数应该是各层结构只出现 1 个破损截面(当破损截面对称出现时为 2 个),而实际上可能是某层结构出现多个破损截面后另一层结构才出现破损,因此,不能将 K_d 完全等同于复合结构的安全系数,但可以近似表征结构的设计承载能力。

4.2.6 各模型的相互关系

1) 不同支护形式的计算模型选择

锚喷支护(或初期支护)的类型一般有以下三种方案:

支护方案一:无系统锚杆支护结构,即初期支护主要由喷层组成,不设置系统锚杆,仅设置局部锚杆防止施工期掉块。

支护方案二:锚喷组合支护结构,即初期支护由喷层和系统锚杆共同组成。

支护方案三:以锚为主支护结构,即围岩压力全部由系统锚杆—围岩承载拱承担,锚杆之间的局部松散荷载(锥形,见图 4-8)由薄的喷层承担。

对于支护方案一,喷层的结构组成(喷混凝土、钢架、钢筋网等)、材料选择与尺寸参数等可仅采用模型二计算。

对于支护方案二,锚杆的长度、间距、强度采用模型一,喷层的计算采用模型二;此外,模型一中喷层提供的 σ_{32} 和二次衬砌提供的 σ_{33} 需要采用模型二和模型三的计算结果。

对于支护方案三,锚杆的设计参数采用模型一计算,薄的喷层采用局部模型计算。

对于复合式衬砌,其结构类型可由上述三种支护方案中的任一种支护方案与二次衬砌组成,其中二次衬砌可仅采用模型三计算,但其强度对模型一的安全系数有影响。

2) 相互关系一:模型一、模型二、模型三的相互关系

如上所述,不同支护方案需要一个模型或多个模型联合计算,而且模型一中的 σ_3 由 σ_{31}(锚杆提供)、σ_{32}(喷层提供)、σ_{33}(二次衬砌提供)组成,因此,模型一、模型二、模型三是既相互独立又相互关联的,如图 4-12 所示。由于模型二、模型三为模型一提供侧限力,因此设计中需要循环逼近计算。

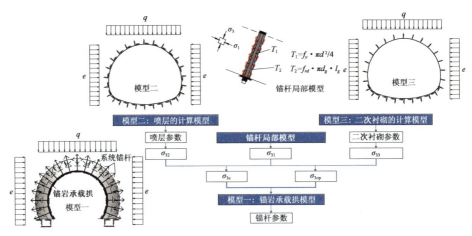

图 4-12　模型一～模型三的相互关系图

3) 相互关系二：复合结构模型与分层结构模型的相互关系

采用各分层结构的计算模型(模型一、模型二、模型三)可以得出各分层结构(锚岩承载拱、喷层、二次衬砌)的安全系数，但无法得出各层结构的破坏次序。由 4.2.4 节中复合结构承载能力的计算过程可知，复合结构计算模型可以得出各层结构的破坏次序，为每层结构的强度设计提供了直观指导。

4.2.7　锚杆所能发挥的极限承载能力分析

1) 从锚杆全寿命期受力变化过程分析

锚杆从施作到服役期结束，其受力变化过程如下：

(1) 锚杆打设，施加预应力，杆体承受预拉力。对于普通砂浆锚杆，该阶段杆体无应力。

(2) 锚杆施作完成，随着锚杆孔填充砂浆逐步硬化和隧道开挖逐步推进，锚杆随同锚岩承载拱和喷层共同承担围岩压力，直至围岩压力稳定后，锚杆受力也达到稳定状态。此时，锚杆主要通过锚岩承载拱因轴力产生的泊松效应而受力(假设锚岩承载拱按标准的偏心受压柱的承载方式受力，忽略连续介质对承载拱内外侧产生的应力差异的影响)。该阶段，锚杆的平均应变 ε_L 和最大应力 σ_L (假设最大应力为平均应力的 2 倍)按以下公式计算：

$$\varepsilon_\mathrm{L} = \mu \frac{N}{bh E_0} + \frac{P}{AL} \tag{4-11}$$

$$\sigma_\mathrm{L} = 2\mu \frac{N E_\mathrm{g}}{bh E_0} + \frac{P}{A} \tag{4-12}$$

式中：μ——锚岩承载拱围岩的泊松比；

N——锚岩承载拱在计算断面的轴力；

b——锚岩承载拱的宽度；

h——锚岩承载拱的高度；

E_0——锚岩承载拱的弹性模量；

E_g——锚杆的弹性模量；

P——锚杆预应力；

A——锚杆截面积；

L——锚杆长度。

（3）运营过程中，围岩和材料逐步劣化，围岩压力逐渐增加，锚岩承载拱和喷层、二次衬砌的变形逐渐加大，锚杆仍主要通过锚岩承载拱因轴力产生的泊松效应而受力。该阶段锚杆的平均应变和最大应力按式（4-11）和式（4-12）计算，但轴力采用该阶段的轴力计算值代替。

（4）至服役期结束，支护结构材料性能快速劣化，隧道变形快速增加，锚岩承载拱、喷层和二次衬砌逐渐达到极限承载能力，结构整体处于临界失稳状态。该阶段，锚杆的平均应变和最大应力随着隧道变形而持续增加，可近似采用无支护状态下锚杆两端围岩的变形值来计算（详见8.2.2节）。

（5）喷层和二次衬砌因多处开裂或裂损而破坏，失去稳定性和承载能力，此时，如果锚岩承载拱的承载能力极大（也即其单独承载能力大于三层结构在临界失稳状态时的承载力之和），则围岩压力全部转为锚岩承载拱承担，隧道仍可维持一段时间的稳定；如果锚岩承载拱的承载能力较小（也即其单独承载能力小于三层结构在临界失稳状态时的承载力之和），则隧道发生垮塌。

由上述过程及8.2.2节分析的结果可知，只要喷层和二次衬砌结构具有适当的延性，则锚杆可以发挥全部承载能力。由于隧道结构处于周边围岩约束的环境中，因此，在接近破坏状态时，是允许少数几个截面达到破损（或塑性）状态的，此时结构的延性就能得到体现。

2) 施工工序对锚杆承载力的影响

施工中,根据不同管理要求,锚杆可能按先喷后锚(先喷射混凝土至设计厚度,再打设锚杆)或喷—锚—喷(即先初喷,再打设锚杆,再复喷至设计厚度)的次序施工。由于锚杆孔填充砂浆和喷射混凝土均存在一个硬化过程,不同的施工次序会影响锚杆在施工期间的受力大小,但只要整个结构具有适当的延性,则在接近破坏状态时,锚杆均能发挥全部承载能力。

4.2.8 对组合拱计算模型的探讨

1) 模型介绍

(1) 整体结构的荷载结构模型

上述模型一和模型二是将锚岩承载拱和喷层作为两个独立的结构层处理,实际上喷层与围岩之间可以传递剪应力,只要剪切强度足够,二者可以作为一个整体结构,即由围岩、喷层两种不同材料组成的组合结构。并采用与模型一相同的处理方法,将锚岩承载拱与喷层作为一个组合结构拱,因此提出组合拱计算模型(图4-13)。

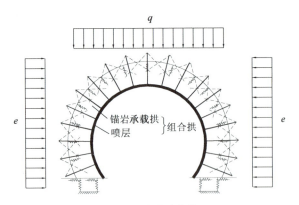

图4-13 组合拱计算模型

(2) 结构断面模型

组合拱包括围岩和喷层两部分,由于是两种材料的不同组合,因此,应将锚岩承载拱按照高度相同、刚度等效原则进行处理,即将矩形截面等效为T形截面,如图4-14所示。

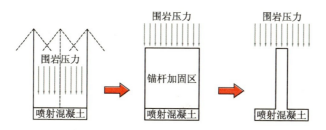

图 4-14 组合拱结构断面模型

(3) 组合拱厚度

锚杆的外端头按一定角度往隧道内侧进行压力扩散(扩散角度应根据具体的地质条件选择,最大不超过 45°),相邻锚杆压力扩散后的交点所形成的连线即为组合拱的外边线,组合拱内边线为喷层内表面。

2) 组合拱的安全系数计算方法

(1) 应力分布

结构内力求取后,按照材料力学的平截面假定,将此构件(偏心受压)在线弹性范围内可以分为弯矩和轴力两种受力模式的叠加,其中轴力引起的截面应力分布按应变相同的方式计算,即围岩和喷层的应力按弹性模量比确定,如图 4-15 所示;因弯矩引起的截面应力分布按平截面假设计算,如图 4-16 所示。

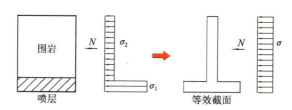

图 4-15 轴力引起组合拱截面的应力分布

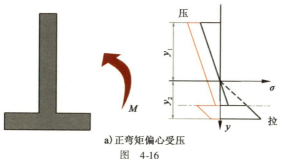

a) 正弯矩偏心受压

图 4-16

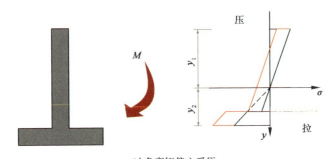

b) 负弯矩偏心受压

图 4-16 偏心受压引起组合拱截面的应力分布

(2) 安全系数计算

目前,现有隧道设计规范中,既没有 T 形截面偏心受压构件安全系数的计算方法,也没有不同材料组合结构安全系数的计算方法,因此,本书近似采用以下方式处理:

$$K = \frac{[\sigma]}{\sigma_{\max}} \quad (4\text{-}13)$$

式中:$[\sigma]$——围岩或喷射混凝土的极限强度;

$\sigma_{\max}$——截面计算应力。

$[\sigma]$取值方法如下:

①当安全性为内侧喷射混凝土控制时,采用喷射混凝土的极限强度校核,当喷层内设置有钢架时,按应变相同的原则进行强度等效;

②当安全性为外侧围岩控制时,可采用有侧限力作用下围岩的抗压极限强度校核,其中侧限力即为按模型二计算喷层极限承载能力所对应的围岩压力,围岩抗压极限强度按式(4-1)计算。

3) 计算结果对比

以时速 350km 高速铁路双线隧道深埋Ⅳ级围岩现行支护参数为例,对 200m、400m、600m、800m、1000m 五种埋深下支护参数的安全系数进行计算。

深埋Ⅳ级围岩支护参数如下:喷层采用 C25 混凝土,厚度 25cm;4 肢格栅钢架的钢筋直径为25mm,间距1.0m;锚杆直径22mm,环纵向间距为1.2m×1.2m,长度3.5m,极限承载力193kN。

该支护方案为锚喷组合支护,其安全系数由喷层和锚岩承载拱共同提供。计算得到的喷层安全系数、锚岩承载拱安全系数、初期支护(喷层+锚岩承载拱)安全系数以及组合拱安全系数与隧道埋深的关系见图4-17。可见,喷层安全系数与锚岩承载拱安全系数之和与组合拱安全系数基本相当。

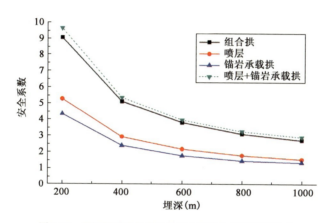

图4-17　Ⅳ级围岩支护参数的安全系数与隧道埋深关系

4)组合拱模型安全系数计算方法存在的问题

上述采用组合拱模型进行围岩与喷层组合结构安全性计算的方法,并非标准的破损阶段安全系数法,实际上相当于修正的容许应力法,常规容许应力法是将计算应力与材料的容许应力进行对比,只要材料容许应力高于计算应力就满足安全要求,而该方法将材料的极限强度作为容许应力值,再将极限强度与计算应力的比值作为安全系数。该处理方式得到的是最大应力处的安全系数,实际上不符合破损阶段设计法的安全性计算方法,因此只能是修正的容许应力法,与本书所述的总安全系数设计法在理论上存在不可协调的矛盾。

今后,如能得出围岩—喷射混凝土组合结构基于破损阶段法的安全系数计算方法,则组合拱模型仍有深入研究的必要。

4.3 总安全系数计算方法

4.3.1 多层支护结构总安全系数计算方法

1) 总安全系数计算的假设条件

复合式衬砌的承载结构由两层(承载拱+二次衬砌、喷层+二次衬砌)或三层(承载拱+喷层+二次衬砌)组成。假设每层结构均为理想弹塑性材料和线弹性结构,当其中一个结构层的某一截面先达到破损阶段时可以继续保持该强度,直至喷层或者二次衬砌各有一个截面达到破损阶段,或者二次衬砌出现2~3个(荷载和结构均对称时为3个,否则为2个)破损截面时,才达到整体结构设计强度。

2) 总安全系数计算公式

按上述方法分别计算锚岩承载拱、喷层、二次衬砌的安全系数后,支护结构总安全系数的下限值可以近似计算如下。

施工阶段(无二次衬砌):

$$K_c = \eta K_1 + K_2 \tag{4-14}$$

运营阶段:
采用耐久性锚杆时,

$$K_{op} = \eta K_1 + \xi K_2 + K_3 \tag{4-15}$$

采用非耐久性锚杆时,

$$K_{op} = \xi K_2 + K_3 \tag{4-16}$$

式中:K_1、K_2、K_3——分别为锚岩承载拱(模型一)、喷层(模型二)、二次衬砌(模型三)在承受全部围岩压力设计值时的安全系数;

η——锚岩承载拱安全系数的修正系数,按公式(4-17)计算;

ξ——喷层承载力调整系数。

理论上,在总安全系数相同的前提下,可以有多种支护参数方案。由于不同支护方案中各层结构的强度与刚度存在差异,因而各层结构并非总是同时达到最不利截面强度,因此上述公式得到的总安全系数是整体结构的最小安全系数,实际承载能力一般会高于上述计算结果(详见后述)。

3) 模型一(锚岩承载拱)安全系数的修正系数 η

一般情况下,喷层和二次衬砌采用混凝土材料,其材料性质接近,极限应变相差不大,但锚岩承载拱的围岩性质不仅自身变化范围大,与混凝土的差别也较大。当喷层、二次衬砌达到破损阶段时,锚岩承载拱可能并未达到破损阶段,这一方面是由于各层结构在施工期和服役期先后受力次序不同所造成,另一方面是由于不同材料的极限应变差异造成的。也就是说,要考虑多层结构的变形协调问题。

按照上述"理想弹塑性材料和线弹性结构"的假设,锚岩承载拱安全系数的修正系数 η 可以仅考虑围岩与混凝土材料在极限应变方面的差异,即当混凝土的破损阶段极限应变小于锚岩承载拱 σ_1 与围岩弹性模量之比时,应将二者的比值作为 K_1 的折减系数。

$$\eta = \frac{\varepsilon_u E_0}{\sigma_1} \tag{4-17}$$

式中:ε_u——混凝土的极限应变(可采用2‰);

E_0——锚岩承载拱的弹性模量;

σ_1——锚岩承载拱在支护力 σ_3 作用下的抗压强度,按式(4-1)计算。

4) 模型二(喷层结构)安全系数的修正系数 ξ

尽管喷层与二次衬砌的结构材料相近,但二者的断面形状可能不同,如,喷层仅在拱墙部位设置,为非封闭结构,而二次衬砌为全断面设置,为封闭结构,则由于断面形状的不同,可能出现如下情况。

(1) 各层结构的第一破损截面不是相继出现

采用模型四可以得出各层结构的先后破坏次序。

当喷层与二次衬砌的第一破损截面不是相继出现时(在对称结构对称荷载作用下,第一破损截面也可能为对称出现,则为表达方便,也视为一个破损截面),如果是二次衬砌先出现破损,需要二次衬砌出现第二破损截面后喷层才出现第一破损截面,则因为不允许二次衬砌出现多个破损截面(二次衬砌位于最内侧,出现多个破损截面时往往认为结构已破坏),从而使得喷层的承载力没有充分发挥,需要折减其安全系数。

如以时速 160km 单线铁路隧道为例，建立复合模型，不断增加外荷载，当外荷载为 1000kPa 时，二次衬砌墙脚出现破坏，形成塑性铰，继续增大荷载至 1600kPa，二次衬砌仰拱破坏，当外荷载为 1700kPa 时，喷层边墙位置出现受压破坏，三个阶段复合结构模型的内力如图 4-18～图 4-20 所示。

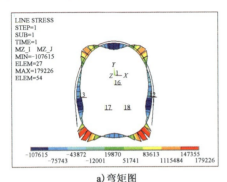
a) 弯矩图

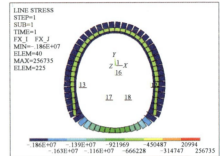
b) 轴力图

图 4-18　外荷载为 1000kPa 时复合模型内力图

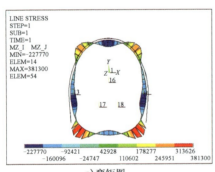
a) 弯矩图

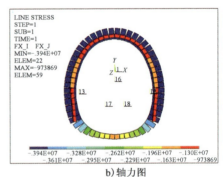
b) 轴力图

图 4-19　外荷载为 1600kPa 时复合模型内力图

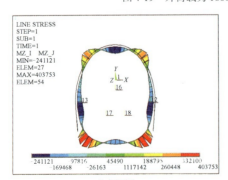
a) 弯矩图

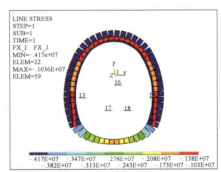
b) 轴力图

图 4-20　外荷载为 1700kPa 时复合模型内力图

如果喷层先出现破损,但由于二次衬砌的强度很高,需要喷层出现第二破损截面后二次衬砌才出现第一破损截面,而因为二次衬砌没有出现破损则往往认为结构还未破坏,相当于高估了喷层的承载能力,也需要对其安全系数进行折减。

如以时速 350km 高速铁路双线隧道为例,建立复合模型,不断增加外荷载,当外荷载为 1400kPa 时,喷层拱顶出现小偏心受压破坏,破坏区逐渐扩展为拱顶大范围区域,直至当外荷载为 2000kPa 时,二次衬砌拱顶区域才出现小偏心受压破坏,两阶段复合结构模型的内力如图 4-21、图 4-22 所示。

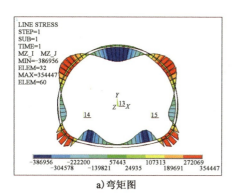
a) 弯矩图

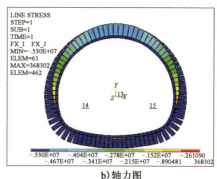
b) 轴力图

图 4-21 外荷载为 1400kPa 时复合模型内力图

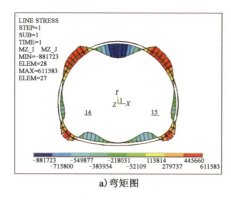
a) 弯矩图

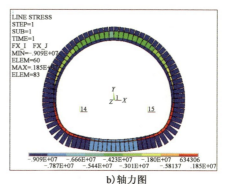
b) 轴力图

图 4-22 外荷载为 2000kPa 时复合模型内力图

大量的计算经验表明,只要喷层与二次衬砌的第一破损截面的受力形态相同(即均为小偏心受压或大偏心受压),即使取 $\xi=1.0$,计算结果的误差也不大。

121

(2)喷层结构在施工期和服役期的受力形态不同

计算发现,对于某些断面形状,喷层采用模型二计算时为大偏心受压,但采用模型四(复合结构模型)计算时为小偏心受压,得出的安全系数差别较大,且小偏心受压时的安全系数要高于大偏心受压。此时,可近似采用复合结构整体破损阶段的荷载比例系数 K_d 来作为总安全系数,相应 $\xi > 1.0$。由于 K_d 要高于各单层结构承载力之和,为安全计,也可以不考虑受力形态改变后的安全系数变化,即,取 $\xi = 1.0$。需要说明的是,对于无二次衬砌的锚喷支护,如果喷层单独计算时为受拉安全系数控制,则说明断面形状不合理,有条件时最好调整断面形状。

综上,可取 $\xi = 1.0$。

4.3.2　复合结构承载力与总安全系数的对比

1)复合结构破损次序对总安全系数的影响

4.2.4 节已提出可以采用复合结构整体破损阶段的荷载比例系数 K_d 来表征多层结构的实际承载能力,其与总安全系数法计算结果的对比可分为以下三种情况:

第一种情况:当喷层与二次衬砌同时达到最不利截面强度,则:$K_d = K_2 + K_3$。

第二种情况:当喷层先于二次衬砌达到设计强度,但由于二次衬砌位于其内侧,喷层不会整体失稳,可以继续承载,直至二次衬砌最不利截面达到破损阶段,此时,$K_d > K_2 + K_3$。

第三种情况:二次衬砌先于喷层达到最不利截面强度,需要二次衬砌第一破损区继续发展或形成新的破损区时,喷层才能达到破损阶段,此时,$K_d > K_2 + K_3$。

对于第三种情况,由于二次衬砌有多个破损区,虽然可以继续承载,但会超出结构设计对正常使用适用性的要求(如对于高铁隧道,拱墙部位的破损区可能因列车振动作用而发生掉块),因此应通过断面形状的调整或喷层与二次衬砌强度的匹配来控制二次衬砌第一破损区的位置,使之不出现在拱墙部位。对于第二种情况,也应合理控制喷层与二次衬砌的强度匹配,防止因喷层破坏区过大而使二次衬砌出现突然的脆性破坏。

因此,合理的设计方案应是喷层与二次衬砌基本同时达到最不利截面强度,其荷载比例系数 K_d 基本等于或略高于 K_2+K_3,当高出 K_2+K_3 较多时,应调整设计参数或断面形状。

2) 荷载比例系数 K_d 与总安全系数下限值的对比

大量计算结果表明(表 4-1):

(1)总安全系数法得到的承载力介于复合结构第一个破坏截面的荷载与整体破坏荷载之间。

(2) K_d 略高于 K_2+K_3 时,表明喷层与二次衬砌具有较好的强度搭配。

(3) K_d 高出 K_2+K_3 较多时,明显可以看出支护参数不匹配,一般为二次衬砌过强或初期支护过弱。

可见,总安全系数下限值计算方法和复合结构整体破损阶段的荷载比例系数 K_d 计算方法,共同为整体结构的优化设计提供了一个目标函数,最为经济的结构应是实际承载能力接近总安全系数计算值,并根据造价、可实施性等因素进行选择。

不同计算方法得出的承载力对比(单位:kPa)　　表 4-1

结构形式	围岩级别	总安全系数计算公式 $(K_2+K_3)q$	模型四计算方法($K_d \cdot q$)		破坏次序
			第一破坏荷载	极限破坏荷载	
350km/h 双线铁路隧道	IV	1900	1400	2000	喷层拱顶(小偏心)先于二次衬砌拱顶(小偏心)
	V	2000	1800	2100	喷层拱顶(小偏心)先于二次衬砌墙脚(小偏心)
160km/h 单线铁路隧道	III	1050	1000	1700	二次衬砌墙脚(小偏心)先于喷层边墙(小偏心)
	IV	1900	1500	2300	喷层墙脚(小偏心)先于二次衬砌墙脚(大偏心)
	V	1600	1200	1700	喷层墙脚(小偏心)先于二次衬砌边墙(小偏心)

续上表

结构形式	围岩级别	总安全系数计算公式 $(K_2+K_3)q$	模型四计算方法$(K_d \cdot q)$		破坏次序
			第一破坏荷载	极限破坏荷载	
160km/h 单线铁路 隧道 （加宽）	Ⅲ	1100	1000	1800	喷层拱顶（小偏心）先于二次衬砌拱顶（小偏心）
	Ⅳ	1700	1600	2300	喷层墙脚（小偏心）先于二次衬砌墙脚（小偏心）
	Ⅴ	2300	2000	3000	喷层墙脚（小偏心）先于二次衬砌边墙（大偏心）
三车道公路 隧道	Ⅲ	1400	1100	1400	喷层（小偏心）先于二次衬砌（大范围小偏心）
	Ⅳ	1450	1000	1500	喷层（小偏心）先于二次衬砌（大范围小偏心）
	Ⅴ	1600	1200	1800	喷层（小偏心）先于二次衬砌（大范围小偏心）
三车道公路 隧道 （加高）	Ⅲ	1300	1100	1400	喷层（小偏心）先于二次衬砌（大范围小偏心）
	Ⅳ	1450	900	1600	喷层（小偏心）先于二次衬砌（大范围小偏心）
	Ⅴ	1550	1200	1900	喷层（小偏心）先于二次衬砌（大范围小偏心）

注：表中各结构形式详见第7章。

4.4 总安全系数取值

4.4.1 总安全系数取值建议

1）结构设计中的安全性要求

《工程结构可靠性设计统一标准》（GB 50153—2008）[4]明确规定：结构的设计、施工和维护应使结构在规定的设计使用年限内以适当的可靠度且经济的方式满足规定的各项功能要求。并规定结构应满足下列功能要求：

①能承受在施工和使用期间可能出现的各种作用；
②保持良好的使用性能；
③有足够的耐久性能；
④当发生火灾时，在规定的时间内可保持足够的承载力；
⑤当发生爆炸、撞击、人为错误等偶然事件时，结构能保持必需的整体稳固性，不出现与起因不相称的破坏后果，防止出现结构的连续倒塌。

条目①、④、⑤是对结构安全性的要求，条目②是对结构适用性的要求，条目③是对结构耐久性的要求。

同时《建设工程勘察设计管理条例》规定"工程勘察、设计应当与社会、经济发展水平相适应"，因此，结构安全性和耐久性的保障目标也不宜定得过高。

隧道作为一个结构物，显然也应满足上述要求，但除此之外，还应充分考虑隧道工程施工作业空间相对较小、服役期间维护困难等特点，加强支护结构的可实施性，并适当提高安全标准。

2) 总安全系数取值需考虑的因素

对于单一构件，仅考虑主要荷载时，现有隧道设计规范[2,3]要求：钢筋混凝土结构受压破坏的安全系数不低于2.0，混凝土受拉破坏的安全系数不低于2.4；素混凝土结构受压破坏的安全系数不低于2.4，受拉破坏的安全系数不低于3.6。

对于多层结构的复合式衬砌，其由初期支护、二次衬砌及二者之间的隔离层组成，采用安全系数法设计时，总安全系数应包含初期支护和二次衬砌各自的贡献。总安全系数取值应主要考虑以下因素。

(1) 结构特点

由于初期支护和二次衬砌并非理想密贴结构，且由于各自的材料特性和变形能力不同，因此，其总安全系数应比单一结构大。

(2) 荷载与计算模型特点

隧道荷载及计算模型的不确定性比地面结构大，安全系数也应相应加大。

(3) 工程特点

隧道工程具有荷载离散性大、结构尺寸和形状与设计差异相对较大、结构施作条件相对较差、施工质量控制难度相对较大等特点，这客观上要求隧道的安全系数必须比地面结构的更高。

（4）施工质量差异大

受隧道施工环境条件制约，隧道施工质量的差异性相对较大。导致差异性的因素有强度的保证率低，断面实际形状与设计形状差异性大，开挖对围岩的损伤严重等，而设计参数取值没有考虑这些因素的影响，只有通过安全系数差别来体现。

综合考虑以上因素，复合式衬砌的总安全系数应高于单一结构，同样，对于锚喷永久支护，其总安全系数也应高于单一结构。

3）运营期总安全系数取值的建议

根据大量的计算并综合考虑隧道工程的结构特点、荷载与计算模型特点、工程特点、施工质量等主要因素，提出以下初步建议。

（1）仅考虑主要荷载时

仅考虑主要荷载时，总安全系数比单一结构构件的安全系数高出50%（今后随着总安全系数设计法应用经验的丰富可进一步优化安全系数取值），具体取值如下。

①复合式衬砌

当二次衬砌采用钢筋混凝土时，建议总安全系数不低于3.0；当二次衬砌采用素混凝土时，建议总安全系数不低于3.6。

该安全系数取值系按混凝土受压破坏或钢筋达到计算强度来确定，因此设计中应尽量防止出现"混凝土受拉破坏"为承载力控制条件，否则隧道总安全系数应适当提高，当因断面形状不合理使混凝土出现受拉破坏时，宜调整断面形状。

②锚喷永久支护

当喷层采用钢纤维混凝土或设有钢架时，其延性相对较好，建议总安全系数不低于3.0；当喷层采用素混凝土时，建议总安全系数不低于3.6。

（2）采用"主要荷载+附加荷载"组合时

采用"主要荷载+附加荷载"组合时，总安全系数取值可比"仅考虑主要荷载时"减小15%~20%。

4）施工期总安全系数取值的建议

与地面结构不同，隧道初期支护（或锚喷支护）从刚开始施工就承受围岩压力、爆破振动等荷载,并随着后续开挖的进程围岩压力逐渐增加,同时喷射混凝土和锚杆砂浆也会因硬化和龄期增长强度逐渐提高,二者的增长速度可能不同,因此,必须保证施工期支护结构具有合适的安全性。

我国铁路和公路行业的隧道设计规范均对施工阶段的强度安全系数做出了规定,要求施工阶段的安全系数不低于1.53。

综上,当喷层采用钢纤维混凝土或设有钢架时,建议施工期总安全系数不低于1.8;当喷层采用素混凝土时,建议施工期总安全系数不低于2.1。

5) 设计应用中对总安全系数调整的建议

在实际设计中,建议结合具体情况对总安全系数进行调整。

(1) 根据结构重要性调整

不同用途的隧道其对安全性要求也不同,总安全系数应根据结构重要性进行调整。如,高速铁路隧道的安全系数可高于普速铁路,大跨度隧道安全系数可高于小跨度隧道等。

(2) 根据围岩条件调整

隧道工程地质条件多变,目前还难以完全掌握所有围岩的全部特性,因此,当隧道处于水稳性差、蠕变特性明显、膨胀性强等围岩中时,其安全系数可适当提高。

(3) 根据施工质量控制水平调整

不同施工单位的技术水平、施工装备水平不同,相应对施工质量的控制水平也不同,设计中应根据施工单位对施工质量控制水平适当调整安全系数,当施工质量控制水平弱,安全系数需要适当提高。

(4) 根据工程耐久性调整

《工程结构可靠性设计统一标准》(GB 50153—2008)规定,结构的设计、施工和维护应使结构在规定的设计使用年限内以适当的可靠度且经济的方式满足规定的各项功能要求。对于总安全系数设计法,就是要保证隧道在整个服役期内的安全系数不低于设计规定值。

对于复合式衬砌,初期支护无法在服役期进行检查与维护,且会受到地下水的侵蚀,如果不能保证初期支护的耐久性,则由于初期支护劣化所损失的安全系数应在总安全系数中加以考虑。

4.4.2 不同支护结构类型的安全系数要求

如1.3.4节所述,目前世界上有四种设计理念,不同设计理念对各分层结构的安全系数要求不同。

第一种理念:初期支护作为承载主体,二次衬砌仅作为安全储备或仅承受不大的荷载。理论上,该设计理念可按只有初期支护的单一结构处理,安全系数可采用≥3.0。对于二次衬砌,如为钢筋混凝土结构时,理论上要求的安全系数可为0;如为素混凝土结构,安全系数≥0.6。为安全计,不管是钢筋混凝土结构还是素混凝土结构,建议二次衬砌的安全系数可采用≥0.6。

第二种理念:初期支护作为临时结构,只需要满足施工期间的安全,二次衬砌作为承载主体,承受全部的围岩压力。理论上,该设计理念可按只有二次衬砌的单一结构处理,二次衬砌的安全系数可按现有规范要求采用,即≥2.0(钢筋混凝土)或2.4(素混凝土)。尽管初期支护仅作为临时结构,但为满足施工期间的安全,一般要求≥1.8。因此该设计理念在刚完工阶段的总安全系数K≥3.8(钢筋混凝土)或4.2(素混凝土)。

第三种理念:初期支护和二次衬砌都是承载主体,各承担一定比例的围岩压力。按该理念,在保证施工安全所要求的初期支护最小安全系数为1.8的前提下,剩余安全系数应根据初期支护和二次衬砌二者的承载能力比来确定。

第四种理念:除特殊情况外,一般不需要二次衬砌,完全依靠初期支护承载。该理念可按只有锚喷支护的结构处理,安全系数可采用≥3.0(钢筋混凝土)或3.6(素混凝土)。

上述各设计理念所需安全系数的汇总见表4-2,表中β为K超出1.8时初期支护所需要增加的安全系数比例。

不同设计理念所需的安全系数建议值　　　　表4-2

结构材料		理念一	理念二	理念三	理念四
二次衬砌为钢筋混凝土时	初期支护	3.0	1.8	$1.8+1.2\beta$	3.0
	二次衬砌	0.6	2.0	$1.2(1-\beta)$	—
二次衬砌为素混凝土时	初期支护	3.0	1.8	$1.8+1.8\beta$	3.6
	二次衬砌	0.6	2.4	$1.8(1-\beta)$	—

注:表中安全系数取值未考虑耐久性对初期支护(锚喷支护)的影响。

4.5 特殊情况的计算方法

4.5.1 全周设置系统锚杆的支护体系计算

当隧道处于高地应力环境或底部存在软弱地层时,仰拱部位可能存在主动荷载,经常在仰拱部位设置锚杆进行处理,此时锚岩承载拱应采用封闭结构计算模型,如图 4-23 所示。

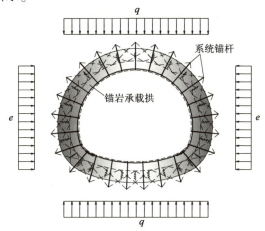

图 4-23 全环布置系统锚杆的锚岩承载拱计算模型

4.5.2 长短锚杆(锚索)组合锚固体系的计算

在高地应力软岩大变形隧道和超大跨度隧道设计中,经常采用预应力锚索和锚杆组合的锚固体系,其中锚杆又可分为长系统锚杆与短系统锚杆组合、长系统锚杆与临时短锚杆组合、仅采用长系统锚杆或仅采用短系统锚杆等,锚杆也可采用预应力锚杆或非预应力锚杆。不同锚固体系的计算模型应根据各构件的作用综合考虑。

1) 高地应力软岩大变形隧道

在高地应力软岩大变形隧道中,由于开挖后地应力调整时间长,围岩变形时间长。因此,可将预应力锚索的预加轴力近似作为超前支护处理(类似于超前注浆),即在隧道周边施加预支护力,再采用数值分析方法或理论公式求解塑性区范围,将塑性区围岩的自重考虑适当放大系数后作为围岩压力设计值。

长系统锚杆是锚岩承载拱的主要组成部分,其长度和间距决定了锚岩承载拱的厚度。

短锚杆包括短系统锚杆和临时短锚杆两种。当采用短系统锚杆时,其作用:一是维持预应力锚索和长系统锚杆施工期间的安全;二是通过短锚杆的"悬吊作用"和喷层的支护作用,共同保证预应力锚索和长系统锚杆之间局部围岩的稳定,起到加强局部稳定的构造作用;三是提高内层围岩(即短系统锚杆区内的围岩)的残余强度。当采用临时短锚杆时,其作用仅是维持预应力锚索和长系统锚杆施工期间的安全。

图 4-24 为高地应力软岩大变形隧道采用预应力锚索与长系统锚杆组合锚固体系时的计算模型。

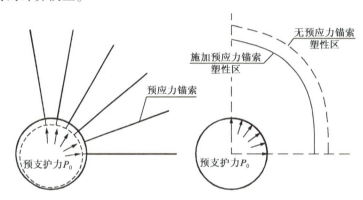

a) 预应力锚索折减围岩压力原理图示

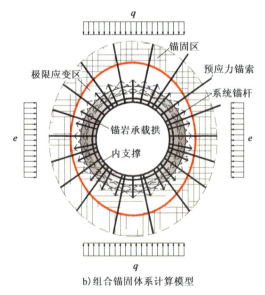

b) 组合锚固体系计算模型

图 4-24 高地应力软岩大变形隧道组合锚固体系的计算模型

2) 一般地应力环境的超大跨度隧道

在一般地应力环境中修建超大跨度隧道,一般采用分部开挖的方式施工。当长锚索布置于每个开挖分部的跨度端部时,其主要作用是代替内支撑,将各分部的围岩压力转移至深部围岩,起到"减小结构跨度"的作用(图 4-25);当长锚索采用类似系统锚杆的布置方式时,除具有代替内支撑的作用外,也具有减少围岩塑性区、降低围岩压力设计值的作用和兼有作为锚岩承载拱支护结构的作用(图 4-26)。

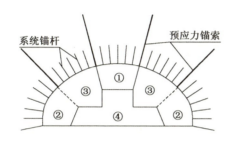

图 4-25 一般地应力环境的超大跨度隧道锚固体系的计算模型一

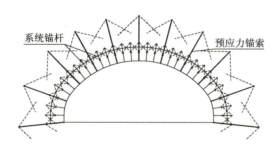

图 4-26 一般地应力环境的超大跨度隧道锚固体系的计算模型二

短锚杆和长系统锚杆的作用同上。

4.5.3 局部设置系统锚杆的计算

当隧道局部区域的围岩压力明显高于其他部位,或存在特殊的层理或节理面时,经常采用局部布置系统锚杆的方式。例如,偏压隧道在高山侧设置局部系统锚杆,水平层状岩层中仅在拱部和底部设置锚杆,黄土地层竖直节理发育仅在边墙部位设置锚杆等。此种情况下,由于系统锚杆无法形成完整的锚岩承载拱,不是一个完整结构,不能与喷层、二次衬砌共同形成多层支护体系,因此需另行研究计算方法。建议采用4.2.7节所述的组合拱模型进行计算,其中,设置有局部锚杆的部位采用围岩与喷层两种材料组成的组合结构,无锚杆部位采用单一的喷层结构,如图4-27所示。

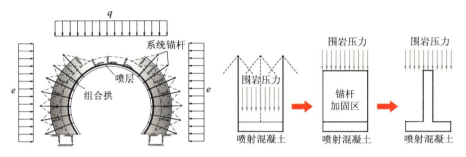

图4-27 局部设置系统锚杆的计算模型

4.6 初期支护耐久性对安全系数的影响

4.6.1 初期支护耐久性的相关规定

1) 设计规范

(1)《铁路隧道设计规范》(TB 10003—2016)

《铁路隧道设计规范》(TB 10003—2016)中有关初期支护耐久性的主要规定有[2]:

①喷射混凝土的强度等级应满足耐久性要求,且强度等级不低于C25。

②混凝土宜选用低水化热、低C_3A含量、低碱含量的水泥和矿物掺合料、引气剂等,当有侵蚀性地下水经常作用时,所用混凝土和水泥砂浆均应具有相应的抗侵蚀性能。

③钢筋混凝土中由水泥、矿物掺合料、骨料、外加剂和拌和用水等引入的氯离子总含量不应超过胶凝材料总量的0.10%;潮湿环境中混凝土中的碱含量应不超过3.0kg/m³;混凝土中的三氧化硫含量不应超过胶凝材料总量的4.0%。

④喷射混凝土应优先采用硅酸盐水泥或普通硅酸盐水泥,喷射混凝土中的骨料粒径不宜大于 16mm,钢纤维喷射混凝土中的骨料粒径不宜大于 10mm。

⑤锚杆杆体材料应符合国家、行业相关标准的规定,砂浆锚杆用的水泥砂浆强度等级不应低于 M20。

⑥喷射混凝土中可根据需要掺加外加剂,其性能应对混凝土的强度及其与围岩的黏结力基本无影响,对混凝土和钢材无腐蚀作用。

(2)《公路隧道设计规范 第一册 土建工程》(JTG 3370.1—2018)

《公路隧道设计规范 第一册 土建工程》(JTG 3370.1—2018)的相关规定如下[3]:

①喷射混凝土的强度等级应满足耐久性要求,且强度等级不低于 C20。

②当有侵蚀性水作用时,所用混凝土和水泥砂浆均应采用具有抗侵蚀性能的水泥和集料配置,其抗侵蚀性能的要求视水的侵蚀特征确定。

③不应使用碱活性集料配置混凝土。

④喷射混凝土应优先采用硅酸盐水泥或普通硅酸盐水泥,也可采用矿渣硅酸盐水泥。

⑤喷射混凝土中的粗集料应采用坚硬耐久的碎石或卵石,石子粒径不宜大于 16mm,喷射钢纤维混凝土中的石子粒径不宜大于 10mm;集料级配宜采用连续级配,细集料应采用坚硬耐久的中砂或粗砂,细度模量宜大于 2.5,砂的含水率宜控制在 5%~7%。

⑥砂浆锚杆杆体材料宜采用 HRB400、HRB500 热轧带肋钢筋。

⑦喷射混凝土中可根据需要掺加添加剂,其性能应对混凝土的强度及其与围岩的黏结力基本无影响,对混凝土和钢材无腐蚀作用。

(3)其他规范对锚杆砂浆保护层的规定

《建筑边坡工程技术规范》(GB 50330—2013)[5]和《岩土锚杆与喷射混凝土支护工程技术规范》(GB 50086—2015)[6]均要求,即使地下水没有侵蚀性,耐久性锚杆的砂浆保护层厚度不应小于 20~25mm。

2)高速铁路隧道通用参考图

高速铁路隧道通用参考图[7]中有关耐久性要求如下:

①钢架的保护层厚度为外侧 4cm、内侧 3cm。

②锚杆的砂浆保护层厚度为 10~15mm。

可见,现有铁路和公路隧道设计规范以及通用参考图中对初期支护耐久性的规定较少,且没有考虑地下水对喷射混凝土和锚杆砂浆的溶蚀侵蚀。

4.6.2 地下水对喷射混凝土耐久性的影响

1)地下水对混凝土的侵蚀机理

地下水对混凝土及钢筋混凝土的侵蚀性强弱取决于水中 H^+、SO_4^{2-} 等离子以及 CO_2 的含量。地下水的侵蚀性可分为 3 类:分解性侵蚀、结晶性侵蚀和分解结晶复合性侵蚀。

(1)分解性侵蚀

分解性侵蚀是指酸性水对水泥的氢氧化钙与碳酸钙进行溶解,使得混凝土分解破坏。反应式为:$Ca(OH)_2 + 2H^+ \Longrightarrow Ca^{2+} + 2H_2O$;当水中含有较多侵蚀性 CO_2 时,水的溶解能力增强,使碳酸钙溶解,反应式为:$CaCO_3 + H_2O + CO_2 \Longrightarrow Ca^{2+} + 2HCO_3^-$。

(2)结晶性侵蚀

结晶性侵蚀是指水中过量的 SO_4^{2-} 渗入混凝土体内,与水泥的某些成分发生水化作用,形成易膨胀的结晶化合物,使混凝土胀裂破坏。如形成石膏和硫酸铝,其体积将分别增大 1.5 倍和 2.5 倍。为了防止 SO_4^{2-} 对混凝土的破坏作用,在 SO_4^{2-} 含量高的情况下可采用抗硫酸盐的水泥。

(3)分解结晶复合性侵蚀

分解结晶复合性侵蚀是指水中 Ca^{2+}、Mg^{2+}、Zn^{2+}、Fe^{2+}、Al^{3+} 等阳离子含量过高,而对混凝土的一种复合破坏作用。如 $MgCl_2$ 与混凝土中结晶的 $Ca(OH)_2$ 反应后,容易对混凝土造成破坏,其反应式为:$MgCl_2 + Ca(OH)_2 \Longrightarrow Mg(OH)_2 + CaCl_2$。

2)流动的地下水对开裂混凝土耐久性的影响

澳大利亚学者基于菲克第二定律(Fick's second law),研究了裂缝渗漏水对混凝土耐久性的影响,并进行了案例分析[8]。

在案例分析中,假设地下水中钙离子浓度为 2mmol/L,裂缝宽度为 0.3mm,

混凝土内的扩散系数为 $0.4 \times 10^{-9} \mathrm{m}^2/\mathrm{s}$,所得结果经整理和回归分析后如图 4-28 所示。对裂缝为固定边界和移动边界的对比如图 4-29 所示。可见,当裂缝两侧的混凝土内的钙离子扩散至裂缝后,裂缝宽度逐渐变窄,但不能被完全稀释,裂缝内的钙离子浓度逐渐增加,扩散梯度逐步减小,流失速度逐渐减小。可以看到,20 年后裂缝每一侧大约有 10cm 的劣化区。也就是说,如果裂缝不经维护处理,20 年后将会形成 20cm 范围的劣化区,这对结构耐久性影响较大。

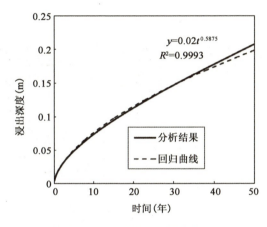

图 4-28 钙离子流失深度与时间的关系

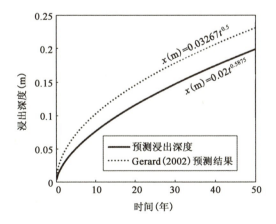

图 4-29 裂缝不同边界条件钙离子流失深度与时间的关系

4.6.3 耐久性对总安全系数的影响与对策

如上所述,地下水对喷射混凝土和锚杆的耐久性均有影响(图4-30),但尚缺少影响程度的定量化研究。因此,在总安全系数设计法中也无法定量考虑耐久性的影响,建议设计中采取以下对策进行处理:

(1) 根据地下水发育程度设计相应的支护参数。

(2) 采取注浆堵水等措施减少流经喷射混凝土的地下水量。

(3) 如果不能保证初期支护的耐久性,则由于初期支护劣化所损失的安全系数应在总安全系数中加以考虑。

图 4-30　地下水对喷射混凝土的溶蚀侵蚀

4.7　总安全系数法的支护结构设计与方案比选流程

采用总安全系数法设计时,在满足施工期和服役期总安全系数的要求下,锚岩承载拱、喷层、二次衬砌可以有多种参数组合方式,形成多个设计方案。每个设计方案的计算中,由于各计算模型之间有相互影响,因此需要大量的迭代逼近计算。完成各设计方案的参数计算后,具体选择哪一个方案,还需综合考虑经济性、可实施性、耐久性、低碳节能等因素。

在经济性方面,需综合考虑包括材料成本、人工机械成本、时间成本等因素的影响,合理的设计方案应该是造价相对较低的方案。

在可实施性方面,必须保证初期支护各组成部分不能超过现有施工技术和施工装备的施工水平,如锚杆过长、喷层厚度过大会引起现场施工困难、施工安全性下降等问题;锚杆长度过短,需要的锚杆数量多,会造成施工时间加长、进度减慢;如果设计中采用的支护构件过多,需要配套很多的施工设备,并会延长施工时间,也不是十分合理的方案。因此,合理的设计方案应该与施工单位的施工能力相协调,也就是说,从可实施性来说,对应不同施工单位可能有不同的设计方案。

在耐久性方面,应该选择本身耐久性好、耐久性措施容易实现也容易监控的方案。

在低碳节能方面,应选择材料用量少、总碳排放量低、有利于环保与节能的方案。

具体的支护结构设计与方案比选流程见图 4-31。

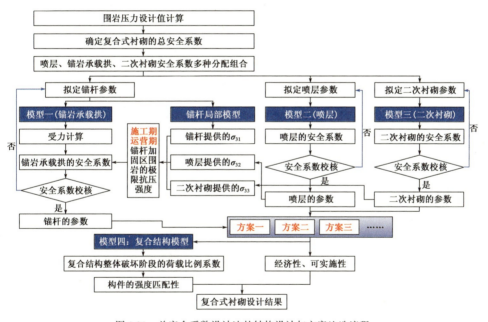

图 4-31　总安全系数设计法的结构设计与方案比选流程

4.8　多种荷载作用下的隧道支护结构设计方法研究

4.8.1　隧道荷载

铁路隧道设计规范和公路隧道设计规范对隧道荷载的规定略有差别。

1) 铁路隧道荷载

《铁路隧道设计规范》(TB 10003—2016)规定的荷载有:

(1) 主要荷载

包括恒载和活载,其中恒载包括:结构自重、结构附加恒载(包括设备荷载)、围岩(地层)压力、土压力、浅埋隧道上部及破坏棱体范围内的设施及建筑物荷载、混凝土收缩和徐变的影响、静水压力及浮力、基础变位影响力;活载包括:与隧道立交的铁路列车荷载及其动力作用、与隧道立交的公路车辆及其动力作用、隧道内列车荷载及其制动力、渡槽流水压力(设计渡槽明洞时)。

(2) 附加荷载

包括:隧道内列车冲击力、温度变化的影响、灌浆压力、冻胀力、风荷载、雪荷载、气动力。

(3) 特殊荷载

包括:施工荷载(施工阶段的某些外加力)、落石冲击力、人防荷载、地震荷载等。

2) 公路隧道荷载

《公路隧道设计规范 第一册 土建工程》(JTG 3370.1—2018)规定的荷载有:

(1) 主要荷载

包括:围岩压力、土压力、结构自重、结构附加恒载、混凝土收缩和徐变的影响力、水压力、公路车辆荷载、人群荷载、立交公路车辆及其所产生的冲击力和土压力、立交铁路列车活载及其所产生的冲击力和土压力、立交渡槽流水压力等。

(2) 附加荷载

包括:温度变化的影响力、冻胀力、落石冲击力。

(3) 特殊荷载

包括:施工荷载、地震力。

4.8.2　多种荷载作用下的隧道支护结构设计方法

前述章节均是针对复合式衬砌结构或锚喷支护结构仅承受围岩压力时的总安全系数计算方法,但隧道除承受围岩压力外,还承受了其他荷载,因此,支护结构的设计需要考虑多层结构承受多种荷载的计算问题。目前,该问题在设计理论上还有待于进一步研究,以下仅是一个粗略的处理方法。

1) 荷载分类

除按规范要求进行主要荷载、附加荷载、特殊荷载进行分类外,还要区分这些荷载是作用于全结构体系还是仅作用于部分结构层(单层结构或两层结构)。同时,既要考虑结构接近破损(坏)状态时的荷载状态,又要考虑服役期正常使用的荷载状态。以下以铁路隧道为例对其进行说明。

(1) 全结构体系承受的主要荷载

不管是服役期还是结构接近破损(坏)状态时,全结构体系承受的主要荷载包括:围岩压力、土压力、浅埋隧道上部及破坏棱体范围内的设施及建筑物荷载、服役期产生的基础变位影响力、与隧道立交的铁路列车荷载及其动力作用、与隧道立交的公路车辆及其动力作用、隧道内列车荷载及其制动力等。

(2) 服役期各分层结构承受的主要荷载

初期支护的恒载包括:结构自重、围岩(地层)压力、土压力、浅埋隧道上部及破坏棱体范围内的设施及建筑物荷载、混凝土收缩和徐变的影响、静水压力、基础变位影响力;活载包括:与隧道立交的铁路列车荷载及其动力作用、与隧道立交的公路车辆及其动力作用、隧道内列车荷载及其制动力、渡槽流水压力(设计渡槽明洞时)。

二次衬砌承受的恒载包括:结构自重、结构附加恒载(包括设备荷载)、围岩(地层)压力、土压力、浅埋隧道上部及破坏棱体范围内的设施及建筑物荷载、混凝土收缩和徐变的影响、静水压力及浮力、基础变位影响力;活载包括:与隧道立交的铁路列车荷载及其动力作用、与隧道立交的公路车辆及其动力作用、隧道内列车荷载及其制动力、渡槽流水压力(设计渡槽明洞时)。

(3) 附加荷载和特殊荷载

附加荷载和特殊荷载也需要区分是全结构体系作用还是分层结构作用,是结构接近破损(坏)状态时作用还是服役期作用,在此不再赘述。其中对结构设计影响最大的是人防荷载和地震荷载,可不作用于结构接近破损(坏)状态时。

2) 二次衬砌结构参数与安全系数计算方法

以下以二次衬砌为例(图 4-32),对其结构安全系数与设计参数的计算方法进行说明:

(1)首先将结构接近破损(坏)状态时全结构体系承受的主要荷载(或主要荷载+附加荷载)代替"围岩压力设计值",再按前述方法确定各层结构的设计参数与总安全系数,需要达到总安全系数建议取值的要求。

(2)将结构接近破损(坏)状态时二次衬砌承受的荷载进行组合(包括全部的围岩压力设计值),并根据需要调整或不调整二次衬砌的结构参数,使其满足步骤(1)中二次衬砌所需要的安全系数要求。

(3)将服役期二次衬砌承受的荷载进行组合,并采用步骤(2)中的结构参数,验算其是否满足步骤(1)中二次衬砌所需要的安全系数要求,同时还需要满足二次衬砌作为单一结构时规范对其安全系数的要求(此时二次衬砌可能不承受围岩压力或仅承受部分围岩压力)。

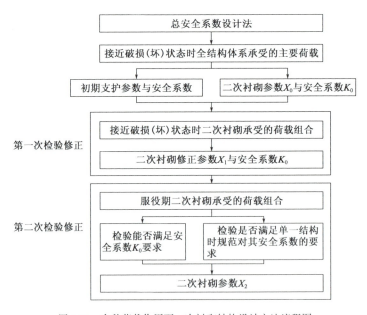

图4-32 多种荷载作用下二次衬砌结构设计方法流程图

本章参考文献

[1] 关宝树.隧道工程设计要点集[M].北京:人民交通出版社,2003.

[2] 中铁二院工程集团有限责任公司.铁路隧道设计规范:TB 10003—2016[S].北京:中国

铁道出版社,2017.

[3] 招商局重庆交通科研设计院有限公司.公路隧道设计规范 第一册 土建工程:JTG 3370.1—2018[S].北京:人民交通出版社股份有限公司,2019.

[4] 中国建筑科学研究院有限公司.工程结构可靠性设计统一标准:GB 50153—2008[S]. 北京:中国建筑工业出版社,2008.

[5] 重庆市城乡建设委员会.建筑边坡工程技术规范:GB 50330—2013[S].北京:中国建筑工业出版社,2013.

[6] 中国冶金建设协会.岩土锚杆与喷射混凝土支护工程技术规范:GB 50086—2015[S]. 北京:中国计划出版社,2013.

[7] 中铁第四勘察设计院集团有限公司.时速350公里客运专线铁路双线隧道复合式衬砌// 铁路工程建设通用参考图:通隧[2008]0301[S].北京:铁道部经济规划研究院,2008.

[8] TAN Y, SMITH J, Li C Q, et al. Calcium leach of a concrete lining under aggressive groundwater conditions[C]// World Tunnel Congress,2017.

Total Safety Factor Method
of Tunnel
Support Structure Design

第 5 章

基于总安全系数法的隧道变形监测控制值与支护参数现场调整方法

由于现有地质勘察手段无法完全和准确获取围岩的物理力学指标，支护结构计算模型与计算参数本身也不可避免存在误差，造成安全系数计算结果与现场实际也会存在偏差。为保证支护结构安全性满足设计预定目标，必须根据现场监控量测情况对设计支护参数进行优化调整。由于现场监测项目主要为支护结构变形，因此需要研究支护结构变形的计算方法以及依据变形监测值的支护参数现场调整方法。本章对隧道变形监测的实质进行了分析，对不同施工方法时初期支护变形量计算方法进行了研究，提出了支护参数的现场调整方法。

5.1 隧道变形监测的实质

5.1.1 现有规范对隧道变形监测的规定及存在的问题

隧道变形监控量测是判断施工和支护安全性的重要手段，因而允许变形值的取值是隧道设计和施工中的一个关键技术参数。

1)《铁路隧道设计规范》(TB 10003—2016) 相关规定

《铁路隧道设计规范》(TB 10003—2016) 对预留变形量的要求[1]是：复合式衬砌各级围岩隧道预留变形量值可根据围岩级别、开挖跨度、埋置深度、施工方法和支护条件,采用工程类比法确定。当无类比资料时,可按表5-1采用。

铁路隧道预留变形量(单位:mm)　　　　　　　　表5-1

围岩级别	小跨(5~8.5m)	中跨(8.5~12m)	大跨(12~14m)
Ⅱ	—	0~30	30~50
Ⅲ	10~30	30~50	50~80
Ⅳ	30~50	50~80	80~120
Ⅴ	50~80	80~120	120~170

注:①浅埋、软岩、跨度较大隧道取较大值;深埋、硬岩、跨度较小隧道取较小值。
　　②有明显流变、原岩应力较大和膨胀岩(土),应根据量测数据反馈分析确定预留变形量。
　　③特大跨度隧道,应根据量测数据反馈分析确定预留变形量。

2)《铁路隧道监控量测技术规程》(Q/CR 9218—2015)相关规定

《铁路隧道监控量测技术规程》(Q/CR 9218—2015)对非黄土隧道初期支护的极限相对位移作出了相关规定(表5-2、表5-3),但对跨度大于12m的隧道,目前还没有统一的位移判定基准[2]。

跨度 $B \leqslant 7m$ 隧道初期支护极限相对位移　　　　　　表5-2

围岩级别	隧道埋深 $h(m)$		
	$h \leqslant 50$	$50 < h \leqslant 300$	$300 < h \leqslant 500$
拱脚水平相对净空变化(%)			
Ⅱ	—	—	0.20~0.60
Ⅲ	0.10~0.50	0.40~0.70	0.60~1.50
Ⅳ	0.20~0.70	0.50~2.60	2.40~3.50
Ⅴ	0.30~1.00	0.80~3.50	3.00~5.00
拱顶相对下沉(%)			
Ⅱ	—	0.01~0.05	0.04~0.08
Ⅲ	0.01~0.04	0.03~0.11	0.10~0.25
Ⅳ	0.03~0.07	0.06~0.15	0.10~0.60
Ⅴ	0.06~0.12	0.10~0.60	0.50~1.20

注:①本表适用于复合式衬砌的初期支护,硬质围岩隧道取表中较小值,软质围岩隧道取表中较大值。表列数值可以在施工中通过实测资料积累作适当的修正。
　　②拱脚水平相对净空变化指两拱脚测点间水平变化值与其距离之比,拱顶相对下沉指拱顶下沉值减去隧道下沉值后与原拱顶至隧底高度之比。
　　③墙腰水平相对净空变化极限值可按拱脚水平相对净空变化极限值乘以1.2~1.3后采用。

跨度 7m < B ≤ 12m 隧道初期支护极限相对位移　　　表 5-3

围岩级别	隧道埋深 h(m)		
	$h \leq 50$	$50 < h \leq 300$	$300 < h \leq 500$
拱脚水平相对净空变化(%)			
Ⅱ	—	0.01 ~ 0.03	0.01 ~ 0.08
Ⅲ	0.03 ~ 0.10	0.08 ~ 0.40	0.30 ~ 0.60
Ⅳ	0.10 ~ 0.30	0.20 ~ 0.80	0.70 ~ 1.20
Ⅴ	0.20 ~ 0.50	0.40 ~ 2.00	1.80 ~ 3.00
拱顶相对下沉(%)			
Ⅱ	—	0.03 ~ 0.06	0.05 ~ 0.12
Ⅲ	0.03 ~ 0.06	0.04 ~ 0.15	0.12 ~ 0.30
Ⅳ	0.06 ~ 0.10	0.08 ~ 0.40	0.30 ~ 0.80
Ⅴ	0.08 ~ 0.15	0.14 ~ 1.10	0.80 ~ 1.40

注：①本表适用于复合式衬砌的初期支护，硬质围岩隧道取表中较小值，软质围岩隧道取表中较大值。表列数值可以在施工中通过实测资料积累作适当的修正。
②拱脚水平相对净空变化指两拱脚测点间水平变化值与其距离之比，拱顶相对下沉指拱顶下沉值减去隧道下沉值后与原拱顶至隧底高度之比。
③墙腰水平相对净空变化极限值可按拱脚水平相对净空变化极限值乘以 1.1 ~ 1.2 后采用。

3)《公路隧道设计规范　第一册　土建工程》(JTG 3370.1—2018)相关规定

《公路隧道设计规范　第一册　土建工程》(JTG 3370.1—2018)对预留变形量的要求[3]是：复合式衬砌预留变形量大小应根据围岩级别、断面大小、埋置深度、施工方法和支护情况等，采用计算分析确定或采用工程类比法预测，预测值可参照表 5-4 的规定选用。预留变形量还应根据现场监控量测结果进行调整。

公路隧道预留变形量(单位：mm)　　　表 5-4

围岩级别	两车道隧道	三车道隧道
Ⅰ	—	—
Ⅱ	—	10 ~ 30
Ⅲ	20 ~ 50	30 ~ 80
Ⅳ	50 ~ 80	60 ~ 120
Ⅴ	80 ~ 120	100 ~ 150
Ⅵ	根据量测确定	

注：①围岩软弱、破碎时取大值，围岩完整时取小值。
②四车道隧道应通过工程类比和计算分析确定。

5.1.2 现有变形监测规定存在的问题

预留变形量虽然不等于现场监控量测控制值,但也基本体现了对围岩变形允许值的要求。对比上述不同规范的要求可以发现,现有规范对变形监测的规定存在以下问题:

(1)埋深对变形控制值的影响相互矛盾:《铁路隧道设计规范》(TB 10003—2016)规定埋深大时取小值,埋深小时取大值;《铁路隧道监控量测技术规程》(Q/CR 9218—2015)根据不同埋深取不同的变形控制范围值,总的趋势是埋深越大取值越大;《公路隧道设计规范 第一册 土建工程》(JTG 3370.1—2018)则未明确埋深对变形控制值的影响。

(2)允许变形值的控制范围差别很大:《铁路隧道监控量测技术规程》(Q/CR 9218—2015)对变形允许值的控制范围要远远大于设计规范。

(3)三个规范均是基于以往设计和实测资料的统计得出,但由于以往隧道主要采用工程类比法设计,不同设计参数的安全度不同,据此得出的变形实测值也不同,将不同安全水平的实测结果统一分析,在实际工程中应用时必然导致安全度过大或不安全的问题。也就是说,变形控制值是与安全度相对应的,支护参数相同,但变形稳定值不同,所对应的安全度也不同,因此采用统一的规定存在不合理之处。

(4)郑万高铁开展的一系列现场监测表明,初期支护施作后围岩位移可以得到有效控制[4-6],与规范要求的预留变形量差别较大。郑万高铁高家坪隧道Ⅴ级围岩段初期支护封闭后最大沉降为21.8mm。郑万高铁新华隧道监测结果表明,隧道开挖支护后围岩基本在 22~32d 可达到稳定状态(变形速率 < 0.2mm/d),拱顶累计最大沉降5.4mm,边墙累计最大收敛 7.7mm;郑万高铁保康隧道Ⅳ级围岩区段监测结果表明,隧道周边收敛随时间推移呈现从较快增长到缓慢增长,再到波动变化的趋势,在 18d 后基本稳定,最终收敛值为5.48mm。

综上,变形监测是现场判定支护结构安全性的重要依据,很多时候甚至是唯一的依据,但目前支护参数设计以工程类比法为主,设计中难以针对某一具体支护参数给出对应的变形监测控制值,即使在现场根据监测值对支护参数进行动态调整,也无法直观地评价支护参数的合理性。因此,有必要建立变形监控量测与隧道安全系数的对应关系。

5.1.3 变形监测控制值的实质

由于对围岩全过程变形进行监测的难度大、成本高,因此绝大部分施工现场的变形监测是在初期支护施作一段时间之后才开始,《铁路隧道监控量测技术规范》(Q/CR 9218—2015)规定,测点应及时埋设,支护后 2h 内读取初始数据[2]。也就是说,施工中所监测的变形值实际上是支护结构的变形值。如果实际施工中喷层因受力过大、强度不足等原因产生了开裂,或变形监测值超过允许值,现场就会及时反馈并发出报警,从而会及时采取加强支护措施,相应所允许的变形值也会减小,因此可以将支护结构的允许变形值作为现场监测的控制值,也即:可以通过计算支护结构的允许变形值,得出现场监测的控制值。表 5-5 是《铁路隧道监控量测技术规范》(Q/CR 9218—2015)对现场变形管理等级的规定。可见,一旦变形超过预定值,就会采取相应的工程措施,进而也会影响现场监测控制值。

隧道位移管理等级　　　　　　　　　　　表 5-5

管理等级	管理等级描述	距开挖面 B	距开挖面 $2B$
Ⅲ	正常施工	$U < 22\% U_0$	$U < 30\% U_0$
Ⅱ	综合评价设计施工措施,加强监控量测,必要时采取相应工程措施	$22\% U_0 \leq U \leq 44\% U_0$	$30\% U_0 \leq U \leq 60\% U_0$
Ⅰ	暂停施工,采取相应工程措施	$U > 44\% U_0$	$U > 60\% U_0$

注:U 为位移实测值,B 为隧道开挖跨度,U_0 为极限相对位移值。

5.2 初期支护变形控制值计算方法

5.2.1 围岩压力增长曲线

1) 围岩压力增长过程的现场实测

文献[4,7-9]对围岩压力(初期支护与围岩的接触压力)增长过程进行了现场实测,部分围岩压力增长过程曲线见图 5-1~图 5-6,得出的主要结论有:

郑万高铁高家坪隧道(断面 1)的围岩压力监测结果(图 5-1)表明:绝大多数测点的围岩压力随时间变化规律大致相同,即测量 7d 内,测点围岩压力处于急剧增大的阶段;测量 7~10d,测点围岩压力缓慢增大;测量 10d 后,时程曲线均依次呈现"波动变化""稳定收敛"的规律。总体来看,围岩压力监测断面各测点的时程曲线服从"急剧增大、缓慢增大、波动变化、稳定收敛"的变化规律[4]。

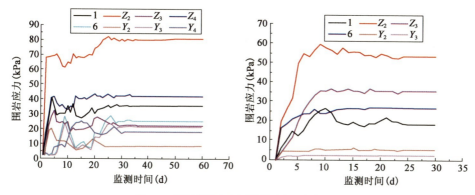

图 5-1 郑万高铁高家坪隧道围岩压力实测图

郑万高铁向家湾隧道(断面 1)围岩压力监测结果(图 5-2)表明:围岩压力变化大致分为快速增长、缓慢增长和稳定 3 个阶段。当围岩接触压力增长率不超过 1% 时,即可认为围岩压力值达到稳定。各监测断面围岩压力开始稳定时间为 21~27d,Ⅳ级围岩压力稳定时间较Ⅴ级围岩接触压力稳定时间早,同一围岩级别条件下,隧道采用不同的施工工法对围岩压力最大值及稳定时间没有较明显的影响[7]。

蒙华铁路某隧道围岩压力监测结果(图 5-3)表明:围岩与初期支护之间接触压力在上台阶开挖后一周内迅速增长,下台阶开挖后围岩压力又有少量增长,监测 15d 后围岩压力趋于稳定。

银西高铁庆阳隧道围岩压力监测结果(图 5-4)表明:总体上围岩压力在快速增长后能够趋于稳定,但整个施工过程仍有一定波动。

某公路隧道(双车道公路隧道,开挖跨度 10.8m,高度 8.6m)围岩压力监测结果(图 5-5)表明:围岩与初期支护之间接触压力在上台阶开挖后一周内迅速增长,下台阶开挖对围岩造成二次扰动,围岩压力部分增长,监测 40d 后,随着初期支护仰拱闭合,围岩压力趋于稳定,不同断面的围岩压力变化趋势总体一致[8]。

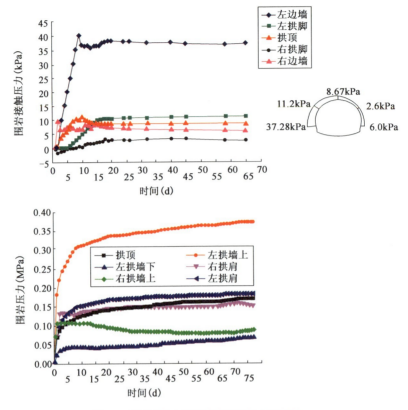

图 5-2 郑万高铁向家湾隧道围岩压力实测图

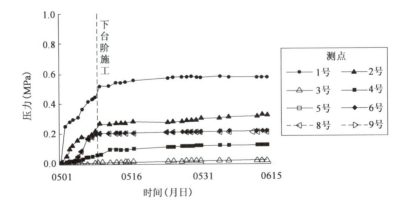

图 5-3 蒙华铁路某隧道围岩压力实测图

第5章 基于总安全系数法的隧道变形监测控制值与支护参数现场调整方法

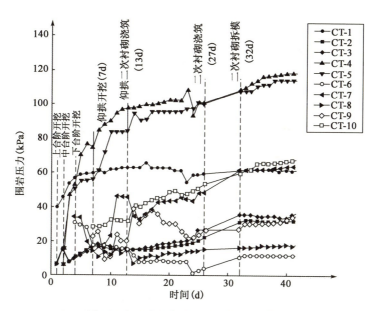

图 5-4 银西高铁庆阳隧道围岩压力实测图

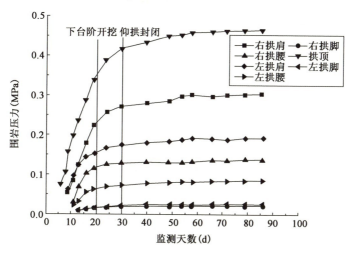

图 5-5 某公路隧道围岩压力实测图

滨莱高速公路马公祠隧道(四车道公路隧道,开挖跨度 21.1m,高度 13.9m)围岩压力监测结果(图 5-6)表明:前 7d,接触压力迅速增加,约占终值的 70%,变化速率由初值 65kPa/d 左右迅速降低到 15kPa/d,说明围岩变形荷载完成初步释放;6~15d,接触压力缓慢增加,变化速率逐渐降低到 0 附近,表明围岩松动范围内的变形荷载释放基本完成,15d 后,接触压力达到终值。不同支护方案接触压力终值及变化速率随时间的增长趋势基本一致[9]。

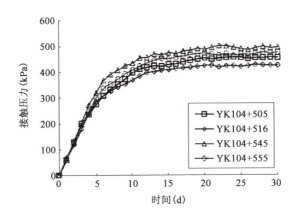

图 5-6　滨莱高速公路马公祠隧道围岩压力实测图

综上,隧道断面形状与尺寸、施工工法、围岩级别、埋深等条件不同时,虽然围岩-初期支护接触压力时程曲线最终收敛时间与收敛值可能不同,但变化趋势是一致的,即:时程曲线服从"急剧增大、缓慢增大、波动变化、稳定收敛"的变化规律。

2) 围岩压力增长过程的数值分析

以 350km/h 高速铁路双线隧道为例,采用三维数值分析软件,对 Ⅲ、Ⅳ、Ⅴ 级围岩采用无系统锚杆支护方式时拱部喷层和围岩接触压力随与开挖面距离的变化过程进行了计算。计算中,埋深取 400m,Ⅲ、Ⅳ、Ⅴ 级围岩喷射混凝土厚度分别为 15cm、25cm、35cm,喷射混凝土强度等级为 C25,开挖进尺为 1m,开挖完成后 100% 应力释放,然后施加支护。Ⅴ 级围岩同时考虑厚度为 3m 的超前注浆加固作用,注浆圈参数取表 1-13 中 Ⅳ 级围岩参数。其他有关计算参数见表 1-13。

拱部喷层与围岩接触压力的计算结果见图 5-7~图 5-9。可知:喷层和围岩的接触应力与开挖面距离的关系基本呈"急剧增大、缓慢增大、稳定收敛"变化规律;接触压力收敛距离,Ⅲ 级围岩 < Ⅳ 级围岩 < Ⅴ 级围岩。

第 5 章 基于总安全系数法的隧道变形监测控制值与支护参数现场调整方法

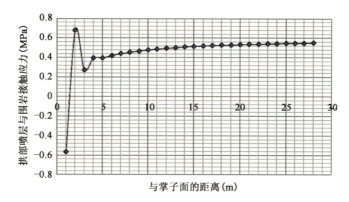

图 5-7 拱部喷层与围岩接触应力随与开挖面距离的变化过程（Ⅲ级围岩）

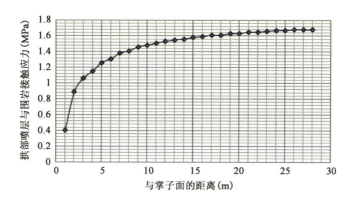

图 5-8 拱部喷层与围岩接触应力随与开挖面距离的变化过程（Ⅳ级围岩）

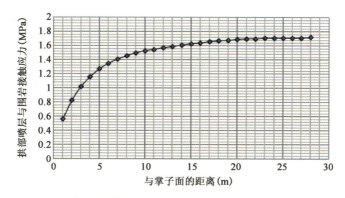

图 5-9 拱部喷层与围岩接触应力随与开挖面距离的变化过程（Ⅴ级围岩）

需要说明的是,本计算中的喷层与围岩接触压力计算结果大于前述围岩压力设计值,也大于很多现场实测值。其原因是,计算中没有模拟喷射混凝土的硬化过程,只是用于示意性说明围岩压力增长过程。

3) 规范规定

《铁路隧道监控量测技术规程》(Q/CR 9218—2015)规定,位移控制基准应根据测点与开挖面距离由初期支护极限相对位移按表5-6要求确定。

隧道位移控制基准　　　　　表5-6

类　别	距开挖面 B	距开挖面 $2B$	距开挖面较远
允许值	65% U_0	90% U_0	100% U_0

注:B 为隧道开挖跨度,U_0 为极限相对位移值。

假设围岩压力增长过程曲线与测点位移变化曲线同形,则可认为:距离开挖面 B 时,围岩压力达到稳定值的65%;距离开挖面 $2B$ 时围岩压力达到稳定值的90%;距离开挖面较远时,围岩压力达到稳定值的100%。

4) 假设的围岩压力增长过程曲线

结合上述实测、数值计算和规范规定,假设隧道开挖进度为一均匀过程,并假设围岩压力增长过程曲线与测点位移变化曲线同形,则当支护强度足够时,支护变形量与时间(或与开挖面距离)的关系可以采用对数函数、指数函数、双曲函数等进行模拟。对于某一具体的变形监测断面,其围岩压力增长也与时间(或与开挖面距离)有关,也可以近似采用对数函数、指数函数、双曲函数等进行模拟。以下假设支护后围岩压力—时间关系曲线为指数函数,即

$$P_i = P_0 \cdot e^{-b/t} \tag{5-1}$$

式中:P_i——任意时刻的围岩压力;

　　P_0——支护稳定时的围岩压力(在本书总安全系数设计法中采用围岩压力设计值表示);

　　b——与围岩条件有关的常数;

　　t——时间。

为简化分析,假设当未进行新的开挖时,围岩压力维持不变,即不考虑围岩蠕变、地下水对围岩软化等因素影响,如图5-10所示。

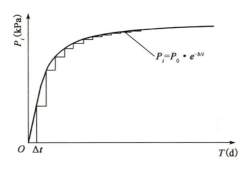

图 5-10 围岩压力的增长模式

为安全考虑,假设Ⅲ、Ⅳ、Ⅴ级围岩测点与开挖面距离分别为 D、$1.5D$、$2.0D$ 时(D 为隧道跨度)时,围岩压力达到稳定值的95%(即假设围岩压力增长速度较快)。以350km/h高速铁路双线隧道为例,Ⅲ、Ⅳ、Ⅴ级围岩某一埋深时的围岩压力设计值分别取 45 kPa、200 kPa、360kPa;按每天 2 个施工循环,取Ⅲ、Ⅳ、Ⅴ级围岩的日进度分别为5m/d、3m/d、2m/d,则稳定时间分别为3d、7.5d、15d。由此可以计算得到Ⅲ、Ⅳ、Ⅴ级围岩压力增长函数中常数 b 分别为 0.154、0.385、0.769,具体如下:

Ⅲ级围岩:

$$P_i = 45 \cdot e^{-0.154/t} \tag{5-2}$$

Ⅳ级围岩:

$$P_i = 200 \cdot e^{-0.385/t} \tag{5-3}$$

Ⅴ级围岩:

$$P_i = 360 \cdot e^{-0.769/t} \tag{5-4}$$

5.2.2 喷射混凝土弹性模量的增长曲线

文献[10]和文献[11]实测了 C25 喷射混凝土不同龄期的弹性模量(表5-7),通过回归分析得到了 C25 喷射混凝土弹性模量与龄期关系的变化曲线,分别记为增长模式一和模式二,如图 5-11 所示。回归后的弹性模量—时间曲线拟合分别如式(5-5)和式(5-6)所示。模式一比模式二的早期强度更高,最终弹性模量也更高。

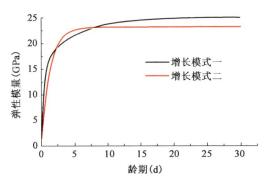

图 5-11 两种 C25 喷射混凝土的弹性模量增长曲线

$$E(t) = 24.7(1 - 0.37\mathrm{e}^{-0.008t} - 0.63\mathrm{e}^{-0.095t}) \quad (5\text{-}5)$$

$$E(t) = 23(1 - \mathrm{e}^{-0.031t}) \quad (5\text{-}6)$$

式中：$E(t)$——某龄期喷射混凝土的弹性模量；

t——龄期。

两种 C25 喷射混凝土不同龄期的弹性模量实测值　　表 5-7

时间(h)	2	3	6	8	12	18	24(1d)	672(28d)
曲线 1(GPa)	2.84	4.08	7.19	8.85	11.42	13.97	15.57	24.66
曲线 2(GPa)	1.38	2.04	3.90	5.05	7.14	9.84	12.07	23.00

5.2.3　支护结构允许变形值的计算模型与方法

1) 支护结构允许变形值和极限变形值的定义

对于总安全系数设计法，支护结构允许变形值是指支护结构在具有与结构强度设计安全系数相对应的前提下的结构变形值。也就是说，一旦支护结构参数及其强度安全系数确定，则相应的变形允许值也可计算确定，如果现场实测变形值与计算值不同(排除非正常施工前提下)，则表明结构的强度安全系数也会与计算值不同，从而通过现场实测变形值来表征结构安全系数，也即，结构变形收敛值稳定在 30mm 与稳定在 40mm 所对应的结构安全系数是不同的。

支护结构的极限变形允许值是指支护结构的喷层出现第一个破损截面(塑性铰)时的结构变形值，也是总安全系数设计法中喷层结构安全系数等于 1.0 时的结构变形值。

由于初期支护结构一般由喷层、锚杆及其与围岩形成的承载拱组成，二者在接触面处的变形一致,因此可以仅计算喷层的变形值。当采用以锚为主的支护方式时,喷层不能作为整个隧道的支护层看待,则可以计算锚岩承载拱的允许变形值,但需要注意锚杆孔填充砂浆的强度增长应与围岩压力增长相匹配。

2) 全断面法施工时支护结构允许变形值计算方法

在获得喷射混凝土弹性模量增长曲线后,就可以根据假设的围岩压力增长曲线采用变刚度增量法来计算支护结构允许变形值。具体计算步骤如下:

(1) 对于给定的支护参数设计方案,根据总安全系数设计法,可以得出初期支护安全系数与围岩压力(支护力)设计值 P;

(2) 按喷层、锚岩承载拱的刚度比将每一份围岩压力分配给喷射混凝土与锚岩承载拱;

(3) 考虑围岩压力与开挖面距离关系,按隧道每一施工循环时间 Δt,将喷层承担的围岩压力划分成若干份 ΔP_i;

(4) 计算每一开挖工序时的喷层强度、弹性模量与刚度等(图 5-12);

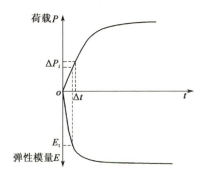

图 5-12　全断面法围岩压力与弹性模量增量法计算模型

(5) 按总安全系数设计法提供的喷层的荷载结构模型并考虑喷层弹性模量增长过程,可以得出喷层的变刚度荷载—结构模型(图 5-13),采用变刚度增量法计算每一份围岩压力作用时间内的喷层结构变形,累计后所得总变形即为结构的允许变形值。

需说明的是,图 5-13 中,采用切向弹簧模拟围岩对喷层的切向约束力,该弹簧的刚度为与喷射混凝土龄期相关的变化值,需要根据喷射混凝土的不同龄期弹性模量进行调整,且与喷射混凝土弹性模量正相关。

(6) 继续增加围岩压力,直至喷层出现第一个破损截面(塑性铰),所得总变形即为结构的极限变形值。

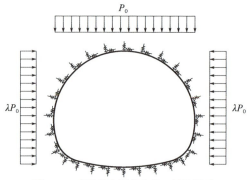

图 5-13 喷层的变刚度荷载—结构模型

3)台阶法施工时支护结构允许变形值计算方法

当围岩稳定性较差采用台阶法施工时,在获得喷射混凝土弹性模量增长曲线以及施工工序与施工参数后,就可以根据假设的围岩压力增长曲线采用变结构变刚度增量法来计算支护结构允许变形值。以下以台阶长度为 10m、Ⅳ级、Ⅴ级围岩上下台阶间隔时间分别为 3.3d、5d 为例,说明允许变形值的计算步骤如下:

(1)对于给定的支护参数设计方案,根据总安全系数设计法,可以得出初期支护安全系数与围岩压力(支护力)设计值 P。

(2)按喷层、锚岩承载拱的刚度比计算喷层分担的围岩压力 P_0。

(3)根据台阶法施工工序及施工参数,采用二维或三维有限元模型计算每一开挖步的围岩压力释放比例,也可根据经验确定每一开挖步的围岩压力释放比例(本书假设上台阶开挖后释放 70% 围岩压力,下台阶开挖再释放 30%),并假设各施工步的围岩压力按指数函数式(5-1)增长,如图 5-14 所示。

(4)考虑围岩压力与开挖面距离关系,按隧道每一施工循环时间 Δt,将围岩压力划分成若干份 ΔP_i。

(5)计算每一开挖工序时的喷层强度、弹性模量与刚度等,如图 5-14 所示。

(6)建立上台阶断面的计算模型如图 5-15a)所示(图中 λ 为侧压力系数,下同),拱脚处采用弹性支撑。下台阶施工前,采用变刚度增量法计算每一份围岩压力作用时间内的上台阶断面的支护结构变形值。

(7)下台阶施工后,建立全断面结构的计算模型如图 5-15b)所示,同样采用变刚度增量法计算每一份围岩压力作用时间内的全断面结构的变形值。

第 5 章 基于总安全系数法的隧道变形监测控制值与支护参数现场调整方法

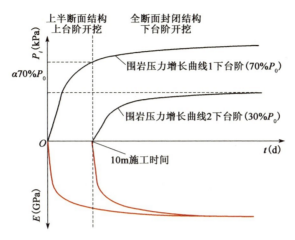

图 5-14 台阶法围岩压力与弹模增量法计算模型

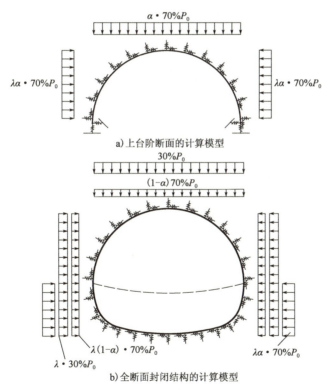

图 5-15 台阶法变结构变刚度荷载—结构模型

需要说明的是,图 5-16 中,需要注意上下断面结构材料的龄期不同,应根据龄期采用不同的材料参数;同时采用切向弹簧模拟围岩对喷层的切向约束力,该弹簧的刚度为与喷射混凝土龄期相关的变化值,需要根据喷射混凝土的不同龄期弹性模量进行调整,且与喷射混凝土弹性模量正相关。

(8)上下台阶累加的变形即为支护结构的允许位移值。

(9)继续增加围岩压力,直至喷层出现第一个破损截面(塑性铰),所得总变形即为结构的极限变形值。

5.3 支护参数的现场调整方法

上述计算得出的变形允许值可以作为施工过程中的监测控制值。该值对应某一具体计算条件下的支护参数,而该支护参数又具有对应的强度设计安全系数,因此,变形控制值也与结构强度安全系数相对应。

施工过程中应根据实测位移—时间曲线(U-T 曲线),与计算的 U-T 曲线对比(图 5-16),作为设计参数合理性判别的依据。如果实测 U-T 形态和最大位移与计算结果均不同,需要调整喷射混凝土强度-时间曲线和围岩压力增长曲线后,再根据 5.2 节计算总变形。如果二者形态相同但最大位移值不同,则分为三种情况进一步分析:

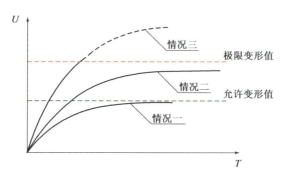

图 5-16 实测与计算的位移—时间曲线对比

情况一:当实测值小于计算允许变形值时,说明:①可以适当弱化支护参数;②围岩压力、弹性抗力系数等计算参数取值小于实际值,且偏差较大,需要结合内力监测值进行分析调整。

情况二:当实测值大于计算允许变形值且变形能够收敛时,说明支护结构的安全系数大于1.0,但已小于设计安全系数,应根据以下原因分析采取相应的工程调整措施:①支护过早,可以适当加大开挖循环长度,以增加支护前的应力释放率;②围岩压力、弹性抗力系数等计算参数取值大于实际值,且偏差较大,需要结合内力监测值进行分析调整;③其他原因,如支护质量不到位,材料强度增长速度过慢等。

情况三:当实测值大于允许变形值,且出现结构开裂时,说明支护力计算值过小(产生原因可能有计算参数错误或支护过早等),需要核对计算参数重新计算并加强支护,或调整支护时机。

5.4 案 例 分 析

5.4.1 计算工况与计算参数

采用总安全系数设计法,对我国350km/h高速铁路双线隧道的支护参数与安全系数进行了研究,得出不同支护类型的参数与安全系数,见表5-8、表5-9。

350km/h双线铁路隧道支护参数 表5-8

支护类型	厚度(cm)	锚杆间距 环×纵(m)	长度(m)	型钢类型和间距
Ⅳ型	25	1.2×1.2	3.5	高150mm、ϕ22mm 格栅,间距1.0m
Ⅳ型(优化)	16	1.0×1.0	2.5	取消钢架
Ⅴ型	28	1.2×1.0	4	I20a 型钢,间距0.8m

注:表中锚杆拱部采用ϕ25mm中空注浆锚杆,边墙采用ϕ22mm砂浆锚杆。

喷层分担围岩压力 表5-9

支护类型	埋深(m)	锚岩承载拱安全系数	喷层安全系数	初期支护总安全系数	喷层荷载分担比例
Ⅳ型	200	5.00	5.58	10.58	0.52
	400	2.64	2.96	5.60	0.53
Ⅳ型(优化)	400	1.55	2.28	3.83	0.60
Ⅴ型	200	1.60	3.56	5.16	0.67
	400	0.85	1.89	2.74	0.69

按第 3 章对 350 km/h 高速铁路双线隧道围岩压力设计值进行计算,结果见表 5-10。围岩的物理力学参数详见表 1-13。喷射混凝土弹性模量增长曲线同 5.2.2 节。

围岩压力设计值的取值　　　　表 5-10

埋深(m)	Ⅳ级围岩(kPa)	Ⅴ级围岩(kPa)
200	106	191
400	200	360

5.4.2　初期支护结构的允许变形值计算结果

1) 计算工况

影响初期支护变形值大小的因素很多,主要有围岩级别、隧道埋深、支护参数、施工方法、喷射混凝土强度增长等。为此,根据这些因素拟定的计算工况如表 5-11 所示。各工况的变形初始计算时间为初期支护施作后 1h。

2) 变形监测允许值计算

各工况下初期支护的允许变形值计算结果如表 5-11 所示。图 5-17、图 5-18 为 400m 埋深,Ⅳ、Ⅴ级围岩分别采用全断面法(工况 3、6,工况 5、7)、台阶法(工况 8、工况 9)开挖时的隧道变形与时间的关系曲线。

计算工况表与计算结果　　　　表 5-11

计算工况	施工工法	埋深(m)	支护类型	喷射混凝土硬化模式	允许变形值(mm)			极限变形值(mm)	
					U_y	ΔU_{x1}	ΔU_{x2}	拱顶下沉	边墙收敛
1	全断面	200	Ⅳ型		4.55	1.52	—	17.66	7.20
2			Ⅴ型		9.32	4.12	—	24.14	12.92
3		400	Ⅳ型	模式一	8.64	2.86	—	19.22	7.45
4			Ⅳ型(优化)		9.49	5.32	—	18.25	12.26
5			Ⅴ型		16.24	6.88	—	25.95	12.65
6			Ⅳ型	模式二	15.06	4.49	—	25.64	9.08
7			Ⅴ型		25.75	7.76	—	35.46	13.53
8	台阶法	400	Ⅳ型	模式一	8.00	5.19	2.63	18.58	9.78
9			Ⅴ型		13.07	7.81	9.79	22.78	13.58

第 5 章　基于总安全系数法的隧道变形监测控制值与支护参数现场调整方法

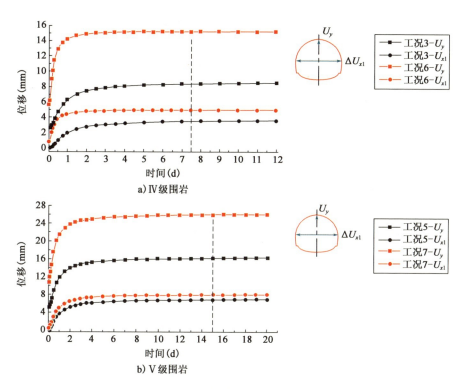

图 5-17　全断面法开挖时的初期支护位移—时间曲线

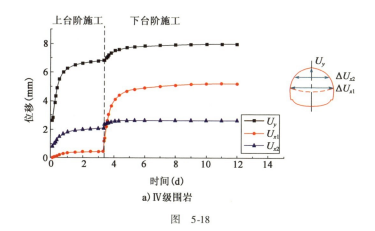

图 5-18

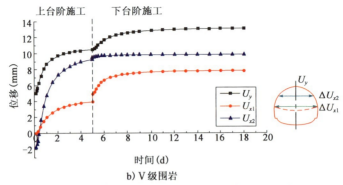

b) Ⅴ级围岩

图 5-18　台阶法开挖时的初期支护位移—时间曲线

由表 5-11、图 5-17 和图 5-18 可知：

(1)在相同支护参数情况下，埋深越大，允许变形值越大(但对应的结构安全系数不同)。

(2)埋深与围岩等级相同但支护参数不同时，允许变形值不同，也说明现场监测的喷层与围岩接触压力不是全部的围岩压力，围岩压力应为锚岩承载拱、喷层等多层结构共同承担。

(3)围岩条件、埋深与支护参数相同但施工工法不同时，允许变形值不同。

(4)喷射混凝土、锚杆孔注浆体的弹性模量增长速度对变形量影响较大，现场应根据地下水处理情况合理确定其配合比与施工工艺等。

文献[4]对郑万高铁高家坪隧道变形进行了现场监测，隧道最大埋深约 320m，以志留系页岩夹砂岩、灰岩地层为主，采用机械化全断面法开挖，监控量测断面拱顶下沉和水平收敛量测结果见表 5-12。根据量测结果可知，该断面监测均为正值，且整体向隧道内变形，Ⅴ级围岩拱顶下沉值 13～20mm，拱腰收敛值 6～15mm，边墙收敛值 4.5～8.8mm。该结果与上述计算值接近，说明了上述计算方法具有合理性。

拱顶下沉与水平收敛量测统计结果　　　表 5-12

试 验 断 面	监测点位置	累计收敛值(mm)
1	拱顶	14.8
	拱腰	6.2
	边墙	4.5

续上表

试 验 断 面	监测点位置	累计收敛值(mm)
2	拱顶	13.6
2	拱腰	11
2	边墙	7.7
3	拱顶	19.8
3	拱腰	10
3	边墙	7.6
4	拱顶	21.8
4	拱腰	15.4
4	边墙	8.8
5	拱顶	20.4
5	拱腰	12
5	边墙	6.5

3)极限变形值计算结果

继续增加围岩压力,直至喷层出现第一个破损截面(塑性铰),可得到结构的允许极限变形值,计算结果如表 5-11 所示。由表 5-11 可知:

(1)隧道支护结构的极限变形值与支护参数、围岩级别、隧道埋深、施工方法均有关。支护参数不同,结构安全系数不同,极限变形值也不同;围岩级别不同,围岩压力设计值也不同,极限变形值也不同;隧道埋深不同,围岩压力设计值也不同,相应喷射混凝土硬化过程中的受力与变形以及最终的极限变形也不同;施工方法不同,支护结构形成过程中的受力与变形以及最终的极限变形也不同。

(2)极限变形值对应的结构安全系数约为 1.0,只能作为现场安全监测的危险控制值。

本章参考文献

[1] 中铁二院工程集团有限责任公司.铁路隧道设计规范:TB 10003—2016 [S].北京:中国铁道出版社,2017.

[2] 中国铁路总公司.铁路隧道监控量测技术规程:Q/CR 9218—2015[S].北京:中国铁道出版社,2015.
[3] 招商局重庆交通科研设计院有限公司.公路隧道设计规范 第一册 土建工程:JTG 3370.1—2018[S].北京:人民交通出版社股份有限公司,2019.
[4] 李书兵.软弱围岩隧道机械化全断面爆破开挖初期支护受力特性研究[J].隧道建设(中英文),2018,38(08):1293-1302.
[5] 田佳,李金鹏.软弱围岩地层隧道大断面机械化施工工法应用[J].隧道建设(中英文),2018,38(08):1350-1360.
[6] 杨学奇,杨涅,姚萌.基于强度折减法和现场监控量测的大断面隧道开挖工法适用性研究[J].隧道建设(中英文),2018,38(S2):161-168.
[7] 于丽,王志龙,杨涅.机械化施工大断面高铁隧道围岩压力测试及分布特征研究[J].隧道建设(中英文),2018,38(08):1303-1310.
[8] 李焕坤.山岭隧道初期支护受力变形影响因素研究[D].北京:北京交通大学,2019.
[9] 陈红宾.超大断面隧道初期支护拱架承载作用机制研究[D].济南:山东大学,2018.
[10] 陈峰宾.隧道初期支护与软弱围岩作用机理及应用[D].北京:北京交通大学,2012.
[11] 张德华,刘士海,任少强.隧道喷射混凝土强度增长规律及硬化速度对初期支护性能影响试验研究[J].岩土力学,2015,36(06):1707-1713.

Total Safety Factor Method of Tunnel Support Structure Design

第 6 章

基于总安全系数法的高速铁路双线隧道支护参数研究

我国高速铁路隧道采用复合式衬砌。根据总安全系数法,在满足相同安全系数的前提下不可以有多种支护结构方案。由于各方案采用的支护构件不同,在经济性、可实施性、耐久性等方面也会不同,不同支护结构方案的适用性与可行性也会存在差异。本章针对我国 350km/h 高铁双线隧道,采用总安全系数法对不同围岩条件的初期支护分别采用无系统锚杆、锚喷组合、以锚为主三种支护结构的适用性进行了研究,对二次衬砌的承载能力进行了计算,对支护参数优化方案及优化前后的安全性进行了分析,并对 Q 法支护参数应用于我国高铁隧道时的安全性进行了研究,最后对总安全系数法在围岩压力、安全系数、隧道变形等方面的计算结果与现场实测数据进行了对比。

6.1 不同支护结构形式的适用性研究

6.1.1 概述

1) 主要研究的支护结构形式

如 4.2.5 节所述,初期支护方案可以有以下三种:

支护方案一:无系统锚杆支护结构,即初期支护主要由喷层组成,不设置系统锚杆,仅设置局部锚杆防止掉块。

支护方案二:锚喷组合支护结构,即初期支护由喷层和系统锚杆共同组成。

支护方案三:以锚为主支护结构,即围岩压力全部由系统锚杆承担,锚杆之间的局部荷载由薄的喷层承担。

如1.3.4节所述,对于隧道支护结构设计,目前世界上有四种设计理念,不同设计理念对各分层结构的安全系数要求不同。

第一种理念:初期支护作为承载主体,二次衬砌仅作为安全储备或仅承受不大的荷载。

第二种理念:初期支护作为临时结构,只需要满足施工期间的安全,二次衬砌作为承载主体,承受全部的围岩压力。

第三种理念:初期支护和二次衬砌都是承载主体,初期支护和二次衬砌各承担一定比例的围岩压力。

第四种理念:除特殊情况外,一般不需要二次衬砌,完全依靠初期支护承载。

因此,根据不同的初期支护方案和设计理念,对于高速铁路隧道采用的复合式衬砌,初期支护可能采用无系统锚杆支护、锚喷结合支护、以锚为主支护三种支护结构,且这三种支护结构既可能单独作为承载主体,又可能作为临时结构或与二次衬砌共同形成承载主体。当作为承载主体时,初期支护的安全系数不应小于3.0;当作为临时结构时,其安全系数不应小于1.8;当与二次衬砌共同作为承载主体时,其安全系数可取 $1.8 \sim 3.0$ 之间的一个值。

为便于说明,以下仅对初期支护单独作为承载主体或作为临时结构时的适用性进行计算与论证。为节省篇幅,仅对埋深400m和800m两种情况进行分析。另外,由于Ⅱ级围岩支护参数仅满足最低构造要求(喷层厚度5cm,拱部设置局部锚杆),不再分析。

2) 主要计算参数

(1) 支护材料与参数

喷射混凝土:强度等级采用C30,轴心抗压极限强度20MPa,弯曲抗压极限强度22MPa,抗拉极限强度2.2MPa。

钢架:喷层厚度大于20cm时,选用与之匹配的四肢格栅钢架,格栅钢架主筋为 $\phi22mm$ HRB400钢筋,屈服强度为400MPa;当喷层厚度小于20cm时,不设钢架。

锚杆:材质为 HRB400,抗拉或抗压计算强度 400MPa。

围岩的物理力学参数详见 1.5 节。

(2) 围岩压力设计值

Ⅲ、Ⅳ、Ⅴ级围岩不同埋深时采用的围岩压力设计值见表 6-1。

高速铁路双线隧道支护参数研究采用的围岩压力设计值　　表 6-1

围岩级别	400m 埋深顶部围岩压力设计值(kPa)	800m 埋深顶部围岩压力设计值(kPa)	侧压力系数
Ⅲ	47	87	0.4
Ⅳ	227	375	0.5
Ⅴ	410	676	0.7

6.1.2　无系统锚杆支护方案(支护方案一)的适用性

1) 计算模型

采用 4.2.3 节的模型二。

2) 计算结果

采用无系统锚杆支护方案时,所需要的支护参数及其安全系数计算结果见表 6-2。

不同围岩采用无系统锚杆支护方案时的计算结果　　表 6-2

结构类型	围岩级别	400m 埋深		800m 埋深	
		喷层厚度(cm)	安全系数	喷层厚度(cm)	安全系数
主要承载结构	Ⅲ	8	4.61	10	3.16
	Ⅳ	22	3.02	37	3.01
	Ⅴ	42	3.06	64	3.06
临时承载结构	Ⅲ	8	4.61	8	2.54
	Ⅳ	13	1.92	22	1.86
	Ⅴ	25	1.89	40	1.80

注:表中Ⅳ、Ⅴ级围岩考虑钢架作用。

3) 支护方案的适用性分析

由表 6-2 可知:

(1) Ⅲ级围岩采用支护方案一时,如作为承载主体,所需喷层厚度不大,具有适用性和可行性。

（2）Ⅳ级围岩采用支护方案一时，如作为承载主体，则400m埋深以内的喷层厚度不大，具有适用性和可行性；而800m埋深所需要喷层厚度达37cm，适用性差，宜作为临时承载结构。

（3）Ⅴ级围岩采用支护方案一时，如作为承载主体，400m、800m埋深时所需喷层厚度分别为42cm和64cm，厚度过大，不经济，宜作为临时承载结构，且800m埋深时即使作为临时承载结构，所需喷层厚度仍过大。

6.1.3 以锚为主支护方案（支护方案三）的适用性

1）计算模型

采用4.2.2节的模型一。

2）计算结果

采用支护方案三时，锚杆直径、长度和间距有多种组合，在喷层厚度取6cm，锚杆间距为1m×1m的条件下，所需要的支护参数及其安全系数计算结果见表6-3。

不同围岩采用以锚为主支护方案时的计算结果　　　表6-3

结构类型	围岩级别	400m 埋深			800m 埋深		
		锚杆长度（m）	锚杆直径（mm）	安全系数	锚杆长度（m）	锚杆直径（mm）	安全系数
主要承载结构	Ⅲ	2.0	11	11.9	2.0	11	6.44
	Ⅳ	4.5	28	3.03	5.0	48	3.03
	Ⅴ	11.0	48	3.02	16.0	48	3.06
临时承载结构	Ⅲ	2.0	11	11.9	2.0	11	4.44
	Ⅳ	3.5	22	1.96	4.5	27	1.81
	Ⅴ	6.0	48	1.88	11.0	31	1.82

注：1. 表中锚杆直径为计算所需的直径，并非根据钢筋型号标准进行选择。
　　2. Ⅲ级围岩锚杆最低强度按4.2.2节中关于隧道周边不稳定围岩悬吊要求进行计算，不稳定岩体深度取无支护开挖时拱部破坏区平均深度，且锚杆悬吊安全系数取2.0。

3）支护方案的适用性分析

由表6-3可知：

（1）Ⅲ级围岩采用支护方案三时，如作为承载主体，锚杆长度和直径在可接受范围内,具有适用性和可行性。

(2) Ⅳ级围岩采用支护方案三时,如作为承载主体,则400m埋深以内的锚杆长度和直径均在可接受范围内,具有适用性和可行性;而800m埋深所需要锚杆的长度为5m,直径为48mm,适用性较差,宜作为临时承载结构(此时,锚杆长度为4.5m,直径27mm,具有可行性)。

(3) Ⅴ级围岩采用支护方案三时,如作为承载主体,在锚杆直径48mm的情况下,400m、800m埋深时所需锚杆长度分别11m和17m,长度过大,可实施性差,不可行;即使作为临时承载结构,400m埋深所需要的锚杆长度为7m,直径为48mm,800m埋深时所需要的锚长度为11m,直径为31mm,可实施性差,也不可行。

6.1.4 锚喷组合支护方案(支护方案二)的适用性

1) 计算模型

采用4.2.2节的模型一和4.2.3节的模型二。

2) 计算结果

采用支护方案二时,支护结构既有喷层也有系统锚杆,应分别计算其参数与安全系数。理论上,采用锚喷组合支护时,在相同安全系数的前提下喷层和锚杆的参数可以有多种组合。为减少计算工作量并且便于对比,根据6.1.2节和6.1.3节计算结果,支护参数拟定时,取锚杆安全系数约为1.0(初期支护为承载主体)或0.5(初期支护为临时承载结构),其余所需安全系数由喷层提供,同时锚杆环纵向间距统一采用1.0m×1.0m。通过大量计算得到的计算结果见表6-4。

不同围岩采用锚喷组合支护方案时的计算结果　　　表6-4

结构类型	围岩级别	400m埋深					800m埋深				
		喷层厚度(cm)	安全系数	锚杆长度(m)	锚杆直径(mm)	安全系数	总安全系数	喷层厚度(cm)	安全系数	锚杆长度(m)	锚杆直径(mm)	安全系数	总安全系数
主要承载结构	Ⅲ	8	4.61	2.0	11	14.87	19.48	8	2.54	2.0	11	6.56	9.10
	Ⅳ	16	2.28	2.5	20	1.55	3.83	25	2.09	3.0	22	1.52	3.61
	Ⅴ	28	2.08	4.5	24	1.28	3.36	45	2.03	6.0	25	1.60	3.63

续上表

结构类型	围岩级别	400m 埋深						800m 埋深					
		喷层厚度（cm）	安全系数	锚杆长度（m）	锚杆直径（mm）	安全系数	总安全系数	喷层厚度（cm）	安全系数	锚杆长度（m）	锚杆直径（mm）	安全系数	总安全系数
共同承载结构	Ⅲ	8	4.61	2.0	11	14.87	19.48	8	2.54	2.0	11	6.56	9.10
	Ⅳ	8	1.49	2.0	15	0.91	2.40	16	1.40	2.0	20	0.6	2.00
	Ⅴ	20	1.38	3.5	20	0.69	2.07	30	1.36	4.5	20	0.79	2.15

注：表中锚杆直径仅为计算所需结果，并非实际钢筋产品直径。

3) 支护方案的适用性分析

由表 6-4 可知：

（1）Ⅲ级围岩采用支护方案二时，如作为承载主体，喷层厚度、锚杆长度和直径等均在可接受范围内，具有适用性和可行性。

（2）Ⅳ级围岩采用支护方案二时，如作为承载主体，不管是 400m 埋深还是 800m 埋深，喷层厚度、锚杆长度和直径等均在可接受范围内，具有适用性和可行性。

（3）Ⅴ级围岩采用支护方案三时，如作为承载主体，在 400m 埋深以内的喷层厚度、锚杆长度和直径等均在可接受范围内，具有适用性和可行性；而 800m 埋深所需要喷层厚度达 45cm，锚杆长度达 6m，适用性较差，宜作为临时承载结构。

6.1.5　不同支护方案的适用性小结

由上述计算和分析可知，当仅作为临时承载结构或与二次衬砌共同作为承载主体时，初期支护采用上述各种支护方案在大多数情况下是可行的，但作为单一承载主体时，则各有适用性，详见表 6-5。

不同支护方案作为单一承载主体时的适用性汇总表　表 6-5

围岩级别	无系统锚杆支护方案（支护方案一）	以锚为主支护方案（支护方案三）	锚喷组合支护（支护方案二）
Ⅲ	✓	✓	✓
Ⅳ	400m 埋深 ✓ 800m 埋深 ×	400m 埋深 ✓ 800m 埋深 ×	✓

续上表

围岩级别	无系统锚杆支护方案 （支护方案一）	以锚为主支护方案 （支护方案三）	锚喷组合支护 （支护方案二）
Ⅴ	×	×	400m 埋深 ✓ 800m 埋深 ×

注："✓"表示适用，"×"表示不适用。

6.2 二次衬砌承载能力分析

由 6.1 节可知，部分情况下采用初期支护作为单一承载主体的适用性差，是不合理的，需要与二次衬砌共同作为承载主体。

当Ⅱ、Ⅲ、Ⅳ、Ⅴ级围岩二次衬砌厚度分别采用 35cm、35cm、40cm、40cm，且Ⅳ级围岩采用素混凝土，Ⅴ级围岩采用钢筋混凝土时，在满足表 1-1 和表 1-2 所需要的安全系数的前提下，承载能力计算结果见表 6-6。

二次衬砌极限承载力所能适应的埋深 表 6-6

围岩级别	极限承载能力所能适应的埋深(m)	占 800m 埋深围岩压力的百分比
Ⅱ	>1000	—
Ⅲ	825	—
Ⅳ	125	20%
Ⅴ	600	82%

注：表中素混凝土的最小安全系数为 2.4(压)或 3.6(拉)，钢筋混凝土最小安全系数为 2.0(压/剪)或 2.4(拉)。

根据计算，在二次衬砌仅承受围岩压力的情况下，当满足规范要求的安全系数时，Ⅱ~Ⅴ级围岩二次衬砌单独能承受的围岩压力所对应的埋深分别为 >1000m、825m、125m（为 800m 埋深围岩压力的 20%）、600m（为 800m 埋深围岩压力的 82%）。计算结果表明，Ⅱ级围岩二次衬砌基本可以单独承受全部荷载，初期支护只需要保证施工安全即可；Ⅲ级围岩二次衬砌独立承载可适应的埋深约 800m，埋深更大时，需要初期支护分担部分荷载；Ⅳ级围岩二次衬砌只能承担少量荷载，初期支护必须作为承载主体或与二次衬砌共同作为承载主体；Ⅴ级围岩二次衬砌具有较强的承载能力,但埋深较大时不足以承担全部荷载,应与初期支护共同作为承载主体。

6.3 支护参数优化分析

6.3.1 对支护方案及支护参数的优化建议

对比分析三种初期支护方案的计算结果以及二次衬砌可分担围岩压力的计算结果,可以看出:

(1) Ⅲ级围岩初期支护采用三种支护方案都是可行的,且由于二次衬砌的承载能力较强,初期支护和二次衬砌可以作为共同承载主体。同时,从工程经验来看,Ⅲ级围岩可能存在易松动掉落的岩块,设置锚杆是必要的。因此,Ⅲ级围岩采用以锚为主的初期支护体系较为合理。

(2) Ⅳ级围岩二次衬砌只能承担少量荷载,初期支护必须发挥承载主体的作用,以锚为主的支护方案在埋深较大时不适用,以喷层为主的支护方案经济性差。因此,Ⅳ级围岩应采用锚喷组合支护方案,且应考虑埋深的影响。

(3) Ⅴ级围岩锚喷组合支护方案在400m埋深以内的情况下可以作为承载主体,但考虑经济性,二次衬砌应发挥部分承载作用。当埋深大于400m时,采用初期支护作为承载主体不经济,而由于二次衬砌具有较强的承载能力,可适当降低初期支护的安全系数要求,初期支护和二次衬砌均作为承载主体。

6.3.2 支护参数优化方案

1) 既有通用参考图支护参数

既有通用参考图中,350km/h 高速铁路双线隧道支护参数见表6-7。

2) 支护参数优化方案

综合上述研究,结合工程经验及工程耐久性要求,按照"初期支护安全性不低于原有通用图"的原则对支护参数进行优化,优化后的支护参数取值建议见表6-8。

350km/h 双线铁路隧道支护参数   表 6-7

衬砌类型	预留变形量(cm)	初期支护 C25 喷射混凝土 设置部位	厚度(cm)	钢筋网 设置部位	格栅间距(cm×cm)	钢筋规格(mm)	锚杆 设置部位	间距(环向 m×纵向 m)	长度(m)	格栅(型钢)钢架 设置部位	型钢类型(mm)	间距(m)	二次衬砌 拱墙厚度(cm)	仰拱厚度(cm)
Ⅱ$_a$型	3~5	拱墙	5	—	—	—	局部	—	2.5	—	—	—	35	—
Ⅲ$_a$型	5~8	拱墙	12	拱部	25×25	φ6	拱墙	1.2×1.5	3	—	—	—	40	50
Ⅳ$_a$型	8~10	拱部	25	拱墙	20×20	φ6	拱墙	1.2×1.2	3.5	拱墙	高150、φ22 格栅	1.0	45*	55*
		边墙	10											
Ⅳ$_b$型	8~10	拱墙	25	拱墙	20×20	φ6	拱墙	1.2×1.2	3.5	全环	高150、φ25 格栅或 I18 型钢	1.0	45*	55*
		仰拱	25											
Ⅴ$_a$型	10~15	拱墙	28	拱墙	20×20	φ8	拱墙	1.2×1.0	4	全环	高180、φ25 格栅或 I20a 型钢	0.8	50*	60*
		仰拱	28											
Ⅴ$_b$型	10~15	拱墙	28	拱墙	20×20	φ8	拱墙	1.2×1.0	4	全环	I20a 型钢	0.6	50*	60*
		仰拱	28											

注:1. 表中带 * 号者为钢筋混凝土。
  2. 表中锚杆拱部采用 φ25mm 中空注浆锚杆,边墙采用 φ22mm 砂浆锚杆。

350km/h 高速铁路隧道标准断面优化后主要支护参数表　　表 6-8

围岩级别			Ⅱ级围岩	Ⅲ级围岩	Ⅳ级围岩		Ⅴ级围岩	
适用条件			—	—	深埋	深埋加强	深埋	深埋加强
初期支护的设计类型			承载主体	承载主体	承载主体	承载主体	与二次衬砌共同承载	与二次衬砌共同承载
初期支护	喷射混凝土	混凝土强度等级	C30	C30	C30	C30	C30	C30
		厚度(cm)	5	10	20	25	25	28
初期支护	锚杆	长度(m)	3	3	3	3.5	4	4.5
		直径(mm)	22	22	25	32	25	28
		间距(环向 m × 纵向 m)	局部	1.5×1.5	1.5×1.2	1.5×1.2	1.2×1.0	1.2×1.0
	钢拱架	规格	—	—	φ22mm@150mm 格栅	I18 型钢	I20a 型钢	I22a 型钢
		间距(m)			1.2	1.2	1	1
二次衬砌	—	混凝土强度等级	C30	C30	C30	C30	C35*	C35*
	—	厚度(cm)	35	35	40	40	40	40

注:1. 表中带*号者为钢筋混凝土。

2. 深埋加强与深埋分界埋深取值范围为 400～600m,围岩物理力学指标较高时取大值,否则取小值。

3. Ⅴ级围埋深超过 400m 时应根据地下水发育情况和围岩稳定性确定是否需要采取围岩加固措施。

由表 6-7 和表 6-8 可见,与现行通用参考图支护参数对比,支护参数的主要不同点如下。

(1)初期支护

①喷射混凝土强度等级由 C25 提高至 C30。

②减小了部分情况下喷射混凝土的厚度:Ⅱ级围岩与以往相同,厚度为 5cm;Ⅲ级围岩由以往 12cm 减小至 10cm;Ⅳ级围岩深埋由以往 25cm 减小至 20cm,Ⅴ级围岩深埋由以往 28cm 减小至 25cm,Ⅳ、Ⅴ级围岩深埋加强维持不变。

③Ⅳ、Ⅴ级围岩根据埋深的不同采用不同的支护参数。

（2）二次衬砌

Ⅱ、Ⅲ、Ⅳ、Ⅴ级围岩二次衬砌厚度分别由 35cm、40cm、45cm、50cm 调整至 35cm、35cm、40cm、40cm，且Ⅳ级围岩由钢筋混凝土调整为素混凝土，Ⅴ级仍采用钢筋混凝土，但应适当加大配筋率。

3）优化前后的安全系数对比

仅考虑围岩压力时，优化前后的结构安全系数分别见表 6-9 和表 6-10。表中二次衬砌安全系数系按承受全部围岩压力计算得出，结构总安全系数为初期支护与二次衬砌各自的安全系数相加而成。由表可见，优化前后的初期支护安全系数差别不大，但优化后的二次衬砌安全系数有所降低，特别是Ⅳ级围岩降低幅度较大。各级围岩复合式衬砌的总安全系数均大于 3.0。由表 6-9 也可以看出，对于实际施工中部分工点省略系统锚杆的情况，仅依靠喷层也可以提供足够的安全系数来保证施工期安全，但会降低总安全系数。

从表 6-9 和表 6-10 可以看出，不管是优化前还是优化后方案，总安全系数均偏大，仍具有进一步优化的空间。

优化前支护参数的安全系数 表 6-9

围岩级别	埋深（m）	喷层	锚岩承载拱		二次衬砌	初期支护（总）	结构（总）
			施工期	运营期			
Ⅲ	400	5.76	23.57	31.13	14.02(6.12)	29.33	50.91
	800	3.20	12.80	16.58	8.83(3.97)	16.00	29.61
Ⅳ	400	2.96	2.64	4.53	5.08	5.60	12.57
	800	1.81	1.61	2.77	3.13	3.42	6.71
Ⅴ	400	1.89	0.93	1.97	3.19	2.82	6.05
	800	1.15	0.57	1.21	1.98	1.72	4.34

优化后支护参数的安全系数 表 6-10

围岩级别	埋深（m）	喷层	锚岩承载拱		二次衬砌	初期支护（总）	结构（总）
			施工期	运营期			
Ⅲ	400	5.70	22.31	29.04	13.19(5.81)	28.01	46.93
	800	3.16	12.12	16.25	8.08(3.73)	15.28	26.49

续上表

围岩级别	埋深（m）	喷层	锚岩承载拱		二次衬砌	初期支护（总）	结构（总）
			施工期	运营期			
Ⅳ	400	2.72	2.36	3.61	3.38(1.54)	5.08	9.71
	800	1.82	1.60	2.39	2.14(0.98)	3.42	6.35
Ⅴ	400	1.89	0.97	1.86	2.66	2.86	6.41
	800	1.30	0.77	1.41	1.64	2.07	4.35

6.4　Q 法支护参数的安全性分析

6.4.1　Q 法支护参数简介

Q 法是巴顿(N. Bardon)等人[1-2]根据多个地下结构物的施工记录整理出的经验设计方法，提出了图 6-1 所示的支护参数参考值。图中，横轴是 Q 值，顶部为岩石质量与围岩支护，左纵轴为隧道等效尺寸 S，右纵轴为锚杆的参考长度。

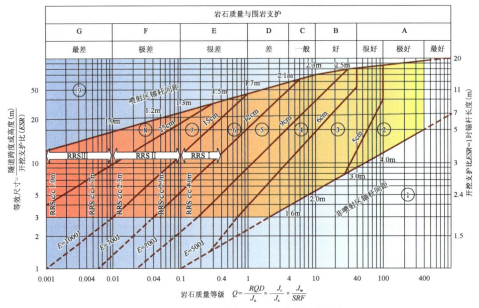

图 6-1　基于 Q 值和(跨度/ESR)的永久性支护建议

176

Q 法支护参数建议表未划分明确的支护等级,而是表述为锚杆间距和喷射混凝土厚度变化的连续区间。根据岩石质量 Q 值和等效跨度 S 值,对应 9 种支护类型,具体如下:

①无需支护或局部锚杆;

②局部锚杆:SB;

③系统锚杆+喷射纤维混凝土(5~6cm):B+Sfr;

④喷射纤维混凝土(6~9cm)+锚杆:Sfr(E500)+B;

⑤喷射纤维混凝土(9~12cm)+锚杆:Sfr(E700)+B;

⑥喷射纤维混凝土(12~15cm)和锚杆+喷射混凝土加强肋:Sfr(E700)+RRSⅠ+B;

⑦喷射纤维混凝土(>15cm)和锚杆+喷射混凝土加强肋和锚杆:Sfr(E1000)+RRSⅡ+B;

⑧模筑混凝土衬砌:CCA 或 Sfr(E1000)+RRSⅢ+B;

⑨需要特别评估。

上述锚杆间距的前提是采用 ϕ20mm 的锚杆;E 表示喷纤维混凝土的能量吸收能力;B 为锚杆;Sfr 为喷射钢纤维混凝土;虚线区域表示没有经验数据;Sfr 为喷射钢纤维混凝土;ESR 为开挖支护比,取决于开挖洞室的安全要求,低 ESR 值表示对安全具有更高标准的需求,而高 ESR 值则表示低标准的安全度也是可行的,ESR 取值见表 6-11。

ESR 值 表 6-11

隧道类型		ESR 值
A	临时巷道	约 3~5
B	竖井:1. 圆形截面 2. 矩形/方形截面 其他截面:可能低于给定值	约 2.5 约 2.0
C	永久性的矿井巷道、水力发电的引水隧洞(不包括高压隧洞)、供水隧道,水力发电(排除高压压力)、供水隧道、大型洞室的先行导洞	1.6
D	小型公路和铁路隧道、调压室、交通隧道、污水隧道等	1.3
E	厂房、储藏室、水处理厂、主要公路和铁路隧道、人防洞室、隧道的入口、交叉口等	1.0

续上表

	隧道类型	ESR 值
F	地下核电站、火车站、体育馆和公共设施、工厂等	0.8
G	非常重要的洞室和地下开口,使用寿命长,约 100 年,或无维修通道	0.5

注:当 B、C、D 类型隧道的 $Q \leq 0.1$ 时,推荐使用 $ESR = 1.0$,以降低施工风险。

RRS 为喷射混凝土加强肋,用于在岩石质量非常差($Q<1$)的地段,在许多情况下是模筑混凝土首选替代方案。加强肋由钢筋(通常直径为 16mm 或 20mm)、喷射混凝土和岩石锚杆的组合构成,如图 6-2 所示。当使用直径 20mm 的钢筋时,必须对钢筋进行预制以获得平滑的轮廓。加强肋的厚度、间距以及数量和钢筋直径应根据地下洞室的尺寸和岩体质量 Q 而变化。

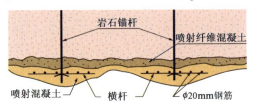

图 6-2 喷射混凝土加强肋(RRS)的构造示意图

具体标准为:

RRS Ⅰ:Si30/6. $\phi16 \sim 20$(跨度 10m),D40/6 + $2\phi16 \sim 20$(跨度 20m);

RRS Ⅱ:Si35/6. $\phi16 \sim 20$(跨度 5m),D45/6 + $2\phi16 \sim 20$(跨度 10m),D55/6 + $4\phi20$(跨度 20m);

RRS Ⅲ:D40/6 + $4\phi16 \sim 20$(跨度 5m),D55/6 + $4\phi20$(跨度 10m),需要专门评估(跨度 20m)。

其中:"Si"表示单层钢筋;"D"表示双层钢筋;"30、45"表示总肋厚度为 30cm、45cm;"6"表示钢筋根数为 6;"16" or "20"表示钢筋直径为 16mm 或者 20mm。

图 6-1 所示的支护参数建议表主要适用于地下洞室拱顶和起拱线以上位置。对于高 Q 值和中等 Q 值($Q>0.1$),边墙的支护等级一般较低,所以当采用 Q 法进行边墙支护设计时,必须使用墙的高度而不是跨度。实际 Q 值的调整如表 6-12 所示。转换后得到的 Q 值与图 6-1 中的图表一起使用,以确定合适的边墙支护参数。

边墙的实际 Q 值转换为调整的 Q 值   表 6-12

岩体质量很好	$Q>10$	Q 值乘以 5
中等岩体质量	$0.1<Q<10$	将 Q 值乘以系数 2.5；在岩石应力高的情况下，使用实际的 Q 值
岩体质量很差	$Q<0.1$	使用实际的 Q 值

赵勇[3]研究了以上 9 种围岩与支护措施后，提出了 Q 法与我国铁路隧道围岩分级的支护措施对比，见表 6-13。

Q 法围岩分级与我国铁路隧道围岩分级对应参考   表 6-13

Q 值	1000~400	400~100	100~40	40~10	10~4	4~1	1~0.1	0.1~0.01	0.01~0.001
铁路隧道围岩分级	Ⅰ	Ⅱ	Ⅲ₁	Ⅲ₂	Ⅳ₁	Ⅳ₂	Ⅴ₁	Ⅴ₂	Ⅵ

6.4.2 Q 法支护参数应用于我国高铁隧道时的安全性分析

自 20 世纪 90 年代以来，Q 法在世界多地得到了广泛应用。一般认为，Q 法支护参数是比较经济的，为分析其安全性并与总安全系数设计法相互验证，以下以 350km/h 高速铁路双线隧道为例对 Q 法支护参数的安全性进行分析，并对采用与挪威相同的耐久性锚杆时，高铁隧道复合式衬砌可能的一种优化支护参数进行计算。计算时，Ⅲ、Ⅳ、Ⅴ级围岩物理力学指标参照表 1-13 采用。根据不同埋深，参考表 6-13 估算所采用围岩参数对应的 Q 值，并根据图 6-1 列出了相应的支护参数。相关计算结果见表 6-14。

支护参数与安全系数计算结果   表 6-14

支护结构	我国围岩级别	埋深	Q 值	喷层厚度(cm)	喷层安全系数	锚杆长度(m)@间距(m×m)	锚岩承载拱安全系数	初期支护总安全系数	二次衬砌厚度(cm)	二次衬砌安全系数	支护总安全系数
挪威 Q 法对应的支护参数	Ⅲ	200	20	4	忽略	4.0@2.5×2.5	23.24	23.24	—	—	23.24
		400	10	5	忽略	4.0@2.3×2.3	13.64	13.64	—	—	13.64

续上表

支护结构	我国围岩级别	埋深	Q值	喷层厚度（cm）	喷层安全系数	锚杆长度(m)@间距(m×m)	锚岩承载拱安全系数	初期支护总安全系数	二次衬砌厚度（cm）	二次衬砌安全系数	支护总安全系数
挪威Q法对应的支护参数	IV	200	2	9	2.00	4.0@2.1×2.19	3.26	5.26	—	—	5.26
		400	1	12	1.49	4.0@1.7×1.7	2.35	3.84	—	—	3.84
	V	200	0.2	15	1.85	4.0@1.5×1.5	1.05	2.90	—	—	2.90
		400	0.1	20	1.38	4.0@1.3×1.3	0.76	2.14	—	—	2.14
复合式衬砌	III	200	—	5	忽略	局部锚杆	—	—	30	28.26	28.26
		400	—	5	忽略	3.0@2.5×2.5	5.59/9.33	5.59	30	12.59	21.92
	IV	200	—	8	1.78	3.0@2.5×2.5	0.95/1.48	2.73	30	4.93	8.19
		400	—	12	1.49	3.0@2.0×2.0	1.00/1.51	2.49	30	2.83	5.83
	V	200	—	15	1.85	3.0@1.5×1.5	0.55/1.00	2.40	30	3.01	5.86
		400	—	20	1.38	4.0@1.3×1.3	0.76/1.27	2.14	30	1.75	4.40

注：1. 表中锚杆均采用 M33-CT 耐久性锚杆，承载力为 345kN[4]。
2. 本次计算喷层采用 C30 喷射混凝土，二次衬砌采用 C30 素混凝土。
3. 表中锚岩承载拱安全系数中，"/"以上为施工期安全系数，以下为运营期安全系数。

由表 6-14 可见：

（1）Q 法支护参数应用于我国高铁双线隧道时，Ⅲ、Ⅳ级围岩总安全系数满足总安全系数设计法提出的建议值要求且较为经济，但 V 级围岩安全系数相对偏低，但仍大于 2.0。

（2）采用复合式衬砌时，如果二次衬砌采用 30cm 厚 C30 素混凝土，则初期支护仅需满足施工期的安全系数要求，与 Q 法相比可以进一步减弱锚杆参数。

（3）采用耐久性锚杆有利于充分发挥锚岩承载拱的永久支护作用，与既有通用参考图支护参数（表 6-7）相比，可以大幅降低对喷层和二次衬砌的强度要求，提高经济性。

需进一步说明的是：

（1）Q 法在支护参数选择时无法考虑隧道断面形状的影响，因此也无法对跨度相同但断面形状不同的结构断面做出同等安全系数的设计方案。比如，对于跨度相同的圆形和马蹄形断面，按 Q 法设计时支护参数是相同的，但由于断面形状的差异，结构的实际安全系数显然是不同的。

（2）根据图 6-1，可以查得锚杆的长度与间距。目前挪威常用的锚杆类型见表 6-15。

挪威常用的 CT 锚杆参数　　　　　　　　　　表 6-15

锚杆直径 （mm）	屈服强度 （kN）	破坏强度 （kN）	最大长度 （mm）
M20	140	170	8000
M22	290	290	8000
M33	345	410	8000
M33	345	410	6000+6000

（3）表 6-14 仅计算了最大埋深 400m 的情况，根据总安全系数设计法，埋深越大，相同支护参数的安全系数就越小，因此，表 6-14 仅针对计算中采用的围岩和埋深情况。

6.5 与现场实测数据对比

6.5.1 现场测试项目概况

现场测试项目位于郑州至万州高速铁路湖北段,该段线路起于襄阳,止于巴东,全长287km。线路隧道总长166.6km,设计行车速度350km/h,于2016年年底开工。隧道结构形式为单洞双线,内轮廓与通用参考图[5]相同。隧道穿越的地层主要有页岩、灰岩、白云岩、砂岩、泥岩、变质砂岩、辉绿岩。

针对隧道主要采用大型机械化配套施工的新要求,有关单位开展了大量的现场实测工作,其中包括隧道支护结构受力与变形的实测,并根据实测结果不断优化调整支护参数。以下借用部分现场实测成果,与总安全系数设计法进行对比分析。需说明的是,由于所借用的文献资料采用的分析方法与总安全系数设计法有所不同,无法进行精确对比,仅是一个概略比较。

6.5.2 围岩压力对比

文献6根据若干座隧道喷层与围岩接触压力的实测值,采用实测值与均布荷载等效处理方法,提出了Ⅳ级、Ⅴ级围岩实测荷载及与规范荷载的对比,见表6-16。

Ⅳ级和Ⅴ级围岩实测荷载与规范荷载对比　　　　表6-16

围岩级别	埋深	实测			规范			实测荷载/规范荷载			实测样本量(个)
		竖向压力(kPa)	水平压力(kPa)	侧压力系数	竖向压力(kPa)	水平压力(kPa)	侧压力系数	竖向	水平	侧压力系数	
Ⅳ	深埋	40.63	14.65	0.36	153.72	23.1~46.1	0.15~0.3	0.26	0.32~0.63	1.2~2.4	6
Ⅴ	深埋	86.60	36.01	0.43	264.54	79.4~132.3	0.3~0.5	0.33	0.28~0.47	0.86~1.43	11

表6-16的实测值为喷层与围岩的接触压力,与总安全系数设计法所述的围岩压力设计值不同。根据表5-9,Ⅳ级、Ⅴ级围岩喷层分担的围岩压力约占总围

岩压力的53%、69%,相应可以换算出Ⅳ级、Ⅴ级围岩的全部围岩压力实测值分别约为77kPa、127kPa。

第3章中对总安全系数设计法采用的围岩压力设计值的计算方法进行了介绍,提出了围岩压力与地层的空间效应有关,如果取Ⅴ级围岩的顶部围岩压力为Ⅳ级围岩的1.8倍,则埋深为300m时,Ⅳ、Ⅴ级围岩分别为180kPa、324kPa。

可见,围岩压力设计值要远高于现场实测值,因此围岩压力设计值是安全的。但表6-16中的实测值为统计值,不是最大值,因此,预计实测荷载的最不利值与围岩压力设计值的差别要小于上述对比值。

6.5.3 安全性对比

文献7针对表6-7的支护参数,对6座隧道共30个初期支护断面的应力、应变进行了实测,并根据《铁路隧道设计规范》(TB 10003—2016)采用两种评价方法对安全性进行了评价,评价方法见表6-17,实测与评价结果见表6-18。

支护安全性评价方法　　　　　　　　　　表6-17

构件名称及材料	评价方法	安全评价基准值
锚杆(HRB400)	应力法	210MPa
钢架(Q235)	应力法	130MPa
钢架+C25喷射混凝土	安全系数法	1.8(受拉),1.53(受压)

初期支护各监测项目安全性评价　　　　　　表6-18

围岩级别	埋深	工法	锚杆轴力		钢架应力		喷射混凝土安全系数	
			不利值(kN)	发生部位	不利值(kN)	发生部位	不利值	发生部位
Ⅳ	深埋	全断面法	6.39	右拱肩	66.36	拱顶	2.36	拱顶
		微台阶Ⅰ法	12.52	右拱肩	106.05	左拱肩	3.04	右拱肩
Ⅴ	深埋	微台阶Ⅱ法	55.75	右拱肩	100.68	左拱肩	3.20	右边墙
		微台阶Ⅰ法	3.65	右边墙	19.57	左边墙	3.57	右边墙
	浅埋	微台阶Ⅱ法	43.45	拱顶	46.18	拱顶	4.38	右边墙
安全性评价			安全		安全		安全	

表 6-9 列出了采用总安全系数设计法计算得到的埋深 400m 时初期支护中喷层的安全系数，Ⅳ级围岩为 2.96，Ⅴ级围岩为 1.89，Ⅳ级围岩与表 6-18 中喷层安全系数接近；Ⅴ级围岩小于表 6-18 中喷层安全系数。说明总安全系数设计法的计算结果是偏于安全的。但由于文献 7 采用的安全性评价方法与总安全系数设计法不同，上述对比仅是一个粗略的比较。

6.5.4 隧道变形的对比

文献 8 提出了隧道拱顶下沉与水平收敛量测的统计值见表 6-19。实测段隧道地层岩性为页岩夹砂岩，Ⅴ级围岩，埋深不详（根据文献插图推测埋深不足 200m），采用全断面法开挖，衬砌类型为表 6-7 中的 V_a 型衬砌。

某隧道拱顶下沉与水平收敛值测量统计表　　　　表 6-19

测试断面	监测点位置	累计变形值(mm)
DK449+095	拱顶	14.8
	拱腰	6.2
	边墙	4.5
DK449+115	拱顶	13.6
	拱腰	11.0
	边墙	6.7
DK449+135	拱顶	19.8
	拱腰	10.0
	边墙	6.6
DK449+155	拱顶	21.8
	拱腰	15.4
	边墙	8.8
DK449+175	拱顶	20.4
	拱腰	12.0
	边墙	6.5

5.4.2 节对不同支护参数、不同喷射混凝土弹性模量增长方式条件下的支护结构变形量进行了计算，其中，Ⅴ级围岩的变形量计算见表 6-20。

基于总安全系数设计法的Ⅴ级围岩变形量计算结果　　表 6-20

工法	埋深(m)	喷射混凝土硬化模式	允许变形值(mm)			极限变形值(mm)	
			U_y	ΔU_{x1}	ΔU_{x2}	拱顶下沉	边墙收敛
全断面法	200	模式一	9.32	4.12	—	24.14	12.92
	400	模式一	16.24	6.88	—	25.95	12.65
	400	模式二	25.75	6.76	—	35.46	13.53
台阶法	400	模式一	13.07	6.81	9.79	22.78	13.58

对比表 6-19 和表 6-20 可见,实测值与计算值既有共同点,又有不同点。

共同点是,二者均是拱顶下沉值大于边墙收敛值,而《铁路隧道监控量测技术规程》(Q/CR 9218—2015)中是边墙允许变形值大于拱顶允许下沉值(表 5-3)[9]。

不同点是,二者在具体数值上差异较大,可能的原因有:①埋深不同;②表 6-20 计算时采用的围岩力学指标和侧压力系数与实测工点不同;③计算采用的喷射混凝土弹性模量增长曲线与实测工点不同;④结构施作次序不同,计算中采用的锚岩承载拱与喷层同时受力,并按刚度比分担围岩压力,而实测工点可能是喷射混凝土施工完成后再打设锚杆,喷射混凝土的实际受力值要大于按刚度比分担值。

6.5.5　小结

采用总安全系数设计法的计算结果与现场实测结果对比表明,总安全系数设计法在围岩压力、结构安全系数计算结果等方面是安全的,但在变形值计算方面有较大差异,导致差异的原因是多方面的。下一步,需要基于总安全系数设计法,重新设计现场实测的监测项目,并根据实测结果作进一步的比较。

本章参考文献

[1] BARTON N. Rock mass classification and tunnel reinforcement selection using the Q-system [C]// ASTM Special Technical Publication 1984. Philadelphia:[s.l.]. 1988:59-88.

[2] NGI. Handbook of rock mass classification and support design using the Q-system [EB/OL].

[2015-5]. http://www.ngi.no.

[3] 赵勇,等. 隧道设计理论与方法[M]. 北京:人民交通出版社股份有限公司,2019:83-88.

[4] EIKREM K J, SæTREVIK K. Rock bolts as permanent support[C]// World Tunnel Congress. 2017.

[5] 中铁第四勘察设计院集团有限公司. 时速350公里客运专线铁路双线隧道复合式衬砌∥铁路工程建设通用参考图:通隧[2008]0301[S]. 北京:铁道部经济规划研究院,2008.

[6] 于丽,王志龙,杨涅. 机械化施工大断面高铁隧道围岩压力测试及分布特征研究[J]. 隧道建设(中英文),2018,38(08):53-60.

[7] 金强国. 郑万高铁隧道大型机械化施工支护优化[J]. 隧道建设(中英文),2018,38(08):72-83.

[8] 李书兵. 软弱围岩隧道机械化全断面爆破开挖初期支护受力特性研究[J]. 隧道建设(中英文),2018,38(08):43-52.

[9] 中铁二院工程集团有限责任公司. 铁路隧道监控量测技术规程:Q/CR 9218—2015[S]. 北京:中国铁道出版社,2015.

Total Safety Factor Method
of Tunnel
Support Structure Design

第 7 章

总安全系数法的应用分析

我国已建成了大量的铁路隧道和公路隧道，这些隧道的安全性如何，是否存在进一步优化设计的余地值得研究。随着经济社会的发展，工程实际中出现了越来越多的高地应力软岩隧道和超大跨度隧道，这些隧道的合理支护结构形式该如何选取也需要量化分析。本章对我国既有铁路隧道和部分高速公路隧道的安全性进行了计算分析，对时速 160km 单线铁路隧道和三车道高速公路隧道的断面形状与支护参数进行了研究，以工程案例为背景对高地应力软岩隧道和超大跨度隧道的合理支护参数进行了探讨。

7.1 既有铁路隧道的安全性分析

7.1.1 已发布的通用参考图(标准图)概况

1) 2008 年以来发布的各速度等级铁路隧道

（1）深埋隧道支护参数与隧道断面

2008 年以来，铁路主管部门发布了时速 350km、250km 高速铁路单、双线隧道，时速 200km、160km 客货共线铁路单、双线隧道通用参考图，各通用图图号如下，其中深埋隧道支护参数见表 7-1，代表性隧道断面见图 1-3、图 1-4、图 7-1 ~ 图 7-6。

①《时速 350 公里高速铁路单线隧道复合式衬砌(通隧〔2013〕0303)》

②《时速 350 公里客运专线双线隧道复合式衬砌(通隧〔2008〕0301)》

③《时速 250 公里高速铁路单线隧道复合衬砌(通隧〔2013〕0202)》

④《时速 250 公里客运专线铁路双线隧道复合式衬砌(通隧〔2008〕0201)》

⑤《时速 200 公里客货共线铁路单线隧道复合式衬砌(普货)(通隧〔2008〕1201)》

⑥《时速 200 公里客货共线铁路双线隧道复合式衬砌(普货)(通隧〔2008〕1202)》

⑦《时速 160 公里客货共线铁路单线隧道复合式衬砌(普货)(通隧〔2008〕1001)》

⑧《时速 160 公里客货共线铁路双线隧道复合式衬砌(普货)(通隧〔2008〕1002)》

2008 年以来通用参考图深埋隧道支护参数 表 7-1

断面形式	行车速度(km/h)	围岩级别	喷射混凝土 拱墙厚度(cm)	喷射混凝土 仰拱厚度(cm)	系统锚杆 长度(m)@间距(m×m)	钢架 规格/部位/间距(m)	二次衬砌 拱墙厚度(cm)	二次衬砌 仰拱厚度(cm)	二次衬砌 配筋形式(mm)
双线隧道	350	Ⅲ	12	—	3.0@1.2×1.5	—	40	50	—
		Ⅳ	25	10	3.5@1.2×1.2	格栅/拱墙/1.0	45*	55*	φ18@200
		Ⅴ	28	28	4.0@1.2×1.0	I20a 型钢/全环/0.8	50*	60*	φ20@200
	250	Ⅲ	12	—	3.0@1.2×1.5	—	40	50	—
		Ⅳ	25	10	3.5@1.2×1.2	格栅/拱墙/1.0	45*	55*	φ18@200
		Ⅴ	28	28	4.0@1.2×1.0	I16 型钢/全环/0.8	50*	60*	φ20@200
	200	Ⅲ	12	—	3.0@1.2×1.5	—	40	45	—
		Ⅳ	23	10	3.5@1.2×1.2	格栅/拱墙/1.2	45*	50*	φ18@200
		Ⅴ	27	25	4.0@1.2×1.0	格栅/全环/0.8	50*	55*	φ20@200
	160	Ⅲ	12	—	3.0@1.2×1.5	—	40	45	—
		Ⅳ	23	10	3.0@1.2×1.2	格栅/拱墙/1.2	45*	50*	φ18@200
		Ⅴ	25	25	3.5@1.2×1.0	格栅/全环/0.8	50*	50*	φ20@200
单线隧道	350	Ⅲ	10	—	2.5@1.2×1.5	—	35	40	—
		Ⅳ	20	10	3.0@1.2×1.2	格栅/拱墙/1.2	40	40	—
		Ⅴ	23	23	3.5@1.2×1.0	格栅/全环/1.0	45*	45*	φ20@250

续上表

断面形式	行车速度(km/h)	围岩级别	喷射混凝土		系统锚杆	钢架	二次衬砌		
			拱墙厚度(cm)	仰拱厚度(cm)	长度(m)@间距(m×m)	规格/部位/间距(m)	拱墙厚度(cm)	仰拱厚度(cm)	配筋形式(mm)
单线隧道	250	Ⅲ	8	—	2.5@1.2×1.5	—	35	40	—
		Ⅳ	15	—	3.0@1.2×1.2	—	40	40	—
		Ⅴ	23	10	3.0@1.2×1.0	格栅/拱墙/1.0	45*	45*	φ20@250
	200	Ⅲ	8	—	2.5@1.2×1.5	—	35	40	—
		Ⅳ	12	—	3.0@1.2×1.2	—	40	40	—
		Ⅴ	23	10	3.0@1.2×1.0	格栅/拱墙/1.0	45*	45*	φ18@250
	160	Ⅲ	8	—	2.5@1.2×1.5	—	35	40	—
		Ⅳ	12	—	3.0@1.2×1.2	—	40	40	—
		Ⅴ	23	10	3.0@1.2×1.0	格栅/拱墙/1.0	45*	45*	φ20@250

注：1. 带*号者为钢筋混凝土；
  2. 二次衬砌钢筋混凝土采用C35，素混凝土采用C30；
  3. 锚杆拱部采用φ22mm组合中空锚杆，边墙采用φ22mm砂浆锚杆。

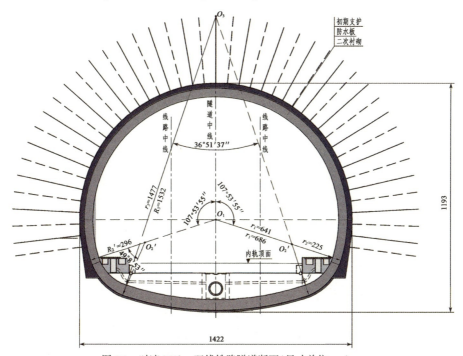

图7-1 时速250km双线铁路隧道断面(尺寸单位:cm)

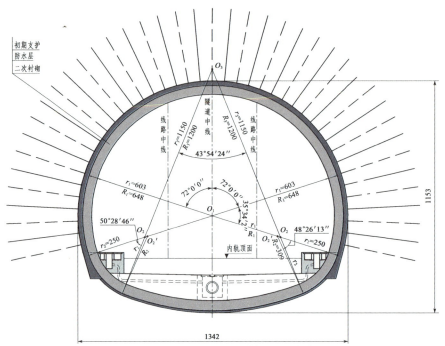

图 7-2 时速 200km 双线铁路隧道断面(尺寸单位:cm)

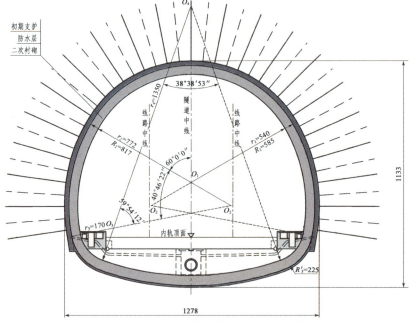

图 7-3 时速 160km 双线铁路隧道断面(尺寸单位:cm)

第7章 总安全系数法的应用分析

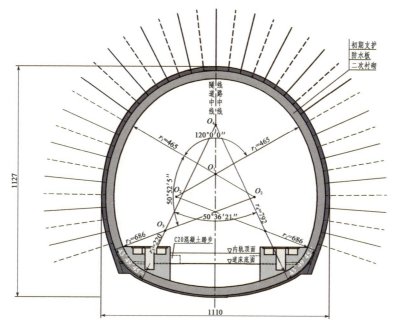

图 7-4 时速 350km 单线铁路隧道断面(尺寸单位:cm)

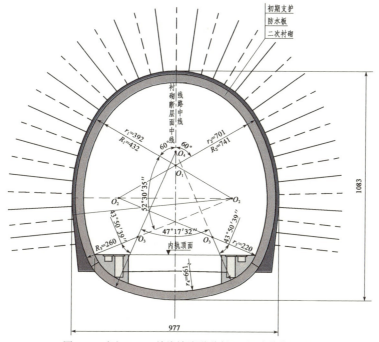

图 7-5 时速 250km 单线铁路隧道断面(尺寸单位:cm)

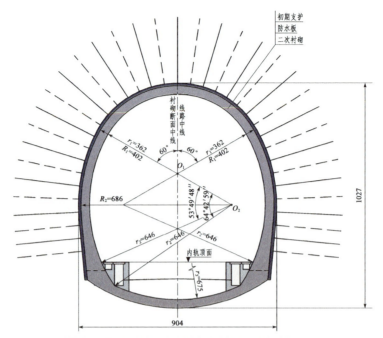

图 7-6　时速 200km 单线铁路隧道断面(尺寸单位：cm)

(2)通用图结构设计的主要原则

通用图结构设计的主要原则如下：

①各级围岩均采用复合式衬砌,按新奥法原理设计,支护参数的确定主要采用工程类比法,并辅以结构计算。

②围岩压力参照现行的铁路隧道设计规范,其中深埋隧道围岩压力采用公式(1-1)计算。

③初期支护作为主要承载结构计算,Ⅱ、Ⅲ级围岩二次衬砌作为安全储备,按承受 30%围岩压力检算结构强度安全系数;Ⅳ、Ⅴ级围岩按初期支护与二次衬砌共同承载考虑,二次衬砌承受围岩压力的比例分别为 50%、70%,并以此检算结构强度安全系数。

④二次衬砌内力采用荷载—结构模型进行计算,采用破损阶段的安全系数法进行强度校核,对素混凝土构件应进行抗裂验算,对钢筋混凝土构件应验算其最大裂缝宽度。

⑤各级围岩的物理力学指标按表 1-12 的中位值采用。

⑥浅埋隧道二次衬砌应及早施作,深埋隧道二次衬砌一般在初期支护变形

基本稳定后施作。

⑦施工中加强监控量测,根据监测结果及时调整支护参数。

2)20世纪90年代发布的时速140km单线铁路隧道标准图概况

(1)支护参数与隧道断面

20世纪90年代,铁路主管部门发布了时速140km单线铁路隧道标准设计图[1],其中深埋隧道支护参数见表7-2,代表性隧道断面见图7-7~图7-9。

时速140 km电气化铁路单线隧道支护参数　　　　表7-2

围岩级别				III	IV	V
初期支护	喷射混凝土	拱墙	cm	6	10	14
		仰拱	cm	—	—	14
	钢筋网	规格(环、纵)	mm	—	φ8、φ12	φ8、φ12
		部位	mm	—	拱墙	拱墙
	系统锚杆	网格(环×纵)	cm×cm	—	20×20	20×20
		长度	m	3.0	3.0	3.0
	系统锚杆	间距(环×纵)	m×m	1.2×1.0	1.2×1.2	1.0×1.0
	钢架	规格		—	—	I14
		部位		—	—	拱墙
		间距	m	—	—	1.0
二次衬砌	拱墙	厚度	cm	25	30	30
		主筋	mm			18
		间距	mm			250
	仰拱	厚度	cm			30
	底板	厚度	cm	15	20	

需要说明的是,时速140km电气化铁路单线隧道标准图编制于20世纪90年代,当时采用的材料性能较低,喷射混凝土强度等级为C20,锚杆采用φ22mm、HPB235钢筋,二次衬砌采用C25混凝土。同时明确了表7-2支护参数适用的埋深不大于300m。

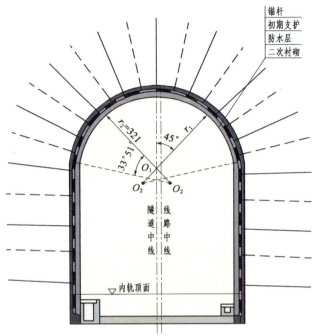

图 7-7 时速 140km Ⅲ 级围岩隧道断面(尺寸单位:cm)

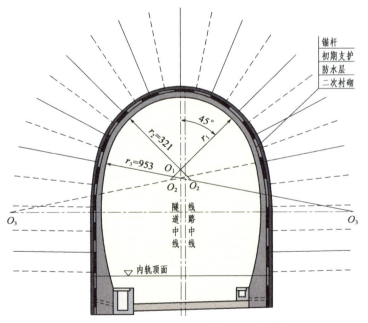

图 7-8 时速 140km Ⅳ 级围岩隧道断面(尺寸单位:cm)

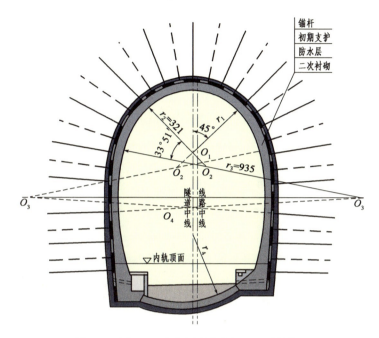

图 7-9 时速 140km V 级围岩隧道断面(尺寸单位:cm)

(2)标准图结构设计的主要原则

①各级围岩均采用复合式衬砌,按新奥法原理设计,支护参数的确定主要采用工程类比法,并辅以结构计算。

②围岩压力按当时的铁路隧道设计规范办理,其中深埋隧道围岩压力采用公式(1-1)计算。

③初期支护作为主要承载结构计算,Ⅱ级围岩的变形很小,且很快趋于稳定,因此二次衬砌不承受围岩压力,主要作用是防水、利于通风和修饰面层;Ⅲ级围岩二次衬砌承受不大的围岩压力,但考虑运营后锚杆钢筋锈蚀、围岩松弛区逐渐压密、初期支护质量不稳定等原因,二次衬砌应着重提高支护衬砌的安全度;Ⅳ~Ⅵ级围岩由于岩体流变、膨胀压力、地下水和列车振动等作用,或由于浅埋、偏压及施工等原因,围岩变形未趋于基本稳定而提前施作二次衬砌,因此二次衬砌是承载结构,要承受较大的后期围岩形变压力。Ⅲ~Ⅵ级围岩二次衬砌承受 30%~50% 围岩压力。

④二次衬砌内力采用荷载—结构模型进行计算。

⑤各级围岩的物理力学指标按表 1-12 的中位值采用。

⑥浅埋隧道二次衬砌应及早施作,深埋隧道二次衬砌一般在初期支护变形基本稳定后施作。

⑦施工中加强监控量测,根据监测结果及时调整支护参数。

7.1.2 双线铁路隧道安全系数计算结果与分析

1)安全系数计算结果

采用总安全系数设计法对表 7-1 中的双线铁路隧道支护参数的安全系数进行了计算,计算结果见表 7-3 ~ 表 7-6。计算中,围岩物理力学指标按表 1-13 采用。

时速 350km 高速铁路双线隧道安全系数计算结果　　　　表 7-3

围岩级别	埋深(m)	喷层	锚岩承载拱		二次衬砌	初期支护(总)	结构(总)	忽略锚杆
			施工期	运营期				
Ⅲ	400	5.76	23.57	31.13	14.02(6.12)	29.33	50.91	19.78
	800	3.20	12.80	17.58	7.83(3.97)	16.00	29.61	12.03
Ⅳ	400	2.96	2.64	4.53	5.08	5.60	12.57	7.04
	800	1.81	1.61	2.77	3.13	3.42	7.71	4.94
Ⅴ	400	1.89	0.93	1.97	3.19	2.82	7.05	5.08
	800	1.15	0.57	1.21	1.98	1.72	4.34	3.13

注:表中括号内数值为受拉抗裂安全系数。

时速 250km 高速铁路双线隧道安全系数计算结果　　　　表 7-4

围岩级别	埋深(m)	喷层	锚岩承载拱		二次衬砌	初期支护(总)	结构(总)	忽略锚杆
			施工期	运营期				
Ⅲ	400	6.67	24.26	32.23	14.94(6.73)	30.93	53.84	21.61
	800	3.76	13.24	17.15	9.19(4.25)	17.00	31.1	12.95
Ⅳ	400	3.04	2.75	4.71	5.19	5.79	12.94	7.23
	800	1.86	1.68	2.90	3.24	3.54	7.00	5.10
Ⅴ	400	1.89	0.93	2.10	3.64	2.82	7.63	5.53
	800	1.15	0.57	1.29	2.25	1.72	4.69	3.40

注:表中括号内数值为受拉抗裂安全系数。

时速200km客货共线铁路双线隧道安全系数计算结果　　　表7-5

围岩等级	埋深(m)	喷层	锚岩承载拱		二次衬砌	初期支护(总)	结构(总)	忽略锚杆
			施工期	运营期				
Ⅲ	400	3.26	25.26	34.05	15.90(6.99)	27.52	53.21	19.16
	800	1.69	13.44	17.93	9.92(4.44)	15.13	30.54	11.61
Ⅳ	400	3.16	3.08	5.36	5.77	6.24	14.29	7.93
	800	1.93	1.88	3.32	3.64	3.81	7.89	5.57
Ⅴ	400	2.12	1.08	2.20	3.35	3.2	7.67	5.47
	800	1.29	0.66	1.35	2.08	1.95	4.72	3.37

注：表中括号内数值为受拉抗裂安全系数。

时速160km客货共线铁路双线隧道安全系数计算结果　　　表7-6

围岩等级	埋深(m)	喷层	锚岩承载拱		二次衬砌	初期支护(总)	结构(总)	忽略锚杆
			施工期	运营期				
Ⅲ	400	7.50	30.50	39.88	15.37(6.70)	38	62.75	22.87
	800	4.11	16.35	22.21	9.57(4.21)	20.46	35.89	13.68
Ⅳ	400	3.15	2.57	4.60	6.13	5.72	13.88	9.28
	800	1.93	1.57	2.83	3.82	3.5	7.58	5.75
Ⅴ	400	1.61	0.79	1.90	3.78	2.4	7.29	5.39
	800	0.98	0.48	1.18	2.36	1.46	4.52	3.34

注：表中括号内数值为受拉抗裂安全系数。

2）安全性分析

由表7-3～表7-6可以看出：

（1）隧道埋深越大，结构安全系数越小。

（2）双线隧道各速度等级通用图的隧道支护结构总安全系数较高，具有一定的优化空间。

（3）对于实际施工中部分工点省略系统锚杆的情况，仅依靠喷层也可以提供一定的安全系数来保证围岩稳定，但总安全系数会降低，这也间接说明了本计算与工程实际基本符合。

7.1.3　单线铁路隧道安全系数计算结果与分析

1）安全系数计算结果

采用总安全系数设计法对表7-1中的单线铁路隧道支护参数和表7-2支护

参数的安全系数进行了计算,计算结果见表7-7～表7-11。计算中,围岩物理力学指标按表1-13采用。

时速350km高速铁路单线隧道安全系数计算结果　　　　　表7-7

围岩级别	埋深（m）	喷层	锚岩承载拱		二次衬砌	初期支护（总）	结构（总）	忽略锚杆
			施工期	运营期				
Ⅲ	400	4.68(2.16)	31.14	41.73	15.38(6.72)	35.82	61.79	20.06
	800	2.73(1.21)	26.28	36.62	10.19(4.44)	29.01	49.54	12.92
Ⅳ	400	3.56	5.00	7.73	4.69(2.05)	7.56	15.98	7.25
	800	2.21	3.15	4.96	3.04(1.33)	5.36	10.21	5.25
Ⅴ	400	1.99	1.37	3.08	3.95	3.36	9.02	5.94
	800	1.24	0.87	1.99	2.53	2.11	5.76	3.77

注:表中括号内数值为受拉抗裂安全系数。

时速250km高速铁路单线隧道安全系数计算结果　　　　　表7-8

围岩级别	埋深（m）	喷层	锚岩承载拱		二次衬砌	初期支护（总）	结构（总）	忽略锚杆
			施工期	运营期				
Ⅲ	400	3.81(1.61)	24.12	33.14	15.33(6.88)	27.93	52.28	19.14
	800	1.84(0.98)	14.44	20.66	10.76(4.73)	16.28	33.26	12.6
Ⅳ	400	0.16	2.38	4.95	5.79(2.53)	2.54	10.9	5.95
	800	0.12	1.49	3.18	3.82(1.66)	1.61	7.12	3.94
Ⅴ	400	1.81	0.69	1.65	4.20	2.5	7.66	6.01
	800	1.12	0.43	1.03	2.64	1.55	4.79	3.76

注:表中括号内数值为受拉抗裂安全系数。

时速200km客货共线铁路单线隧道安全系数计算结果　　　　表7-9

围岩级别	埋深（m）	喷层	锚岩承载拱		二次衬砌	初期支护（总）	结构（总）	忽略锚杆
			施工期	运营期				
Ⅲ	400	0.28	22.91	32.40	15.51(7.06)	23.19	47.19	15.79
	800	0.17	14.12	20.76	10.82(4.83)	14.29	31.75	10.99
Ⅳ	400	0.12	2.61	5.60	6.19(2.71)	2.73	11.91	6.31
	800	0.08	1.63	3.63	4.12(1.80)	1.71	7.83	4.2
Ⅴ	400	0.17	0.34	1.25	3.78	0.51	5.2	3.95
	800	0.11	0.21	0.78	2.33	0.32	3.22	2.44

注:表中括号内数值为受拉抗裂安全系数。

时速160km客货共线铁路单线隧道安全系数计算结果　　表7-10

围岩级别	埋深(m)	喷层	锚岩承载拱		二次衬砌	初期支护（总）	结构（总）	忽略锚杆
			施工期	运营期				
Ⅲ	400	0.55	36.69	53.89	17.32(7.14)	37.24	71.76	17.87
	800	0.37	23.74	36.68	13.00(5.89)	24.11	50.05	13.37
Ⅳ	400	0.17	3.09	6.58	6.50(3.47)	3.26	13.25	6.67
	800	0.11	1.95	4.57	4.89(2.19)	2.06	9.57	5
Ⅴ	400	0.43	0.44	1.14	2.75	0.87	4.32	3.18
	800	0.27	0.28	0.65	1.44	0.55	2.36	1.71

注：表中括号内数值为受拉抗裂安全系数。

时速140km单线电气化铁路隧道安全系数计算结果　　表7-11

围岩级别	埋深(m)	喷层	锚岩承载拱		二次衬砌	初期支护（总）	结构（总）	忽略锚杆
			施工期	运营期				
Ⅲ	200	0.05	100.6	112.4	9.78	100.65	122.2	5.28
	300	0.04	66.32	75.44	7.57	66.36	83.05	4.07
	400	0.03	53.14	60.65	6.23	53.17	66.91	3.36
Ⅳ	200	0.75	6.31	6.92	1.09	7.06	7.76	1.84
	300	0.54	4.59	4.99	0.73	5.13	6.26	1.27
	400	0.43	3.70	4.03	0.61	4.13	5.07	1.04
Ⅴ	200	0.92	0.94	1.19	0.85	1.86	2.96	1.77
	300	0.65	0.68	0.82	0.51	1.33	1.98	1.16
	400	0.53	0.55	0.62	0.26	1.08	1.41	0.79

2) 安全性分析

由表7-7~表7-11可以看出：

（1）800m埋深时，时速200km Ⅳ、Ⅴ级围岩与时速160km Ⅴ级围岩单线隧道的总安全系数小于3.0，有必要加固围岩或加强支护。

（2）时速140 km单线隧道Ⅲ、Ⅳ级围岩支护参数能够满足300m埋深下的安全系数要求，Ⅴ级围岩最大适用埋深约200m。

（3）Ⅳ、Ⅴ级围岩的时速140km单线隧道，锚岩承载拱在总安全系数中的占比较大，如果锚杆施工质量无法保证或耐久性不足，将对结构长期安全性带来不利影响，这与20世纪修建的隧道中，衬砌开裂较多的实际情况基本相符[2]。

(4)在支护参数基本相同的情况下,隧道断面形状对安全系数影响较大,接近圆形的断面(时速350km)要优于结构瘦高的断面(时速200km、160km)。

7.1.4 地下水对结构安全性的影响

1)复合式衬砌防排水系统

我国采用钻爆法施工的铁路隧道一般采用复合式衬砌,根据地下水排放方式的不同,可以分为排水型隧道、防水型隧道两种,其中排水型隧道又分为全排型和限量排放型。

排水型隧道在初期支护与二次衬砌之间设置有防排水系统(图7-10),包括防水板、土工布、环向盲管、纵向盲管等。由于期望排水系统能够排除全部地下水,因此二次衬砌一般不考虑水压力作用。然而,当排水盲管系统完全堵塞或排水不畅时(以下简称"堵塞"),二次衬砌会受到水压力作用。引起排水盲管系统堵塞的原因很多,包括设计排水能力不足、施工不精细、运营中缺少疏通维护等,还需要特别关注地下水本身的化学成分以及地下水对初期支护混凝土的溶蚀作用所带来的盲管堵塞问题。

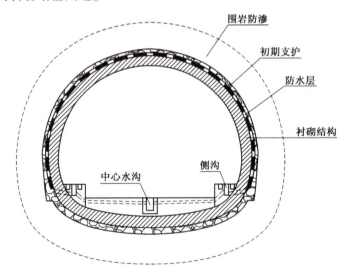

图7-10 复合式衬砌隧道常用的防排水系统示意图

2)目前衬砌水压力的计算方法

文献[3~5]基于简化模型(图7-11)提出了二次衬砌无水压力作用时隧道

内排水量 Q 和喷射混凝土外水压力 P 的计算公式,分别见式(7-1)和式(7-2),公式推导中假定围岩、注浆加固圈、喷射混凝土均为各向同性均匀连续介质,隧道为圆形,地下水头很高,设为 H,水流为稳定流,运动规律服从达西定理(Darcy's law)。

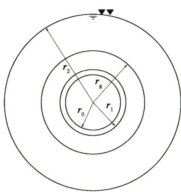

图 7-11　计算隧道排水量及衬砌水压力的简化模型

$$Q = \frac{2\pi H k_r}{\ln \dfrac{r_2}{r_g} + \dfrac{k_r}{k_g}\ln \dfrac{r_g}{r_1} + \dfrac{k_r}{k_1}\ln \dfrac{r_1}{r_0}} \quad (7\text{-}1)$$

$$P = \frac{\gamma H \ln\left(\dfrac{r_1}{r_0}\right)}{\ln \dfrac{r_1}{r_0} + \dfrac{k_1}{k_r}\ln \dfrac{r_2}{r_g} + \dfrac{k_1}{k_g}\ln \dfrac{r_g}{r_1}} \quad (7\text{-}2)$$

上两式中:r_0——衬砌内圈半径;

　　　　r_1——衬砌外圈半径;

　　　　r_g——注浆圈半径;

　　　　r_2——远场距离,等于 H;

　　　　k_1——衬砌渗透系数;

　　　　k_g——注浆圈渗透系数;

　　　　k_r——围岩渗透系数;

　　　　γ——地下水的重度。

当二次衬砌外表面存在水压力时,设其水头为 h_0,按同样的推导容易得出排水量 Q_h 和喷射混凝土外表面的外水压力 P_h 计算公式如下:

$$Q_h = \frac{2\pi(H-h_0)k_r}{\ln\dfrac{r_2}{r_g} + \dfrac{k_r}{k_g}\ln\dfrac{r_g}{r_1} + \dfrac{k_r}{k_1}\ln\dfrac{r_1}{r_0}} \quad (7\text{-}3)$$

$$P_h = \gamma h_0 + \frac{\gamma(H-h_0)\ln\left(\dfrac{r_1}{r_0}\right)}{\ln\dfrac{r_1}{r_0} + \dfrac{k_1}{k_r}\ln\dfrac{r_2}{r_g} + \dfrac{k_1}{k_g}\ln\dfrac{r_g}{r_1}} \quad (7\text{-}4)$$

式中符号含义同前。

3) 二次衬砌水压力纵向分布的简化计算方法[6]

(1) 问题的提出

由上文可知,在排水盲管没有完全堵塞时,如何考虑二次衬砌的水压力目前并无具体的计算公式,设计中因缺少理论支撑对水压力取值的随意性较大。

此外,现有计算公式是基于横断面二维模型得出的,没有考虑排水系统空间效应的影响,可能导致水压力取值偏小或偏大。例如,隧道仅某一段堵塞时,由于地下水可以沿二次衬砌与喷射混凝土之间的排水层(常用土工布或排水板)纵向流动,因而堵塞段实际的水压力会减小,而相邻的无堵塞段的水压力大于0,如图7-12a)所示。再如,当堵塞段存在多种围岩和支护结构时,不同地段可能得出不同的水压力折减系数,导致在分界断面处出现水压力突变现象,而实际上因排水层在纵向是贯通的,地下水必然从压力高的地段往压力低的地段流动,造成水压力重分布,如图7-12b)所示。

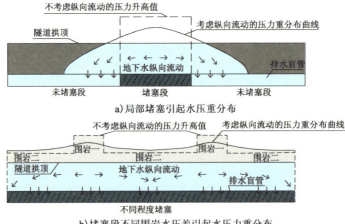

图7-12 现有二维模型可能导致的不合理处示意图

(2)考虑纵向流动的水压力简化计算方法

①模型的建立

如图 7-13 所示,假设某堵塞段位于平直段,无纵坡与平曲线,其总长度为 $2L$,其两端点处的水压力为 0,则容易得出:堵塞段的中点部位水压力最高,取为 p_0。再假设堵塞段沿程地下水渗入量为 q_1,盲管系统排水能力为 $q_2(q_2<q_1)$,地下水"余量"为 $q(q=q_2-q_1)$,该地下水"余量"沿初期支护与二次衬砌之间的空间流动;二次衬砌背后排水层的总面积为 A,渗透系数为 k。尽管水流为非恒定流和双向流(纵向流动和环向流动),但为简化分析,仅计算纵向流动,且假设其运动规律服从达西定理。

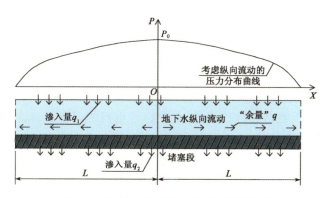

图 7-13 考虑纵向流动的水压力简化计算模型

②理论推导

根据对称性,取堵塞段的一半进行分析,取一个微元体考虑,按达西渗流公式,可得到:

$$x \cdot q + q \cdot \mathrm{d}x = - A \cdot k \cdot \mathrm{d}p/\mathrm{d}x \tag{7-5}$$

化简后为:

$$x \cdot q \cdot \mathrm{d}x = - A \cdot k \cdot \mathrm{d}p \tag{7-6}$$

积分后,得:

$$p(x) = -\frac{1}{2}\frac{q}{A \cdot k}x^2 + C \tag{7-7}$$

引入边界条件,$x=0$ 时,$p=p_0$;$x=L$ 时,$p=0$。则任一位置处的水压力为:

$$p(x) = p_0 - \frac{1}{2}\frac{q}{A \cdot k}x^2 \tag{7-8}$$

最大水压力为：

$$p_0 = \frac{1}{2} \frac{q}{A \cdot k} L^2 \qquad (7\text{-}9)$$

可见，堵塞段的最大水压力与该段的地下水"余量"、排水层的总面积及其渗透系数、堵塞段的长度等因素相关。当地下水"余量"、排水层的总面积及其渗透系数为定值时，最大水压力会随堵塞段的长度增加而增加，当需要控制最大水压力不超过设计值时，必须采取措施控制堵塞段的长度。

需说明的是，上述理论推导是基于地下水"余量"为定值的结果，实际上，由于水压力沿程变化，根据式(7-3)和式(7-4)，相应各位置处的地下水"余量"也会变化，因而采用式(7-9)计算会有一定的误差，但如果地下水"余量"按堵塞段的端点取值，则计算结果是偏于安全的。

4) 地下水对结构安全性的影响分析

由于排水系统堵塞或者当衬砌背后来水量超出排水系统能力时，将引起二次衬砌背后外水压增高，这是实际运营中经常出现的问题。考虑二次衬砌承受 10m 水压力（墙脚算起），上述隧道的结构安全系数计算结果见表 7-12（其中，时速 140km 单线电气化铁路隧道计算埋深取 300m，其余取 400m）。

水压力对结构安全性影响分析　　表 7-12

断面形式	支护类型条件	喷层	锚岩承载拱运营期安全系数		二次衬砌		无水压衬砌总安全系数	10m 水头下衬砌总安全系数
			0	10m	0	10m		
时速350km（双线）	Ⅲ	5.76	31.13	24.05	14.02	0.9	50.91	30.71
	Ⅳ	2.96	4.53	4.56	5.08	5.15	12.57	12.67
	Ⅴ	1.89	1.97	2.02	3.19	3.34	7.05	7.25
时速350km（单线）	Ⅲ	4.68	41.73	33.02	15.38	2.73	61.79	40.43
	Ⅳ	3.56	7.73	8.72	4.69	6.38	15.98	18.66
	Ⅴ	1.99	3.08	2.96	3.95	3.68	9.02	8.63
时速250km（双线）	Ⅲ	6.76	32.23	25.39	14.94	2.11	53.93	34.26
	Ⅳ	3.04	4.71	4.78	5.19	5.38	12.94	13.2
	Ⅴ	1.89	2.1	1.97	3.64	3.22	7.63	7.08

续上表

断面形式	支护类型条件	喷层	锚岩承载拱运营期安全系数		二次衬砌		无水压衬砌总安全系数	10m 水头下衬砌总安全系数
			0	10m	0	10m		
时速 250km（单线）	Ⅲ	3.81	33.14	29.93	15.33	9.88	52.28	43.62
	Ⅳ	0.16	4.95	5.43	5.79	6.88	10.9	12.47
	Ⅴ	1.81	1.65	1.43	4.2	3.24	7.66	6.48
时速 200km（双线）	Ⅲ	3.26	34.05	26.05	15.9	1.43	53.21	30.74
	Ⅳ	3.16	5.36	5.33	5.77	5.69	14.29	14.18
	Ⅴ	2.12	2.2	2.18	3.35	3.28	7.67	7.58
时速 200km（单线）	Ⅲ	0.28	32.4	25.54	15.51	4.3	48.19	30.12
	Ⅳ	0.12	5.6	5.62	6.19	6.22	11.91	11.96
	Ⅴ	0.17	1.25	0.87	3.78	2.18	5.2	3.22
时速 160km（双线）	Ⅲ	7.5	39.88	31.4	15.37	1.48	62.75	40.38
	Ⅳ	3.15	4.6	4.56	6.13	6	13.88	13.71
	Ⅴ	1.61	1.9	1.89	3.78	3.73	7.29	7.23
时速 160km（单线）	Ⅲ	0.55	53.89	40.79	17.32	4.12	71.76	45.46
	Ⅳ	0.17	6.58	4.49	6.5	2.61	13.25	7.27
	Ⅴ	0.43	1.14	0.84	2.75	1.57	4.32	2.84
时速 140km（单线）	Ⅲ	0.04	75.44	71.04	7.57	3.92	83.05	75
	Ⅳ	0.75	4.99	4.88	0.73	0.54	6.47	6.17
	Ⅴ	0.65	0.82	0.75	0.51	0.25	1.98	1.65

图 7-14 和图 7-15 分别为时速 160km 单线铁路隧道二次衬砌无水下作用下和 10m 水下作用下的内力结果。

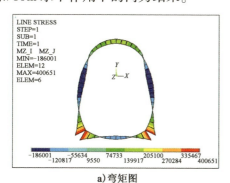 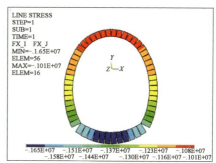

a) 弯矩图　　　　　　　　　　　　b) 轴力图

图 7-14　时速 160km 单线铁路隧道二次衬砌不承受水压力的内力图

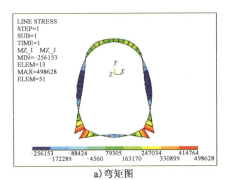
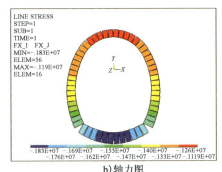

a) 弯矩图　　　　　　　　　　b) 轴力图

图 7-15　时速 160km 单线铁路隧道二次衬砌承受 10m 水压力的内力图

由表 7-12、图 7-14 与图 7-15 可知：

(1) 与无水压状态相比，10m 水头作用下二次衬砌安全系数的分布主要呈现出拱部增加而隧底区域降低的趋势，同时在安全系数量值的改变上，单线隧道的减幅更为明显，受力也趋于不利。

(2) 时速 160km 单线铁路隧道在 10m 水压作用前后边墙弯矩增大了 37.6%，而轴力仅相应增加 13.8%，边墙偏心距进一步增大。

(3) 考虑 10m 水压作用，时速 160km、140km 的 Ⅴ 级围岩单线隧道的总安全系数均低于 3.0，即这两种隧道如果排水系统不畅，衬砌结构开裂的可能性会加大。

7.1.5　20 世纪修建的铁路隧道病害现状及与计算结果的对比

铁道部 2004 年发布了《铁路运营隧道衬砌安全等级评定暂行规定》，其中对我国既有线铁路隧道病害有如下描述。

截至 2003 年年底，全路共有运营隧道 6087 座，计 3247.663km，其中因病害失格的隧道有 3739 座，占全路运营隧道总座数的 61.41%，有的病害相当严重，已危及行车安全。多年来隧道病害失格率居高不下，其主要原因是：

(1) 中华人民共和国成立前修建且尚在运营的隧道有 565 座/153946m，因修建时期不同，标准不同，导致大量隧道衬砌限界不能满足当前的运营需要。

(2) 新建隧道设计标准偏低或设计考虑不周。

(3) 隧道施工未严格按规范要求进行，遗留问题较多。

(4) 增建复线施工，未对邻线隧道结构状态可能产生的影响采取相应措施或措施不当，诱发既有线隧道病害数量上升。

（5）隧道病害检查和检测手段落后，基本沿用眼看尺量的方法，隧道隐蔽病害难以发现，病害整治治标不治本，导致一些隧道病害反复投资整治，花费大量的人力物力，收效不大，从竣工验交就开始整治病害，几十年未断，至今仍是病害失格隧道。

从表 7-11 和表 7-12 计算结果看，软弱围岩单线隧道总安全系数偏低，转换为概率极限状态法的观点看，就是失效概率增加，这说明计算与实际状况相符。此外，时速 140km 单线电化铁路隧道由于锚岩承载拱在总安全系数中的占比较大，而锚杆的耐久性堪忧，出现病害的可能性会随着运营时间的延长而增加。

7.1.6 浅埋与偏压隧道安全系数计算结果与分析

以下以时速 350km 高速铁路双线隧道为例，对 V 级围岩浅埋隧道、偏压隧道的安全性进行计算分析。

1）浅埋隧道安全性分析

（1）支护参数

V 级围岩浅埋隧道衬砌断面见图 1-3，支护参数见表 7-13。

时速 350km 双线铁路隧道 V 级围岩浅埋隧道支护参数　　表 7-13

适用条件	初期支护					二次衬砌 C35 钢筋混凝土厚度 (cm)	
	C25 喷射混凝土厚度 (cm)	系统锚杆 (m)		型钢钢架			
		长度 L	间距 (环×纵)	类型	间距 (m)	拱墙	仰拱
V 级围岩浅埋	28	4.0	1.2×1.0	I20a	0.6	50	60

（2）围岩压力计算

隧道设计规范提出了浅埋隧道围岩压力计算模型（图 7-16）和计算方法，在采用表 1-13 中的物理力学指标时，得到的垂直土柱压力为 27.3m。

对于地面基本水平的浅埋隧道，所受的作用（荷载）具有对称性，其计算方法如下：

垂直压力：

$$q = \gamma h \left(1 - \frac{\lambda h \tan\theta}{B}\right) \qquad (7\text{-}10\text{a})$$

$$\lambda = \frac{\tan\beta - \tan\varphi_c}{\tan\beta[1 + \tan\beta(\tan\varphi_c - \tan\theta) + \tan\varphi_c\tan\theta]} \quad (7\text{-}10b)$$

$$\tan\beta = \tan\varphi_c + \sqrt{\frac{(\tan^2\varphi_c + 1)\tan\varphi_c}{\tan\varphi_c - \tan\theta}} \quad (7\text{-}10c)$$

式中：B——坑道跨度(m)；

γ——围岩重度(kN/m^3)；

h——洞顶离地面的高度(m)；

θ——顶板土柱两侧摩擦角(°)，为经验数值；

λ——侧压力系数；

φ_c——围岩计算摩擦角(°)；

β——产生最大推力时的破裂角(°)。

水平压力：

$$e_i = \gamma h_i \lambda \quad (7\text{-}11)$$

式中：h_i——内外侧任意点至地面的距离(m)。

当 $h < h_a$（h_a 为深埋隧道垂直荷载计算高度）时，取 $\theta = 0$，属超浅埋隧道；当 $h \geq 2.5 h_a$ 时，式(7-11)不适用。

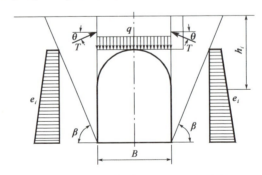

图 7-16　浅埋隧道衬砌作用(荷载)计算模型

(3) 计算结果

安全系数计算结果见表 7-14，锚岩承载拱、喷层、二次衬砌的内力计算结果分别如图 7-17～图 7-19 所示。可见，即使按浅埋隧道最大荷载(深浅埋分界处)计算，支护结构施工期安全系数和运营期安全系数均满足要求，同时具有一定的优化空间。

第 7 章 总安全系数法的应用分析

时速 350km 双线铁路隧道 V 级围岩浅埋隧道安全系数计算结果　　表 7-14

埋深 (m)	竖直荷载 (kPa)	水平荷载 (kPa)		锚岩承载拱安全系数		喷层安全系数	二次衬砌安全系数	初期支护总安全系数	支护总安全系数	忽略锚杆
		e_{i1}	e_{i2}	施工期	运营期					
20	307	86	140	1.21	1.94	2.21	2.44	3.42	6.59	4.65
36	478	154	208	0.79	1.34	1.44	1.74	2.23	4.52	3.18

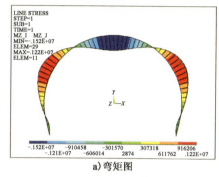 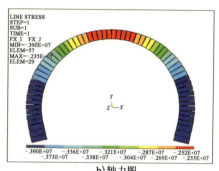

a) 弯矩图　　　　　　　　　　　　　b) 轴力图

图 7-17　V 级围岩浅埋隧道锚岩承载拱内力图(36m 埋深)

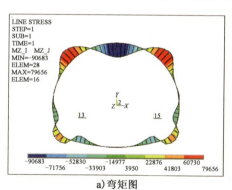 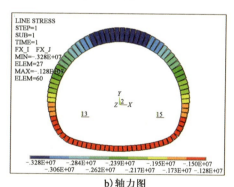

a) 弯矩图　　　　　　　　　　　　　b) 轴力图

图 7-18　V 级围岩浅埋隧道喷层内力图(36m 埋深)

2) 拱部无锚杆支护的浅埋隧道初期支护安全性分析

(1) 衬砌断面与支护参数

浅埋隧道因拱部设置管棚等超前支护,部分工点设计时取消了拱部系统锚杆,形成如图 7-20 所示的衬砌断面。其支护参数同表 7-13,但取消了拱部锚杆。对于该种衬砌断面,需要采用 4.5.3 节所述计算模型进行安全性分析。

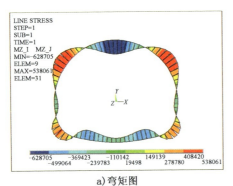 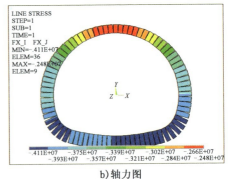

a) 弯矩图   b) 轴力图

图 7-19　Ⅴ级围岩浅埋隧道二次衬砌内力图(36m 埋深)

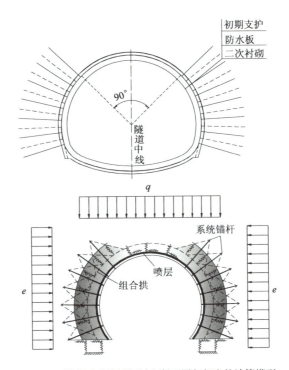

图 7-20　拱部无系统锚杆衬砌断面图与相应的计算模型

(2) 计算结果

边墙设置有系统锚杆处,采用围岩与喷层两种材料组成的组合结构模拟,拱部无锚杆部位采用单一的喷层结构模拟。组合拱模型的内力计算结果见图 7-21 和图 7-22,安全系数计算结果见表 7-15。可以得出:

①拱部无锚杆支护的浅埋隧道初期支护控制截面位于无系统锚杆的拱顶区域,喷层为小偏心受压破坏。

②边墙部位为负弯矩区,围岩—喷层组合结构处于小偏心受压状态,安全系数受喷层强度控制。

③20m 埋深时,取消拱部锚杆初期支护安全系数为 1.95,满足施工期安全系数要求;36m 埋深时,取消拱部锚杆初期支护安全系数为 1.27,安全系数略低。

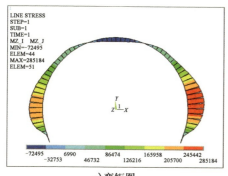 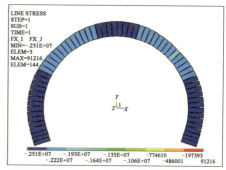

a) 弯矩图　　　　　　　　　　　　　b) 轴力图

图 7-21　拱部无锚杆支护的浅埋隧道(20m 埋深)组合拱模型内力图

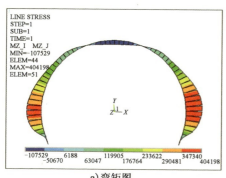 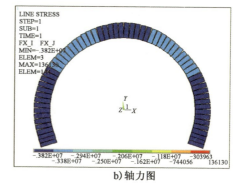

a) 弯矩图　　　　　　　　　　　　　b) 轴力图

图 7-22　拱部无锚杆支护的浅埋隧道(36m 埋深)组合拱模型内力图

拱部无系统锚杆的Ⅴ级围岩浅埋隧道组合拱模型安全系数计算结果　　表 7-15

埋深	边墙组合拱			拱部喷层		
	安全系数	控制位置	破坏形态	安全系数	控制位置	破坏形态
20m	3.37	边墙	喷层受压破坏	1.95	拱顶	小偏心受压
36m	2.22	边墙	喷层受压破坏	1.27	拱顶	小偏心受压

3) 偏压隧道安全性分析

(1) 支护参数

V级围岩偏压隧道衬砌断面见图1-3,支护参数见表7-16。

时速350km双线铁路隧道V级围岩偏压隧道支护参数　　表7-16

适用条件	初期支护					二次衬砌C35钢筋混凝土厚度(cm)	
	C25喷射混凝土厚度(cm)	系统锚杆(m)		型钢钢架			
		长度L	间距(环×纵)	类型	间距(m)	拱墙	仰拱
V级围岩浅埋	28	4.0	0.8×1.0	I20a	0.5	55	65

(2) 围岩压力计算

隧道设计规范提出了偏压隧道围岩压力计算模型(图7-23)和计算方法。

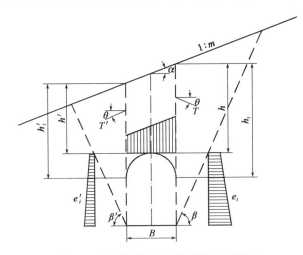

图7-23　偏压隧道衬砌作用(荷载)计算图式

偏压隧道垂直压力计算方法见式(7-12),并假定偏压分布图形与地面坡度一致。

$$Q = \frac{\gamma}{2}[(h + h')B - (\lambda h^2 + \lambda' h'^2)\tan\theta] \qquad (7-12)$$

式中:h、h'——内、外侧由拱顶水平至地面的高度(m);

　　　B——坑道跨度(m);

　　　γ——围岩重度(kN/m^3);

θ ——顶板土柱两侧摩擦角(°),当无实测资料时,可参考表7-17选取;

摩擦角 θ 取值　　　　　表7-17

围岩级别	Ⅰ~Ⅲ	Ⅳ	Ⅴ	Ⅵ
θ 值	$0.9\varphi_c$	$(0.7\sim0.9)\varphi_c$	$(0.5\sim0.7)\varphi_c$	$(0.3\sim0.5)\varphi_c$

λ、λ' ——内、外侧的侧压力系数,由下式计算:

$$\lambda = \frac{1}{\tan\beta - \tan\alpha} \times \frac{\tan\beta - \tan\varphi_c}{1 + \tan\beta(\tan\varphi_c - \tan\theta) + \tan\varphi_c \tan\theta} \quad (7\text{-}13)$$

$$\lambda' = \frac{1}{\tan\beta' + \tan\alpha} \times \frac{\tan\beta' - \tan\varphi_c}{1 + \tan\beta'(\tan\varphi_c - \tan\theta) + \tan\varphi_c \tan\theta} \quad (7\text{-}14)$$

$$\tan\beta = \tan\varphi_c + \sqrt{\frac{(\tan^2\varphi_c + 1)(\tan\varphi_c - \tan\alpha)}{\tan\varphi_c - \tan\theta}} \quad (7\text{-}15)$$

$$\tan\beta' = \tan\varphi_c + \sqrt{\frac{(\tan^2\varphi_c + 1)(\tan\varphi_c + \tan\alpha)}{\tan\varphi_c - \tan\theta}} \quad (7\text{-}16)$$

式中:α ——地面坡度角(°);

φ_c ——围岩计算摩擦角(°);

β、β' ——内、外侧产生最大推力时的破裂角(°)。

在作用(荷载)下的水平侧压力为:

内侧:

$$e_i = \gamma h_i \lambda \quad (7\text{-}17)$$

外侧:

$$e_i = \gamma h_i' \lambda' \quad (7\text{-}18)$$

式中:h_i、h_i' ——分别为内、外侧任一点 i 至地面的距离(m)。

本计算取隧道拱顶埋深10m、地面倾斜角度为40°,在采用表1-13中的物理力学指标时,得到围岩压力如图7-24所示。

(3)计算结果

喷层和锚岩承载拱内力计算结果如图7-25和图7-26所示,安全系数计算结果见表7-18。由表可见,所采用的支护参数满足安全要求且总安全系数偏大。

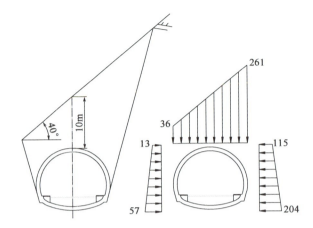

图 7-24 偏压隧道计算案例的围岩压力(单位:kPa)

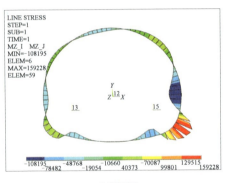
a) 弯矩图

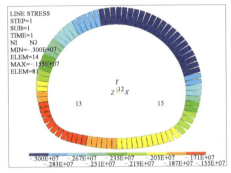
b) 轴力图

图 7-25 偏压隧道喷层内力图

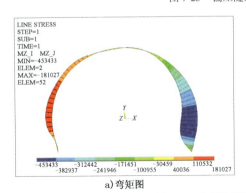
a) 弯矩图

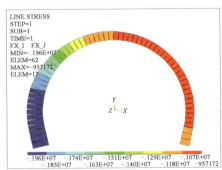
b) 轴力图

图 7-26 偏压隧道锚岩承载拱内力图

V级围岩偏压隧道安全系数计算结果　　表7-18

锚岩承载拱安全系数		喷层安全系数	二次衬砌安全系数	初期支护总安全系数	支护总安全系数	忽略锚杆
施工期	运营期					
1.65	3.47	1.87	5.63	3.52	10.97	7.50

7.1.7 小结

1）对铁路隧道结构安全性的评价

从上述计算结果看，按以往标准图或通用参考图设计的隧道，安全性具有以下特点：

（1）除时速140km单线电气化铁路隧道在软弱围岩地段（Ⅳ、Ⅴ级围岩）的总安全系数相对较低外，其余隧道的总安全系数偏大，具有一定的优化空间。

（2）隧道总安全系数随围岩级别降低而降低，同时随埋深的加大而降低，因此应特别关注大埋深软弱围岩隧道的长久运营安全。

（3）水压力对单线隧道的不利影响要大于双线隧道，特别是对时速160km、140km单线隧道影响较大，因此应加强此类隧道的排水系统疏通，减小水压力。

（4）时速140 km单线电气化铁路隧道标准图中，锚岩承载拱所提供的安全系数在总安全系数中的占比较大，但锚杆的耐久性不足，造成结构开裂的可能性会随运营时间的延长而加大，需要特别关注。

2）对结构安全性设计的建议

（1）目前采用的锚杆在地下水发育地段耐久性可能不足，总安全系数中建议不考虑锚杆的永久作用，或采用耐腐蚀锚杆的同时优化整个支护参数。

（2）20世纪编制的时速140km单线电气化铁路隧道标准图明确了其适用埋深不大于300m，而近年来的铁路隧道通用参考图没有类似规定，需要完善。

（3）所有标准图或通用参考图均没有根据埋深区分支护参数，造成不同埋深时的安全系数不同，建议根据不同埋深采用不同的支护参数，使不同地段的结构安全系数基本相当。

（4）地下水对结构的耐久性和安全性影响较大，建议加强隧道排水系统疏通，减小水压力。

（5）隧道断面形状对支护结构的安全系数影响较大，建议根据围岩压力分布形态采取合理的断面形状。

7.2 高速公路隧道的安全性分析

7.2.1 隧道断面与支护参数

1) 双向四车道分离式隧道

图7-27～图7-29和表7-19为某高速公路双向四车道分离式隧道深埋段衬砌断面和支护参数。

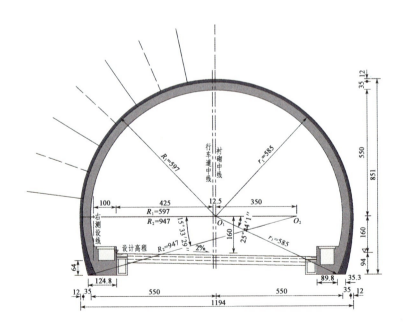

图7-27 双向四车道分离式隧道Ⅲ级围岩衬砌断面（尺寸单位：cm）

第 7 章 总安全系数法的应用分析

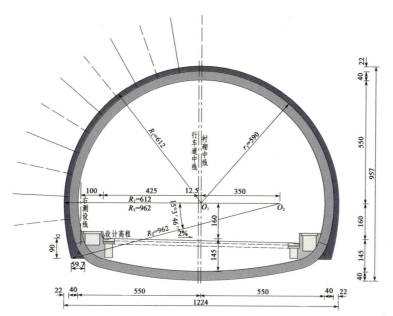

图 7-28 双向四车道分离式隧道Ⅳ级围岩衬砌断面(尺寸单位:cm)

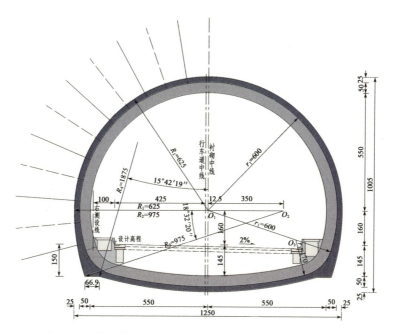

图 7-29 双向四车道分离式隧道Ⅴ级围岩衬砌断面(尺寸单位:cm)

217

表 7-19 双向四车道高速公路分离式隧道深埋段支护参数

围岩级别	衬砌类型	适用条件	初期支护					二次衬砌 C30 钢筋混凝土厚度(cm)	
			C25 喷射混凝土厚度(cm)	系统锚杆(m)		型钢钢架			
				长度	间距(环×纵)	类型	间距(m)	拱墙	仰拱
V级围岩	S5-1	V级围岩深埋	25	3.50	1.0×0.8	I18	0.8	50*	50*
IV级围岩	S4-1	IV级围岩深埋	22	3.00	1.2×1.0	格栅	1.0	40	40
III级围岩	S3	III级围岩	12	3.00	1.2×1.2			35	—

注:"*"表示为钢筋混凝土。

2) 双向六车道分离式隧道

图 7-30~图 7-32 和表 7-20 为某高速公路双向六车道分离式隧道深埋段衬砌断面和支护参数。

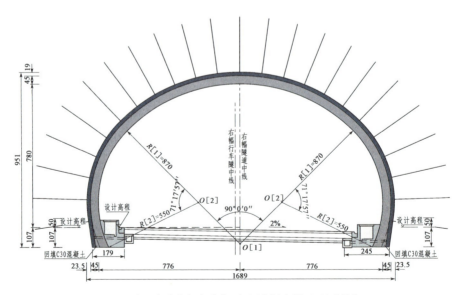

图 7-30 双向六车道分离式隧道Ⅲ级围岩衬砌断面(尺寸单位:cm)

第 7 章 总安全系数法的应用分析

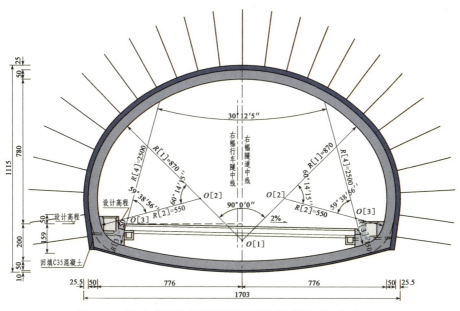

图 7-31 双向六车道分离式隧道 Ⅳ 级围岩衬砌断面(尺寸单位:cm)

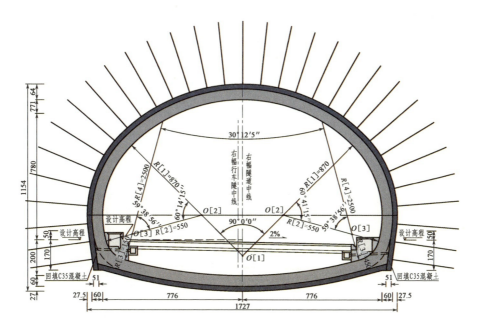

图 7-32 双向六车道分离式隧道 Ⅴ 级围岩衬砌断面(尺寸单位:cm)

219

双向六车道高速公路分离式隧道深埋段支护参数　　　　表 7-20

| 围岩级别 | 衬砌类型 | 适用条件 | 初期支护 ||||| 二次衬砌采用钢筋混凝土厚度（ⅣⅤC35，ⅢC30） ||
| | | | C25喷射混凝土厚度(cm) | 系统锚杆(m) || 型钢钢架 || | |
				长度	间距(环×纵)	类型	间距(m)	拱墙(cm)	仰拱(cm)
Ⅴ级围岩	S5-1	Ⅴ级围岩深埋	27	3.50	1.0×0.7	I20a	0.7	60*	60*
Ⅳ级围岩	S4-1	Ⅳ级围岩深埋	25	3.00	1.0×1.0	I18	1.0	50*	50*
Ⅲ级围岩	S3-1	Ⅲ级围岩（硬岩）	19	3.00	1.2×1.2	格栅	1.2	45	—

注："*"表示为钢筋混凝土。

7.2.2 安全系数计算结果与分析

采用总安全系数设计法对上述高速公路隧道支护参数的安全系数进行了计算，计算中的围岩物理力学指标按表 1-13 采用。

1）双向四车道分离式隧道

双向四车道分离式隧道安全系数计算结果见表 7-21。由表可见：

（1）复合式衬砌总安全系数满足要求。

（2）Ⅴ级围岩初期支护在 800m 埋深时无法作为承载主体，但作为临时支护或与二次衬砌共同承载时满足安全系数要求。

（3）总安全系数偏高，即使不考虑锚杆的耐久性，支护参数仍具有一定的优化余地。

双向四车道分离式隧道安全系数计算结果　　　　表 7-21

| 围岩级别 | 埋深(m) | 喷层 | 锚岩承载拱 || 二次衬砌 | 初期支护（总） | 结构（总） | 忽略锚杆 |
			施工期	运营期				
Ⅲ	400	7.04	35.47	46.59	16.66	43.51	71.29	24.7
	800	4.42	19.06	26.73	11.47	23.48	42.62	15.89
Ⅳ	400	3.57	3.14	3.69	1.50	6.71	7.76	5.07
	800	2.18	1.91	0.96	0.96	4.09	4.1	3.14
Ⅴ	400	2.35	1.27	2.62	3.94	3.62	7.91	6.29
	800	1.43	0.77	1.60	2.43	2.2	5.46	3.86

2) 双向六车道分离式隧道

双向六车道分离式隧道安全系数计算结果见表 7-22。由表可见：

(1) 复合式衬砌总安全系数在 Ⅴ 级围岩 800m 埋深时小于 3.0，需要加强。

(2) Ⅳ 级围岩 800m 埋深和 Ⅴ 级围岩 400m、800m 埋深时，初期支护无法作为承载主体，需和二次衬砌共同承担围岩压力。

(3) Ⅴ 级围岩初期支护安全系数偏低，主要原因是锚杆长度不足。

(4) Ⅲ 级围岩以及埋深不大的 Ⅳ 级围岩，总安全系数偏高，即使不考虑锚杆的耐久性，支护参数仍具有一定的优化余地。

双向六车道分离式隧道安全系数计算结果　　　表 7-22

围岩级别	埋深(m)	喷层	锚岩承载拱		二次衬砌	初期支护（总）	结构（总）	忽略锚杆
			施工期	运营期				
Ⅲ	400	5.05	12.53	17.46	11.10	17.58	33.61	16.15
	800	3.19	7.84	11.09	7.30	11.03	21.58	10.49
Ⅳ	400	1.90	1.40	2.14	2.86	3.3	6.9	4.76
	800	1.19	0.87	1.35	1.83	2.06	4.37	3.02
Ⅴ	400	1.17	0.52	0.98	1.92	1.69	4.07	3.09
	800	0.71	0.32	0.61	1.22	1.03	2.54	1.93

7.3 隧道断面形状与支护参数优化研究

采用工程类比法设计时，无法得出不同断面形状对安全性的影响；Q 法支护参数选择考虑的断面因素主要是隧道跨度或高度，也无法体现断面形状的差异。为了进一步说明总安全系数法的应用，以下以断面形状较瘦高的时速 160km 单线铁路隧道和断面形状较扁平的某三车道公路隧道为例，来说明断面形状与支护参数的比选。计算中采用的围岩物理力学指标按表 1-13 采用。

7.3.1 时速 160km 单线铁路隧道断面形状与支护参数优化

1) 断面形状比较

(1) 断面形状

对时速 160km 单线铁路隧道拟定了两种断面形式（图 7-33）：断面方案一为

在现有铁路隧道通用参考图基础上,对墙脚与仰拱连接处进行了圆顺处理;断面方案二在方案一的基础上将隧道开挖宽度增加1m,减小高宽比。支护参数仍按现通用参考图采用,详见表7-1。

(2) 安全系数计算结果与分析

采用总安全系数设计法对上述两种断面方案不同围岩级别条件下的安全系数进行了计算,并采用4.2.4节的模型四对喷层—二次衬砌复合结构破损阶段的荷载比例系数进行了计算,详见表7-23和表7-24。

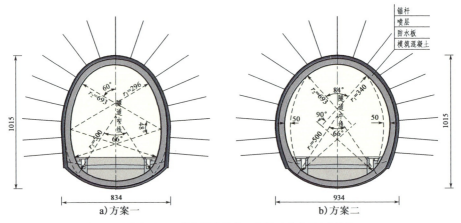

图7-33 时速160km单线铁路隧道两种断面形式(尺寸单位:cm)

单线铁路隧道断面方案一安全系数计算结果　　　　表7-23

围岩级别	埋深(m)	喷层	锚岩承载拱		二次衬砌	初期支护(总)	结构(总)	忽略锚杆	喷层—二次衬砌复合模型破损荷载比例系数
			施工期	运营期					
Ⅲ	400	0.55	36.69	54.74	18.17	37.24	73.46	18.72	34.69
	800	0.37	23.74	37.18	13.50	24.11	51.05	13.87	22.36
Ⅳ	400	0.17	3.09	9.05	11.11	3.26	20.33	11.28	13.77
	800	0.11	1.95	5.86	7.30	2.06	13.27	7.41	7.64
Ⅴ	400	0.43	0.44	1.74	5.09	0.87	7.26	5.52	5.65
	800	0.27	0.28	1.04	2.98	0.55	4.29	3.25	3.55

单线铁路隧道断面方案二安全系数计算结果 表 7-24

围岩级别	埋深(m)	喷层	锚岩承载拱 施工期	锚岩承载拱 运营期	二次衬砌	初期支护（总）	结构（总）	忽略锚杆	喷层—二次衬砌复合模型破损荷载比例系数
Ⅲ	400	0.98	23.93	40.74	22.27(9.23)	24.91	63.99	23.25	42.86
Ⅲ	800	0.52	16.39	26.03	15.52(6.85)	16.91	42.07	16.04	26.09
Ⅳ	400	0.39	3.03	7.73	9.60(4.56)	3.42	17.72	9.99	14.28
Ⅳ	800	0.19	1.95	5.03	6.29(3.10)	2.14	11.51	6.48	7.85
Ⅴ	400	0.80	0.63	2.67	7.02	1.43	10.49	7.82	10.3
Ⅴ	800	0.49	0.39	1.69	4.47	0.88	6.65	4.96	6.41

注：表中括号内数值为受拉抗裂安全系数。

由表 7-23 和表 7-24 可知：

（1）该类型单线铁路隧道断面加宽前后的总安全系数均较高，即使忽略锚杆的作用，安全系数仍大于 3.0，可以适当减弱支护参数。

（2）断面加宽后，Ⅳ级、Ⅴ级围岩的总安全系数有较大增加，而Ⅲ级围岩略有降低。

（3）断面加宽后，Ⅴ级围岩初期支护安全系数有了明显提高，但无法满足施工期的安全系数要求。

（4）不管断面加宽与否，喷层—二次衬砌复合模型破损荷载比例系数均高出"喷层＋二次衬砌"安全系数较多（即表中"忽略锚杆"项），说明支护参数的强度匹配性差，需要其中较弱的支护层多处严重破损后另一支护层才能达到破损状态，存在脆性破坏的可能，需要优化。

（5）当复合结构整体破损时，断面方案一与断面方案二隧道破损阶段变形图分别如图 7-34 和图 7-35 所示，可以得出断面方案一Ⅲ、Ⅳ、Ⅴ级围岩锚杆的平均应变分别为 1.1‰、1.9‰、2.6‰，断面方案二Ⅲ、Ⅳ、Ⅴ级围岩锚杆的平均应变分别为 1.3‰、2.1‰、2.5‰，两个方案的平均应变均大于1‰，说明锚杆在结构整体破损阶段可以充分发挥其承载能力。

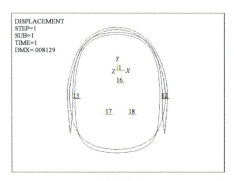
a) Ⅲ级围岩

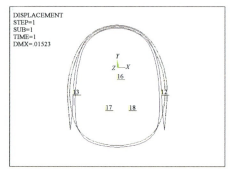
b) Ⅳ级围岩

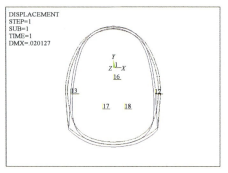
c) Ⅴ级围岩

图 7-34　方案一Ⅲ、Ⅳ、Ⅴ级围岩隧道破损阶段变形图

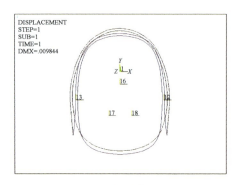
a) Ⅲ级围岩

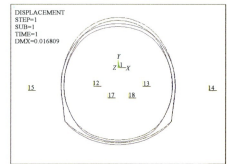
b) Ⅳ级围岩

图　7-35

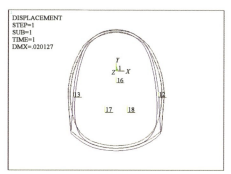

c) Ⅴ级围岩

图 7-35　方案二Ⅲ、Ⅳ、Ⅴ级围岩隧道破损阶段变形图

2) Ⅴ级围岩隧道断面形状与支护参数优化方案对比

(1) 隧道断面形状与支护参数方案

对时速 160km 单线铁路隧道Ⅴ级围岩拟定了两种断面形式、三种支护参数方案，两种断面形式分别如图 7-29a) 和图 7-29b) 所示，三种支护方案在Ⅴ级围岩条件下的支护参数见表 7-25。

时速160km 单线铁路隧道支护参数　　　表 7-25

支护方案		喷射混凝土		系统锚杆		钢架	二次衬砌		
		拱墙厚度(cm)	仰拱厚度(cm)	长度(m)@间距(m×m)	直径(mm)	规格/部位/间距(m)	拱墙厚度(cm)	仰拱厚度(cm)	配筋形式(mm)
方案一、方案二		23	10	3.0@1.2×1.0	22	格栅/拱墙/1.0	45*	45*	φ20@250
方案三	400m	23	10	4.0@1.2×1.0	25	格栅/拱墙/1.0	30	30	—
	800m	28	15	4.5@1.0×1.0	25	格栅/拱墙/1.0	30	30	—

注：支护方案一、方案二的二次衬砌采用 C35 钢筋混凝土，支护方案三采用 C30 素混凝土。

支护方案一：隧道开挖宽度 8.34m，高度 10.15m，高跨比 1.22，如图 7-29a) 所示；

支护方案二：隧道开挖高度 10.15m（与方案一相同），但开挖宽度增加 1m，高跨比变为 1.09，如图 7-29b) 所示；

支护方案三：断面形状与方案二相同，但支护参数不同。

支护方案一、方案二采取相同的支护参数，支护方案三断面形状与方案二相同,但根据总安全系数法对支护参数进行了调整,拟定了 400m 和 800m 埋深的两种支护参数。

(2)安全系数计算结果与分析

计算所得的安全系数如表 7-26 所示,可以得出:

①支护方案二与支护方案一相比,支护参数相同,但高跨比由 1.22 减少至 1.09,支护的总安全系数大幅提高,说明断面形状对安全系数具有显著影响。

②支护方案一与支护方案二的初期支护安全系数均偏低,无法满足施工期安全系数要求,二次衬砌需要及时施作。

③支护方案三在支护方案二的基础上,根据埋深设置了不同的支护参数,在总安全系数满足要求的前提下,减小了二次衬砌的安全冗余并提高了初期支护的安全系数,具有更为合适的安全性与经济性。

单线铁路隧道两种断面与三种支护参数方案安全系数　　表 7-26

方案	埋深(m)	喷层	锚岩承载拱		二次衬砌	初期支护(总)	结构(总)	忽略锚杆	喷层—二次衬砌复合模型破损荷载比例系数
			施工期	运营期					
方案一	400	0.43	0.44	1.74	5.09	0.87	7.26	5.52	5.65
	800	0.27	0.28	1.04	2.98	0.55	4.29	3.25	3.55
方案二	400	0.80	0.63	2.67	7.02	1.43	10.5	7.82	10.3
	800	0.49	0.39	1.69	4.47	0.88	6.65	4.96	6.41
方案三	400	0.80	1.12	3.31	4.49	1.92	7.6	5.29	6.21
	800	0.76	1.06	2.67	2.83	1.82	6.35	3.59	4.06

(3)喷层—二次衬砌复合结构模型分析

采用喷层—二次衬砌复合结构承载力模型分析表明,三种支护方案均是喷层先于二次衬砌破坏,喷层为墙脚区域小偏心受压破坏;支护方案一的二次衬砌破坏位置位于墙脚区域,大偏心受压破坏;支护方案二与支护方案三的二次衬砌破坏位置位于边墙,小偏心受压破坏,说明断面调整改善了结构的受力状态。

根据表 7-26 给出的喷层—二次衬砌复合结构破损阶段的荷载比例系数与喷层、二次衬砌的总安全系数对比结果,可以得出:

①支护方案一和支护方案三(两种埋深)复合结构整体破坏阶段的荷载比例系数 K_d 仅比 $K_2 + K_3$(喷层+二次衬砌总安全系数)略高,分别高出 2%~9%(方案一)、17%(方案三 400m 埋深)、13%(方案三 800m 埋深),说明喷层与二

次衬砌具有较好的强度匹配关系。

②支护方案二总安全系数过高,且整体破坏阶段的荷载比例系数 K_d 比 $K_2 + K_3$(喷层+二次衬砌总安全系数)高出较多(达29%~32%),说明初期支护与二次衬砌的匹配不合理,主要是二次衬砌过强,需要优化。

③安全系数相加的方法为整体结构的优化设计提供了一个目标函数,并可通过喷层—二次衬砌复合结构承载力模型进行具体验证与优化。

7.3.2　三车道公路隧道断面形状与支护参数优化

1)三车道公路隧道断面形状与支护参数

对我国某三车道公路隧道拟定了方案一和方案二两种断面形式,分别如图7-36a)和图7-36b)所示,方案一的Ⅳ级围岩断面开挖跨度17.27m,高度11.54m,高跨比0.67;方案二的开挖跨度与方案一相同,但开挖高度增加1m,高跨比变为0.73。两种断面形式采取相同的支护参数,见表7-27。

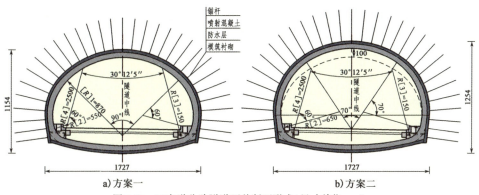

图7-36　三车道公路隧道两种断面形式(尺寸单位:cm)

表7-27　三车道公路隧道支护参数表

围岩等级	喷射混凝土		系统锚杆	钢架	二次衬砌		
	拱墙厚度(cm)	仰拱厚度(cm)	长度(m)@间距(m×m)	规格/部位/间距(m)	拱墙厚度(cm)	仰拱厚度(cm)	配筋形式(mm)
Ⅲ	19	—	3.0@1.2×1.2	格栅/拱墙/1.2	45	—	—
Ⅳ	25	10	3.0@1.0×1.0	I18/全环/1.0	50*	50*	φ22@200
Ⅴ	27	27	3.5@1.0×0.7	I20a/全环/0.7	60*	60*	φ25@200

注:"*"表示钢筋混凝土。

2) 安全系数计算结果与分析

计算所得的安全系数如表7-28和表7-29所示,可以得出:

(1)隧道埋深越大,结构的安全系数越小。

(2)埋深较大的Ⅴ级围岩,两种方案初期支护的安全系数与总安全系数均偏低,需要加固围岩或者强化支护参数。

(3)Ⅲ级围岩以及埋深不大的Ⅳ级围岩,总安全系数偏高,即使不考虑锚杆永久支护作用,支护参数仍具有一定的优化余地。

(4)两种方案Ⅴ级围岩的施工期安全系数均小于1.8,需要及时施作二次衬砌或加固围岩,以保证施工期的安全性。

(5)方案二的断面形式更为圆顺,结构受力得到改善,安全系数略高于方案一,但考虑扩挖带来的经济性欠佳的问题,三车道公路隧道方案一更为合理。

三车道公路隧道(方案一)安全系数　　　　表7-28

围岩级别	埋深(m)	喷层	锚岩承载拱		二次衬砌	初期支护(总)	结构(总)	忽略锚杆	荷载比例系数
			施工期	运营期					
Ⅲ	400	5.05	12.53	17.46	11.10	17.58	33.61	16.15	16.70
	800	3.19	7.84	11.09	7.30	11.03	21.58	10.49	10.51
Ⅳ	400	1.90	1.40	2.14	2.86	3.3	6.9	4.76	5.27
	800	1.19	0.87	1.35	1.83	2.06	4.37	3.02	3.28
Ⅴ	400	1.17	0.52	0.98	1.92	1.69	4.07	3.09	3.71
	800	0.71	0.32	0.61	1.22	1.03	2.54	1.93	2.31

三车道公路隧道(方案二)安全系数　　　　表7-29

围岩级别	埋深(m)	喷层	锚岩承载拱		二次衬砌	初期支护(总)	结构(总)	忽略锚杆	荷载比例系数
			施工期	运营期					
Ⅲ	400	6.37	17.77	24.00	13.74	24.14	44.11	20.11	25.45
	800	3.32	9.55	13.33	7.34	12.87	24.99	11.66	13.76
Ⅳ	400	1.99	1.52	2.36	3.16	3.51	7.51	5.15	5.85
	800	1.21	0.92	1.45	1.98	2.13	4.64	3.19	3.55
Ⅴ	400	1.19	0.55	1.05	1.99	1.74	4.23	3.18	3.99
	800	0.72	0.33	0.64	1.23	1.05	2.59	1.95	2.42

3) 喷层—二次衬砌复合结构模型分析

采用喷层—二次衬砌复合结构承载力模型对结构受力特征的分析表明。

(1) 喷层控制截面位于拱顶位置,小偏心受压破坏。

(2) 锚岩承载拱模型中,两种方案的控制截面均为拱脚位置。

(3) 二次衬砌主要由拱脚控制,其次为拱顶和墙脚,断面加高 1m 后,拱部的破坏特征由大偏心受压变为小偏心受压破坏。

表 7-28 和表 7-29 给出了喷层—二次衬砌复合结构破损阶段的荷载比例系数与喷层、二次衬砌的总安全系数对比结果,可以得出:

(1) 两种断面方案均为喷层先于二次衬砌达到破坏状态。

(2) 喷层—二次衬砌复合结构整体破损阶段的荷载比例系数 K_d 基本等于或略高 K_2+K_3(喷层 + 二次衬砌总安全系数),说明喷层与二次衬砌的强度匹配关系较为合理。

(3) 当复合结构达到整体破损时,方案一与方案二隧道破损阶段变形图分别如图 7-37 和图 7-38 所示。可以得出方案一 Ⅲ、Ⅳ、Ⅴ 级围岩锚杆的平均应变分别为 2.8‰、4.6‰、4.1‰,方案二 Ⅲ、Ⅳ、Ⅴ 级围岩锚杆的平均应变分别为 3.1‰、5.2‰、4.5‰,两个方案的平均应变均大于 1‰,说明锚杆在结构整体破损阶段可以充分发挥其承载能力。

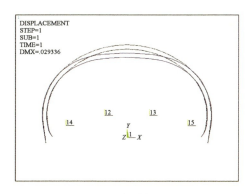 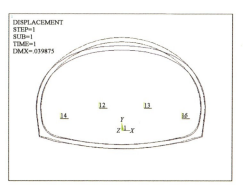

a) Ⅲ级围岩　　　　　　　　　　　b) Ⅳ级围岩

图 7-37

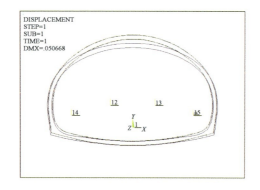

c) Ⅴ级围岩

图 7-37　方案一Ⅲ、Ⅳ、Ⅴ级围岩隧道破损阶段变形图

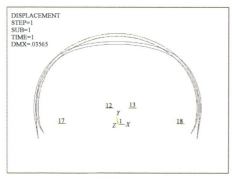

a) Ⅲ级围岩

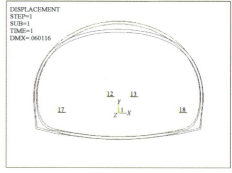

b) Ⅳ级围岩

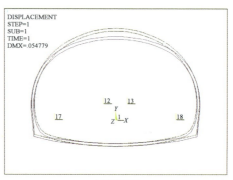

c) Ⅴ级围岩

图 7-38　方案二Ⅲ、Ⅳ、Ⅴ级围岩隧道破损阶段变形图

7.3.3 小结

以断面形状较瘦高的时速 160km 单线铁路隧道和断面形状较扁平的某三车道公路隧道为例,对断面形状对结构的安全性影响进行了研究。结果表明:断面形状可显著影响安全系数,因此在支护参数一定的条件下,应根据围岩压力分布形态选择合理的断面形状。总安全系数法可以用于隧道断面形式与支护参数的精细比选,克服了工程类比法和 Q 法等方法不能体现隧道断面形状差异的缺点。

7.4 高地应力软岩大变形隧道支护参数计算

7.4.1 围岩压力计算

1)《铁路挤压性围岩隧道技术规范》(Q/CR 9512—2019)[7]

我国《铁路挤压性围岩隧道技术规范》(Q/CR 9512—2019)提出:挤压性围岩隧道结构上的围岩压力可参考类似工程实测结果取值,当无类似工程实测结果时,可按式(7-19)和式(7-20)及表 7-30 计算围岩压力,施工中应结合实测数据进行调整。

垂直均布压力:

$$q = 0.191 \times B^{0.15} \times e^{0.445S - \frac{35}{H}} \tag{7-19}$$

式中:q——垂直均布压力(MPa);

B——隧道开挖跨度(m);

H——隧道埋深(m);

S——挤压性围岩变形等级,$S = 1$、2、3 对应挤压性围岩变形等级一、二、三,勘察设计阶段按变形潜势判定变形等级取值,在施工阶段根据实测变形量确认的大变形等级进行修正;

e——自然常数。

水平均布压力:

$$e = \lambda q \tag{7-20}$$

式中：e——水平均布压力（MPa）；

λ——侧压力系数，按表 7-30 取值。

侧压力系数取值　　　　　表 7-30

挤压性围岩变形等级	一	二	三
λ	0.50~0.75	0.75~1.00	>1.0

注：λ 取值与洞室高跨比有关。对高跨比较大的马蹄形或椭圆形单线隧道，λ 取表中较小值；对于高跨比近似等于 1 的双线隧道和圆形（或近似圆形）隧道，λ 取表中较大值。水平地应力比较大时，可根据实际情况调整。

2) 总安全系数设计法围岩压力设计值

按第 3 章围岩压力设计值简便算法的理论解计算时，采用 45°位置处的塑性区深度自重作为顶部围岩压力设计值的基本值，基本值乘以调整系数后作为围岩压力设计值的近似值。

$$R_{\mathrm{pd}} = R_0 \left\{ \frac{(p_0 + c\cot\varphi)(1-\sin\varphi)}{P_i + c\cot\varphi} \right\}^{\frac{1-\sin\varphi}{2\sin\varphi}} \tag{7-21}$$

式中：R_{pd}——支护力 $P_i=0$ 时，45°位置处隧道塑性区半径（m）；

R_0——隧道开挖半径（m）；

p_0——围岩初始应力（kPa）；

P_i——支护力（kN）；

c——围岩黏聚力（kPa）；

φ——围岩内摩擦角（°）。

7.4.2　不同围岩压力计算方法与实测值的对比

1) 不同围岩压力计算方法对比

当隧道开挖跨度为 15.8m 时（取兰渝铁路木寨岭隧道岭脊段开挖跨度[8]），按公式（7-19）得到的围岩压力见图 7-39，按公式（7-21）采用侧压力系数为 1.3 并考虑调整系数 1.2 时得到的围岩压力见图 7-40。图 7-40 中，围岩物理力学参数按表 1-13 采用，并考虑高地应力软岩的特点，黏聚力折减 70%。

由图 7-39 可见，采用规范公式计算围岩压力时，埋深大于 500m 后，围岩压力很快收敛。对于变形等级三，埋深为 600m 时的围岩压力值为 1036kPa，埋深为 1200m 时的围岩压力值为 1066kPa。

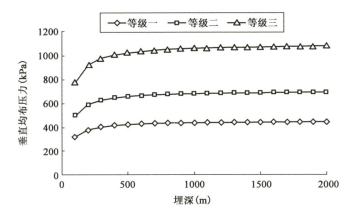

图 7-39　规范公式得到的围岩压力

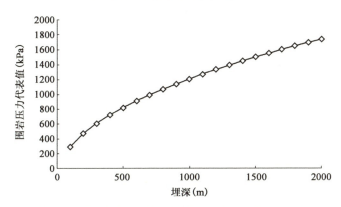

图 7-40　围岩压力设计值简便算法理论解得到的围岩压力

由图 7-40 可见,采用总安全系数法围岩压力设计值简便算法的理论解计算时,围岩压力随埋深的加大一直增加。埋深为 600m 时,得到的围岩压力值为 912kPa;埋深为 1200m 时,得到的围岩压力值为 1336kPa。

可见,埋深为 600m 时,两种计算方法得到的围岩压力较为接近,但埋深为 1200m 时,二者差别较大,总安全系数法围岩压力设计值比规范值高约 25%。

2) 与实测值对比

文献[8]实测了兰渝铁路木寨岭隧道 600m 埋深时高地应力软岩大变形段的围岩压力,见图 7-41。采用围岩压力相等的等效处理方法得到的顶部围岩为 1.16MPa,底部围岩压力为 1.82MPa,两侧围岩压力为 1.42MPa,如图 7-42 所示。

可见,实测围岩压力要高出规范值约8.1%,高出总安全系数设计法围岩压力设计值约21.3%。

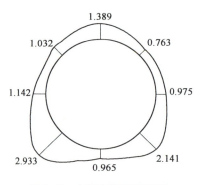

图7-41 木寨岭隧道实测围岩压力(单位:MPa)

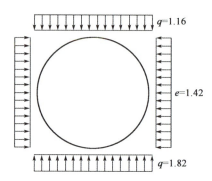

图7-42 等效处理后的木寨岭隧道围岩压力(单位:MPa)

当埋深达到1200m,目前尚无实测资料,有待今后根据实际工点实测情况进行对比。

7.4.3 支护参数安全性计算

1) 木寨岭隧道支护参数安全性计算

文献[8]给出了木寨岭隧道软岩大变形段的支护参数(表7-31)和支护结构(图7-43),为此以图7-42作为该隧道的围岩压力,采用总安全系数法对支护结构安全性进行计算。

木寨岭隧道软岩大变形段支护参数表　　表7-31

初期支护		钢 架	二次衬砌	
喷射混凝土或模筑混凝土(cm)	小导管/锚杆/锚索长度(m)@间距(m×m)	规格/间距(m)	模筑混凝土(cm)	配筋形式(mm)
三层支护 33(喷射)+ 25(喷射)+ 40(模筑)	拱墙小导管4.0@1.2×1.2 边墙锚杆7.0@3.0×0.7 边墙锚索15@3.0×2.8	双层H175 型钢/0.7	70	φ25@200

采用总安全系数法计算时,由于锚索仅布置于边墙部位,因此将其预支护力作为边墙部位的支护力,起到减小边墙部位侧压力的作用。计算得到的安全系数见表7-32。由表可见,结构总安全系数为4.75,满足总安全系数要求。需说

明的是,图 7-42 为喷层与围岩的接触力(包含围岩压力产生的主动荷载和因结构协调变形引起的被动荷载),并非总安全系数法所述的围岩压力,因此,实际总安全系数要低于计算值。

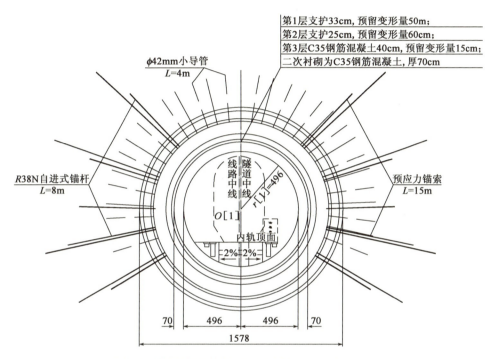

图 7-43 木寨岭隧道软岩大变形段支护结构(尺寸单位:cm)

木寨岭隧道软岩大变形段支护结构安全系数计算值　　　　表 7-32

喷层安全系数	三层初期支护(喷层+模筑)安全系数	锚岩承载拱安全系数		二次衬砌安全系数	总安全系数
		长锚索折减荷载后（施工期/运营期）			
1.41	2.12	0.66/0.88		1.75	4.75

2) 埋深 1200m 软岩大变形隧道支护参数计算

假设构造应力场条件、地质条件与木寨岭隧道大变形段相同,当埋深达 1200m 时,采用总安全系数法计算围岩压力设计值简便算法的理论解得到的围岩压力为 1336kPa,由于 600m 埋深时的计算值小于实测值,因此再乘以 1.2 的系数作为设计值,即取拱部围岩压力为 1603kPa,两侧围岩压力为 2084kPa(λ = 1.3),底部围岩压力为 1603kPa。

当喷层和二次衬砌参数与木寨岭隧道相同时,计算得到的支护参数和安全系数见表7-33,相应的支护结构见图7-44。各支护措施的主要作用如下:

(1)锚索:全周布置,高强预应力锚索穿越破坏区(应变大于极限应变的区域),并设置锚固长度。其作用类似于提供预支护力(对于大变形隧道而言),减小围岩塑性区,进而减小围岩压力,并提供预支护力控制变形。

(2)系统锚杆:采用全周布置预应力长锚杆,其作用是发挥锚岩承载拱的支护作用。

埋深1200m时软岩大变形支护参数计算结果　　　　　表7-33

支护措施	锚索	初期支护				二次衬砌	
	锚索长度(m)@间距(m×m)	锚杆/长度(m)@间距(m×m)	喷射混凝土或模筑混凝土(cm)		钢架规格/间距(m)	模筑混凝土(cm)	配筋形式(mm@mm)
参数	锚索20@4.0×4.0,7φ15.2mm钢绞线(1000kN张拉力)	φ32耐久性锚杆8.0@2.0×2.0	33(喷射)+25(喷射)		双层H175型钢/0.7	70	φ25@200
作用效果	施加锚索后围岩压力由1.63MPa减少至1.37MPa	锚岩承载拱施工期安全系数1.41,运营期2.24	安全系数1.31			安全系数1.73	
	施工期安全系数2.72,运营期安全系数5.28						

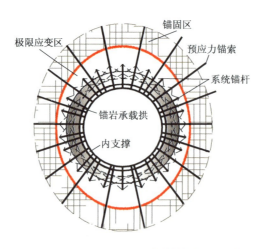

图7-44　埋深1200m软岩大变形隧道段计算得到的支护结构

（3）钢架与喷层：采用多层喷射混凝土与可缩式钢架，其作用是提供封闭的支护结构，并为锚岩承载拱提供侧限力，以提高锚岩承载拱的承载能力。

（4）二次衬砌：采用钢筋混凝土，其作用是提供封闭的支护结构，并为锚岩承载拱提供侧限力，以提高锚岩承载拱的承载能力，同时兼有防水和使用功能。

7.5 超大跨度隧道支护参数计算

7.5.1 计算案例概况

（1）工程概况

挪威格乔维克城奥林匹克山大厅是一个拥有5600个座位的冰球馆，岩体覆盖层厚度25～50m，跨度61m，长度91m，最大高度25m，是目前世界上已建成的最大跨度地下洞室。

工程所在地的岩石为前寒武纪片麻岩，成分有花岗片麻岩、石英闪长片麻岩等。岩石形成了网状结构细裂缝，通常被方解石和绿帘石充填。这种多裂隙岩体的平均 RQD 值约为70，比普通挪威基岩裂隙多，裂隙通常不规则、壁粗糙、倾角和走向变化很大。比较连续的节理间距为几米，节理基本特征是连续性差、粗糙度中等至明显，一般没有黏土充填。勘察阶段进行实验室试验后，得到未扰动岩石的物理力学参数见表7-34。场地水平应力约为3～5MPa，在深度25～50m处垂直应力很小（最大值约为1MPa）。在开挖上导洞时在地面和地下进行了位移量测，开挖后测绘发现 Q 值的平均值为7。

未扰动岩石物理力学参数（实验室试验获得） 表7-34

项 目	数 值
弹性模量（MPa）	51.5
抗压强度（MPa）	77.3
点荷载强度（MPa）	15.2
密度（kg/m³）	2700
泊松比	0.21
标称摩擦角（°）	14
超声波速度（m/s）	493

（2）支护参数

开挖期间临时支护采用 4m 长锚杆。

永久性系统锚杆包括全长灌浆 6m 长钢筋锚杆和 12m 长双股钢锚索（按 2.5m×2.5m 交替布置），见图 7-45 和图 7-46，前者直径 25mm，屈服点承载能力 220kN，后者直径 12.5mm，每股屈服点承载能力 167kN。

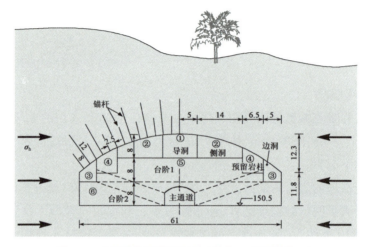

图 7-45　支护结构横断面图（尺寸单位：m，高程单位：m）

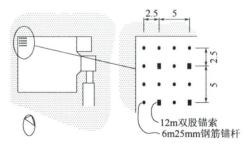

图 7-46　拱部锚杆布置平面图（尺寸单位：m）

一般来说，在 10m 跨度导洞、前 38m 跨度上导洞和 6m 跨度侧洞中首先设置 6m 长锚杆，再放置 12m 锚索。对侧洞和上导洞之间的岩柱进行爆破后，放入最终的锚杆。

喷射钢纤维混凝土总厚度为 10cm，施工次序是先喷射 5cm，施工锚杆后再喷射 5cm。钢纤维采用 50kg/m、25mm 长 EE 钢纤维，喷射混凝土强度为 35MPa，用湿拌法进行喷混凝土拌和。

7.5.2 总安全系数法计算

1) 计算参数确定

巴顿、霍克等人建立的 RMR、GSI 与 Q 值的关系[9~10]如式(7-22)和式(7-23)所示,由此可知该工程对应的地质强度因子(GSI)计算公式。

$$GSI = RMR - 5 \tag{7-22}$$

$$RMR \approx 15\log Q + 50 \tag{7-23}$$

霍克等[11]提出广义 Hoek-Brown 经验强度准则的同时,提出了估算岩体等效莫尔—库仑强度参数的计算公式。首先在 $\sigma_t < \sigma_3 < \sigma'_{3\max}$($\sigma_t$ 为小主应力等效区间下限,$\sigma'_{3\max}$ 为小主应力等效区间上限)范围内拟合一条与 Hoek-Brown 曲线等效的莫尔—库仑直线,如图2-6所示;拟合过程中使莫尔—库仑直线的线上及线下区域面积差异最小,从而得出等效莫尔—库仑强度参数估算式为:

$$\varphi' = \sin^{-1}\left[\frac{6am_b(s+m_b\sigma'_{3n})^{\alpha-1}}{2(1+\alpha)(2+\alpha)+6am_b(s+m_b\sigma'_{3n})^{\alpha-1}}\right] \tag{7-24}$$

$$c' = \frac{\sigma_{ci}[(1+2\alpha)s+(1-\alpha)m_b\sigma'_{3n}](s+m_b\sigma'_{3n})^{\alpha-1}}{(1+\alpha)(2+\alpha)\sqrt{1+6\alpha m_b(s+m_b\sigma'_{3n})^{\alpha-1}/[(1+\alpha)(2+\alpha)]}} \tag{7-25}$$

其中:

$$\sigma'_{3n} = \frac{\sigma'_{3\max}}{\sigma_{ci}} = 0.47\left(\frac{\sigma'_{cm}}{\gamma H}\right)^{-0.94}$$

$$\sigma'_{cm} = \sigma_{ci} \cdot \frac{[m_b+4s-\alpha(m_b-8s)]\left(\dfrac{m_b}{4}+s\right)^{\alpha-1}}{2(1+\alpha)(2+\alpha)}$$

式中:σ_{ci}——岩块的抗压强度(kPa);

其余符号意义同前。

根据上式,获得莫尔—库仑准则强度参数表(表7-35)。

表7-35 莫尔—库仑准则强度参数的计算结果

参数	重度 γ (kN/m³)	变形模量 E(GPa)	泊松比 ν	摩擦角 φ (°)	黏聚力 c (MPa)
量值	27	13.67	0.233	39.7	1.58

2) 总安全系数法分析结果

采用连续介质有限元法计算无支护状态下围岩的塑性区,如图7-47所示。

拱部最大塑性区高度为 8m,考虑 1.2 的安全系数后可得到拱部围岩压力设计值为 259kPa,水平侧压力系数 $\lambda = 3$,根据总安全系数法可得出锚岩承载拱的结构内力,如图 7-48 所示,进而得出支护结构安全系数。可见:

(1)喷层的安全系数为 0.01,锚岩承载拱的安全系数为 3.06,总安全系数为 3.07。

(2)对于超大跨度隧道,喷层提供的安全系数很小,主要依靠锚岩承载拱提供支护能力。

(3)对于地质条件较好的超大跨度隧道,应采用以锚为主的支护方式。

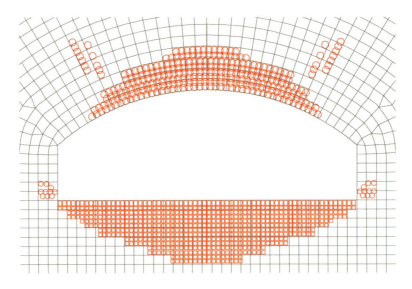

图 7-47　隧道塑性区分布图

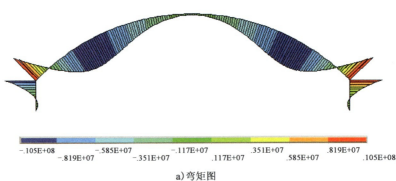

a)弯矩图

图　7-48

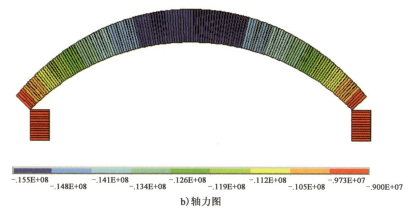

b) 轴力图

图 7-48 锚岩承载拱内力图

本章参考文献

[1] 铁道部第二勘测设计院.铁路工程设计技术手册(隧道)[M].中国铁道出版社,1995.
[2] 罗建春,高菊如.既有线铁路隧道病害分级方法与评价体系研究[J].现代隧道技术,2016,53(6):12-17,24.
[3] 王建宇.再谈隧道衬砌水压力[J].现代隧道技术,2003(3):5-9.
[4] 王秀英,王梦恕,张弥.计算隧道排水量及衬砌外水压力的一种简化方法[J].北京交通大学学报,2004(1):8-10.
[5] 王秀英,王梦恕,张弥.山岭隧道堵水限排衬砌外水压力研究[J].岩土工程学报,2005(1):125-127.
[6] 肖明清.隧道衬砌水压力计算与控制方法探讨[J].铁道工程学报,2017,34(8):78-82.
[7] 中铁第一勘察设计院集团有限公司.铁路挤压性围岩隧道技术规范:Q/CR 9512—2019[S].北京:中国铁道出版社有限公司,2019.
[8] 肖祖通.木寨岭高地应力软岩隧道岭脊段支护结构受力特征研究[D].北京:北京交通大学,2017.
[9] BARTON N. Some new Q-value correlations to assist in site characterisation and tunnel design[J]. International Journal of Rock Mechanics & Mining Sciences, 2002(39):185-216.
[10] HOEK E., DIEDERICHS M S. Empirical estimation of rock mass modulus[J]. International Journal of Rock Mechanics & Mining Sciences, 2006(43):203-215.

[11] HOEK E,CARRANZA-TORRES C T,CORKUM B,et al. Hoek – Brown failure criterion – 2002 edition[C]// Proceedings of the Fifth North American Rock Mechanics Symposium (NARMS – TAC). Toronton:University of Toronto Press,2002(1):267-273.

Total Safety Factor Method
of Tunnel
Support Structure Design

第 8 章

采用总安全系数法对几个问题的探讨

我国地域广阔,隧道所处地质环境复杂、条件多样。隧道工程在大规模建设的同时,对设计理念、锚杆的作用、复合式衬砌初期支护与二次衬砌承载主体区分、支护参数优化、钢架设置、喷射混凝土早期强度、合理支护形式等问题也从未停止探讨,本章针对这些设计中的热点与争议问题,采用总安全系数法进行了研究。

8.1 设计理念问题

8.1.1 目前世界上主要的隧道设计理念

目前对于隧道支护结构以及复合式衬砌初期支护与二次衬砌在承载中的作用,有多种设计理念,具体为:

第一种理念:初期支护作为承载主体,二次衬砌仅作为安全储备或仅承受不大的荷载,代表性国家有日本等。

第二种理念:初期支护作为临时结构,只需要满足施工期间的安全,二次衬砌作为承载主体,承受全部的围岩压力,代表性国家有德国、英国等。

第三种理念:初期支护和二次衬砌都是承载主体,初期支护和二次衬砌各承担一定比例的围岩压力,代表性国家有中国。

第四种理念:除特殊情况外,一般不需要二次衬砌,完全依靠初期支护承载,代表性国家有挪威。

8.1.2 总安全系数法与各国设计理念的关系

如前所述,支护结构的总安全系数可以采用式(8-1)~式(8-3)表达,并且建议运营阶段的总安全系数不低于 3.0~3.6,施工阶段的总安全系数不低于 1.8~2.1,安全系数取值要求详见 4.4.1 节。

施工阶段(无二次衬砌):

$$K_c = \eta K_1 + K_2 \tag{8-1}$$

运营阶段:
采用耐久性锚杆

$$K_{op} = \eta K_1 + \xi K_2 + K_3 \tag{8-2}$$

采用非耐久性锚杆

$$K_{op} = \xi K_2 + K_3 \tag{8-3}$$

式中符号意义同前。

在满足总安全系数要求的前提下,锚岩承载拱、喷层、二次衬砌可以采用不同的安全系数,相应可以形成多种设计方案,其与目前世界上各种设计理念的关系如表 8-1 所示。

总安全系数法与各国设计理念的关系　　　　表 8-1

设计理念	第一种理念	第二种理念	第三种理念	第四种理念
设计理念概略	日本理念,初期支护为主要承载结构,二次衬砌作为安全储备	德国、英国理念,初期支护仅作为施工支护,二次衬砌为承载主体	中国铁路软弱围岩设计理念,初期支护和二次衬砌各承担一定比例的围岩压力	挪威法理念,通常不设置二次衬砌
采用总安全系数设计法的初期支护安全系数 K_c	$K_c \geq 3.0 \sim 3.6$	$K_c \geq 1.8 \sim 2.1$	$K_c \geq 1.8 \sim 2.1$ 且 $K_c < 3.0 \sim 3.6$	$K_c \geq 3.0 \sim 3.6$
采用总安全系数设计法时二次衬砌安全系数 K_3	K_3 较小,如采用 0.5 左右	$K_3 \geq 2.0$(抗压控制)或 2.4(抗拉控制)	$K_3 \approx \eta K_1 + \xi K_2$ 或二者差别不大	$K_3 = 0$

续上表

设计理念	第一种理念	第二种理念	第三种理念	第四种理念
总安全系数值的大小	略高于理论要求的最低值	最高	理论上可以达到符合要求的最低值	符合要求的最低值
总安全系数设计法对各阶段安全系数取值的建议值	$K_c \geq 1.8 \sim 2.1$ $K_{op} \geq 3.0 \sim 3.6$			

由表 8-1 可见,总安全系数法包含了目前世界上主要的设计理念。四种设计理念中,按第二种理念得出的支护结构在运营初期的总安全系数最高,相应经济性略差,但其对初期支护的耐久性要求最低;按第三种理念和第四种理念得出的支护结构,理论上可以刚好达到安全系数最低值,因而最经济,但需要保证支护结构的耐久性;按第一种理念得出的支护结构,在满足理论要求的安全系数最低值基础上还有一个安全储备,因而总安全系数略高,经济性有所降低,但对初期支护的耐久性要求可低于第三种和第四种理念。因此,四种设计理念各有优缺点,不存在哪一种最先进、哪一种最合理的问题,而是应根据隧道功能需求、施工技术水平、耐久性、经济性、可实施性等多方面对多种方案进行择优选用。

8.2 锚杆有无作用的问题

8.2.1 对锚杆有无作用争议的缘由

多年以来,隧道界一直存在"锚杆是否有用"的争论。

从实际设计施工看,设计方和施工方也存在不同认识,造成了如下局面:尽管设计图中设置了大量的锚杆,但实际施工中,有不少工点存在少设或不设锚杆的现象,其理由是"实测锚杆轴力很小,因而锚杆没有用",或"即使没有打锚杆,也没有发生垮塌"。

很多专家学者对不同地质条件下锚杆的受力和作用效果进行了实测或有限元计算研究[1~4],得出了"黄土隧道可取消拱部系统锚杆""破碎~极破碎的各类岩土体和黄土取消系统锚杆后对隧道的安全系数影响不大"等结论。

王建宇[5]认为,锚杆是一种优化的隧道围岩支护形式,在不同的岩土工程中均可以发挥其他支挡结构难以起到的作用;关宝树[6]认为,锚杆是仅次于喷射混凝土,得到迅速发展的初期支护构件,其功能是毋庸置疑的,锚杆既可作为初期支护使用,也可作为永久支护构件使用。在初期支护中锚杆与其他构件(喷射混凝土、钢架)不同,是唯一从内部改善围岩性质的构件,也是唯一不需要扩展开挖断面面积的构件,锚杆在改善围岩连续性的同时,也增强了围岩的抗剪强度,提高了围岩的自支护能力。

可见,对锚杆作用产生争议的缘由主要是"尽管施工中不打锚杆,隧道也没有垮"这一客观事实,由此对于锚杆的作用以及优化设计也成为一个研究热点问题。

8.2.2 锚杆实测轴力与其作用的关系

根据结构设计的基本原理,结构的安全系数是与破损(坏)阶段相对应的。隧道施工过程中各构件的受力状态(图8-1)不代表破坏阶段的状态(图8-2)。锚杆是否会发挥其全部承载能力与破坏状态时的应变相关。以材质为HRB400钢筋的砂浆锚杆为例,达到钢筋屈服强度(400MPa)时的应变约为2‰。假设锚杆轴力按三角形分布,则只要锚杆两端地层产生的相对位移量不小于$1.0‰L$(L为锚杆长度),锚杆的承载能力就至少可以发挥至屈服强度,否则只能计入部分的承载能力。因此,合理的锚杆长度应与喷层—二次衬砌复合结构的变形能力相匹配。

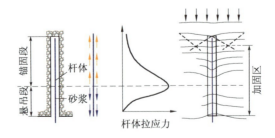

图8-1 锚杆施工过程中的受力状态

1) 对于 $\lambda = 1$ 的圆形隧道

假设围岩为符合莫尔—库仑准则的理想弹塑性体,不考虑塑性区剪胀效应

(塑性区体积不变)。

图 8-2 隧道破坏阶段锚杆的受力状态

当锚杆全部位于塑性区时,锚杆平均应变 ε 可按下式计算:

$$\varepsilon = \Delta/(R_0 + L) \tag{8-4}$$

当锚杆外端位于弹性区、内端位于塑性区时,锚杆平均应变 ε 可按下式计算:

$$\varepsilon = \Delta/R_p \tag{8-5}$$

式中:Δ——喷层—二次衬砌复合结构从初始状态到破损(坏)状态时的变形量(即不考虑锚杆先期受力);

R_0——隧道当量半径;

R_p——塑性区外边界的半径。

对于 $\lambda = 1$ 的圆形隧道,喷层和二次衬砌处于纯压状态,根据《混凝土结构设计规范》(GB 50010—2010),对于强度等级低于 C50 的混凝土,混凝土达到设计强度的压应变约为 2‰,则在混凝土达到破损阶段时,洞壁的变形量如下:

$$\Delta = 2‰R_0 \tag{8-6}$$

联合式(8-4)~式(8-6)可知,只要 $L \leq R_0$ 或 $R_p \leq 2R_0$,则锚杆至少可以发挥不低于其屈服强的承载作用,如果锚杆在二次衬砌浇筑前已承受部分轴力,则在结构处于整体破损阶段时可发挥的强度更高。

2) 对于 $\lambda \neq 1$ 或非圆形的隧道

当 $\lambda \neq 1$ 或隧道形状为非圆形时,由于喷层与二次衬砌还承受弯矩作用,在结构的若干截面出现破损时,隧道变形量要大于 $\lambda = 1$ 的圆形隧道,显然,锚杆同样可以发挥全部承载作用。

表 8-2 为按郑万高铁不同支护参数和不同喷射混凝土弹性模量增长曲线计算得到的喷层变形值(具体计算参数详见第 5 章和第 6 章),对比表中允许变形

值与允许极限变形值可知,喷层从稳定状态至破损阶段的相对变形值约 10mm。在不计入锚杆先期受力的应变时,Ⅳ型支护的锚杆长度为 3.5m,则锚杆平均应变 ε 可达 0.9‰,Ⅴ型支护的锚杆长度为 4.0m,则锚杆平均应变 ε 可达 0.87‰,均接近 1.0‰;当计入锚杆先期受力的应变后,锚杆平均应变 ε 会超过 1.0‰,从而发挥不低于屈服强度的承载能力。

郑万高铁双线隧道喷射混凝土层变形值计算结果　　　　表 8-2

计算工况	施工工法	埋深(m)	支护类型	喷混凝土硬化模式	允许变形值(mm)			允许极限变形值(mm)	
					U_y	ΔU_{x1}	ΔU_{x2}	拱顶下沉	边墙收敛
1	全断面法	200	Ⅳ型	模式一	4.55	1.52	—	17.66	7.20
2			Ⅴ型		8.32	4.12	—	24.14	12.92
3		400	Ⅳ型		8.64	2.86	—	18.22	7.45
4			Ⅳ型优化		8.49	5.32	—	18.25	12.26
5			Ⅴ型		16.24	6.88	—	25.95	12.65
6			Ⅳ型	模式二	15.06	4.49	—	25.64	8.08
7			Ⅴ型		25.75	7.76	—	35.46	13.53
8	台阶法	400	Ⅳ型	模式一	8.00	5.19	2.63	18.58	8.78
9			Ⅴ型		13.07	7.81	8.79	22.78	13.58

3)小结

根据结构设计原理,结构的安全系数与破损(坏)阶段相对应。虽然施工中实测锚杆轴力较小,但结构达到破损(破坏)状态时,将产生较大的变形,锚杆应变也随之大幅增加,从而产生明显的承载作用。施工中少设或不设锚杆,会降低结构的总安全系数。同时为充分发挥锚杆的作用,一方面要尽早施作锚杆,另一方面需要合理选用锚杆长度,使之与喷层—二次衬砌复合结构的变形能力相匹配。

8.2.3　为何有些工点取消锚杆而隧道不会垮塌

表 8-3 和表 8-4 分别为时速 350km、250km 高铁双线隧道通用参考图的安全系数计算结果。由表可见,即使取消锚杆,喷层仍具有较大的安全系数来维持围岩的稳定,这是由于喷层强度过高产生的,也说明了在保证锚杆施工质量和耐久性的前提下可以减少喷层的厚度。

时速 350km 高速铁路双线隧道安全系数　　　　表 8-3

围岩级别	埋深(m)	喷层	锚岩承载拱		初期支护（总）	二次衬砌	结构（总）	忽略锚杆后结构（总）
			施工期	运营期				
Ⅲ	400	5.76	23.57	31.13	28.33	14.02(6.12)	50.91	18.78
	800	3.20	12.80	17.58	16.00	8.83(3.97)	28.61	12.03
Ⅳ	400	2.96	2.64	4.53	5.60	5.08	12.57	8.04
	800	1.81	1.61	2.77	3.42	3.13	7.71	4.94
Ⅴ	400	1.89	0.93	1.97	2.82	3.19	7.05	5.08
	800	1.15	0.57	1.21	1.72	1.98	4.34	3.13

注：表中括号内数值为抗裂安全系数，不计入承载能力安全系数。

时速 250km 高速铁路双线隧道安全系数　　　　表 8-4

围岩级别	埋深(m)	喷层	锚岩承载拱		初期支护（总）	二次衬砌	结构（总）	忽略锚杆后结构（总）
			施工期	运营期				
Ⅲ	400	6.67	24.26	32.23	30.93	14.94(6.73)	53.84	21.61
	800	3.76	13.24	18.15	17.00	8.19(4.25)	31.10	12.95
Ⅳ	400	3.04	2.75	4.71	5.79	5.19	12.94	8.23
	800	1.86	1.68	2.90	3.54	3.24	8.00	5.10
Ⅴ	400	1.89	0.93	2.10	2.82	3.64	7.63	5.53
	800	1.15	0.57	1.29	1.72	2.25	4.69	3.40

注：表中括号内数值为抗裂安全系数，不计入承载能力安全系数。

8.2.4　不同围岩中锚杆的支护作用问题

1）锚喷组合支护方式中锚杆的作用

由表 8-3 可得出锚岩承载拱占总安全系数的比例，详见表 8-5。由表可见，随着围岩级别数值的增加，锚岩承载拱在总安全系数中的占比越来越小，说明锚岩承载拱对总安全系数的作用越来越弱，但这不是共性结论，仅是针对该种锚喷组合支护参数的结论。因为，按照总安全系数设计法，可以设计出"虽然围岩级别不同，但锚岩承载拱安全系数却相同"的支护结构。

时速 350km 高速铁路双线隧道支护结构中锚杆对总安全系数的作用 表 8-5

埋深 (m)	围岩级别	锚岩承载拱占总安全系数的比例	
		占初期支护(总)的比例(%)	占结构(总)的比例(%)
400	Ⅲ	80.4	46.3
	Ⅳ	47.1	36.0
	Ⅴ	33.0	27.9
800	Ⅲ	80.0	58.4
	Ⅳ	47.1	35.9
	Ⅴ	33.1	27.9

2) 以锚为主支护方式中锚杆的作用

如前所述,按照总安全系数设计法,在满足总安全系数要求的前提下,锚岩承载拱的安全系数和喷层安全系数可以自行设定,进而设计出相应的支护参数。如果加强锚杆强度而减弱喷层强度,则锚杆在总支护系统的作用也随之增加(但存在经济性和可实施性的比选问题)。

6.1.3 节讨论了"以锚为主"支护方式的适用性,得出"Ⅲ级围岩适用、Ⅳ级围岩埋深小时适用而埋深大时可行但不适用、Ⅴ级围岩可行但不适用"的结论。

3) 小结

综上,不能认为软弱围岩中锚杆没有作用,而是应考虑在软弱围岩中究竟采用何种支护方式与支护参数更为合理。

8.2.5 锚杆的永久支护作用问题

《铁路隧道设计规范》(TB 10003—2016)没有提出锚杆耐久性的具体措施,铁路隧道通用参考图[7]要求锚杆的砂浆保护层厚度为 10~15mm。

《公路隧道设计规范 第一册 土建工程》(JTG 3370.1—2018)规定,用作永久支护的锚杆应为全长黏结型锚杆,端头锚固型锚杆作为永久支护时必须在孔内注满砂浆或树脂,砂浆或树脂的强度等级不应小于 M20。但对锚杆保护层厚度没有规定。

《建筑边坡工程技术规范》(GB 50330—2013)[8]对永久性锚杆的防腐蚀要求为:

①非预应力锚杆的自由段位于岩层中时,可以采用除锈、刷沥青船底漆和沥

青玻纤布缠裹两层进行防腐蚀处理。

②采用钢绞线、精轧螺纹钢筋制作的预应力锚杆(索),其自由段可按①进行防腐蚀处理后装入套管中;自由段套管100～200mm长度范围内用黄油填充,外绕扎工程胶布固定。

③对位于无腐蚀性岩土层内的锚固段,水泥浆或者水泥砂浆保护层厚度应不小于25mm;对于位于腐蚀性岩土层内的锚固段,应采取特殊防腐处理,且水泥浆或者水泥砂浆保护层厚度不应小于50mm。

④经过防腐处理后,非预应力锚杆的自由段外端应埋入钢筋混凝土构件内50mm以上;对预应力锚杆,其锚头的锚具经除锈、涂防腐漆三度后应采用钢筋网罩、现浇混凝土封闭,且混凝土强度等级不应低于C30,厚度不应小于100mm,混凝土保护层厚度不应小于50mm。

《岩土锚杆与喷射混凝土支护工程技术规范》(GB 50086—2015)[9]对永久性锚杆的防腐蚀要求为:

①对于预应力锚杆,锚杆的防腐保护等级与措施应根据锚杆的设计使用年限及所处地层的腐蚀性程度确定。腐蚀性环境中的永久性锚杆应采用Ⅰ级防腐保护构造设计;非腐蚀环境中的永久性锚杆及腐蚀环境中的临时性锚杆应采用Ⅱ级防腐保护构造设计。

②对于采用Ⅰ、Ⅱ级防腐保护构造的预应力锚杆,锚固段锚杆杆体水泥浆或水泥砂浆保护层厚度不应小于20mm。

③永久性非预应力锚杆杆体水泥浆或水泥砂浆保护层厚度不应小于20mm,强度等级不应低于M20。

可见,目前铁路隧道或公路隧道所采用的砂浆锚杆保护层厚度较小或没有规定,在地下水发育的地段耐久性可能不足,导致锚杆主要的作用是加强施工阶段的安全性,而对长期安全系数的作用减弱。如果要考虑锚杆的永久支护作用,优化隧道支护参数,就要采用耐久性锚杆。

8.2.6 锚杆有无作用问题的讨论小结

综上所述,通过对"锚杆有无作用问题"的研究可以得出以下结论:

(1)不能因为锚杆实测轴力小就否定锚杆的作用,在结构接近破损(破坏)时,锚杆的承载作用会得到较为充分的发挥,施工中少设或不设锚杆,会降低结构的总安全系数。

（2）有些工点取消锚杆而隧道不会垮塌的原因是喷层强度过高，也说明了在保证锚杆施工质量和耐久性的前提下可以减少喷层的厚度。

（3）不能认为软弱围岩中锚杆没有作用，而是应考虑在软弱围岩中究竟采用何种支护方式与支护参数更为合理。

（4）现有铁路隧道和公路隧道采用的砂浆锚杆不是耐久性锚杆，在地下水发育的地段耐久性可能不足，导致锚杆主要的作用是加强施工阶段的安全性，对结构长期安全性的作用减弱。

8.3 复合式衬砌初期支护与二次衬砌承载主体区分的问题

8.3.1 问题的提出

我国隧道衬砌形式的发展历程与隧道理论和施工方法的发展密切相关。在新奥法引入我国之前，隧道施工方法主要为矿山法，施工阶段的支护主要采用木支撑，相应永久衬砌采用整体式衬砌（即现浇混凝土或钢筋混凝土衬砌，也有采用砌体衬砌的方式）。随着20世纪80年代引入新奥法以来，隧道衬砌经历了以下几种类型：锚喷支护整体式衬砌（即以锚喷支护代替木支撑）、锚喷支护减薄型衬砌（即利用锚喷支护承担部分荷载，二次衬砌在原有整体式衬砌基础上适当减薄）、复合式衬砌、锚喷衬砌。进入21世纪以来，主要采用复合式衬砌，但在一些辅助坑道或地质条件较好地段也不乏采用锚喷衬砌的案例。

随着我国交通基础设施的大量修建，隧道占比越来越多，隧道初期支护垮塌事故也时有发生，而修建了二次衬砌的地段，则很少发生垮塌事故。因此，在建设管理方面越来越强调二次衬砌的作用，对二次衬砌的质量、与掌子面的距离控制均提出了严格要求。在学术界也出现了初期支护和二次衬砌究竟谁是承载主体之争，一些专家和学者认为，应加强初期支护作为承载主体的功能，二次衬砌仅是安全储备，这是既安全又经济的办法；另一些专家和学者认为，既然初期支护本身的施工难度大、质量难以保证，而二次衬砌能够承载，就应该充分发挥其承载作用，从而适当弱化初期支护并及早施作二次衬砌。

我国高铁隧道复合式衬砌通用参考图[7]的设计理念是：Ⅱ、Ⅲ级围岩初期支护为承载主体,二次衬砌作为安全储备;Ⅳ、Ⅴ级围岩初期支护和二次衬砌都是承载主体,二次衬砌分担50%~70%的围岩压力。

8.3.2 案例分析

1) 高速铁路隧道通用参考图的承载主体分析

由表8-3和表8-4可见:

(1)对于Ⅲ级围岩,设计意图上作为安全储备的二次衬砌,其安全系数还要高于作为承载主体的初期支护(忽略锚杆),因而实际上二者均是承载主体。

(2)对于Ⅳ、Ⅴ级围岩,不考虑锚杆耐久性时,二次衬砌可以承受的围岩压力占总压力的60%~70%,与设计意图基本相符,即初期支护和二次衬砌都是承载主体。

2) 不同理念得出的支护参数的承载主体分析

(1)支护方案的经济性与安全系数分配对比

由第6章可知,理论上,对于包括时速350km高铁双线隧道在内的所有隧道,不管初期支护是单独作为承载主体还是与二次衬砌共同作为承载主体,各级围岩均可以采用无系统锚杆支护方案、以锚为主支护方案、锚喷组合支护方案,但各方案的经济性、耐久性、可实施性不同。表8-6和表8-7分别为初期支护单独作为承载主体(简称方案一)和初期支护与二次衬砌共同作为承载主体(简称方案二)时,Ⅳ、Ⅴ级围岩400m埋深所需支护参数及安全系数计算结果。

初期支护单独作为承载主体(方案一)的支护参数与安全系数表 表8-6

围岩级别	支护方案	C30喷层厚度(cm)	钢架型号/间距(m)	锚杆长度(m)	锚杆直径(mm)	二次衬砌厚度(cm)	锚岩承载拱安全系数 K_1	喷层安全系数 K_2	二次衬砌安全系数 K_3	支护总安全系数	复合结构破坏荷载比例系数 K_d
Ⅴ级围岩	无系统锚杆	42	全环I20a/0.8	—	—	30	—	3.06	1.72(1.18)	4.78	4.87
	以锚为主	8	—	11.0	48	30	3.02	—	1.72(1.18)	4.74	—
	锚喷组合	28	全环I20a/0.8	4.5	24	30	1.28	2.08	1.72(1.18)	5.08	3.90

续上表

围岩级别	支护方案	C30喷层厚度(cm)	钢架型号/间距(m)	锚杆长度(m)	锚杆直径(mm)	二次衬砌厚度(cm)	锚岩承载拱安全系数 K_1	喷层安全系数 K_2	二次衬砌安全系数 K_3	支护总安全系数	复合结构破坏荷载比例系数 K_d
Ⅳ级围岩	无系统锚杆	22	拱墙格栅/1.0	—	—	30	—	3.02	2.84(1.44)	5.86	6.59
	以锚为主	6	—	4.5	28	30	3.03	—	2.84(1.44)	5.87	—
	锚喷组合	16	—	2.5	20	30	1.55	2.28	2.84(1.44)	6.67	5.51

注:1. 喷射混凝土强度等级C30;
2. 锚杆间距为1.0m×1.0m;
3. 二次衬砌采用C30素混凝土;
4. 以锚为主的支护方案喷层采用构造厚度,故没有计入喷层的安全系数;
5. 表中括号内数值为抗裂安全系数,不计入承载能力安全系数。

表 8-7 初期支护与二次衬砌共同作为承载主体(方案二)的支护参数与安全系数表

围岩级别	支护方案	C30喷层厚度(cm)	钢架	锚杆长度(m)	锚杆直径(mm)	二次衬砌厚度(cm)	锚岩承载拱安全系数 K_1	喷层安全系数 K_2	二次衬砌安全系数 K_3	支护总安全系数	复合结构破坏荷载比例系数 K_d
Ⅴ级围岩	无系统锚杆	25	全环I20a/0.8	—	—	40*	—	1.89	2.66	4.55	4.63
	以锚为主	8	—	7.0	48	40*	1.88	—	2.66	4.54	—
	锚喷组合	18	全环格栅/0.8	3.5	20	40*	0.70	1.46	2.66	4.82	4.41

续上表

围岩级别	支护方案	C30喷层厚度(cm)	钢架	锚杆长度(m)	锚杆直径(mm)	二次衬砌厚度(cm)	锚岩承载拱安全系数 K_1	喷层安全系数 K_2	二次衬砌安全系数 K_3	支护总安全系数	复合结构破坏荷载比例系数 K_d
Ⅳ级围岩	无系统锚杆	13	—	—	—	40	—	1.92	3.40 (1.54)	5.32	6.39
	以锚为主	6	—	3.5	22	40	1.96	—	3.40 (1.54)	5.36	—
	锚喷组合	8	—	2.0	15	40	0.91	1.49	3.40 (1.54)	5.80	5.73

注：1. 喷射混凝土强度等级C30；
    2. 锚杆间距1.0m×1.0m；
    3. Ⅴ级围岩二次衬砌采用C35钢筋混凝土，Ⅳ级围岩采用C30素混凝土；
    4. 以锚为主的支护方案喷层采用构造厚度，故没有计入喷层的安全系数；
    5. 表中括号内数值为抗裂安全系数，不计入承载能力安全系数。

可见，在安全系数基本相同的情况下，两种设计方案的经济性与安全系数分配对比如下：

①对于Ⅴ级围岩，方案一所需要的支护总数量要大于方案二，因而不是最经济的方案；对于Ⅳ级围岩，两个方案的经济性差别不大。

②从安全储备上看，对于方案一，二次衬砌的安全系数占总安全系数的比例达到了40%左右，虽然设计意图上是作为安全储备，但实际却起到了共同承载作用。

（2）喷层—二次衬砌复合结构破坏次序对承载力和承载主体的影响

根据第4章对复合结构破坏次序分析方法，可得出复合结构整体破坏阶段的荷载比例系数 K_d 的计算结果，见表8-6和表8-7。根据计算结果，上述方案一和方案二均是喷层先于二次衬砌达到破损阶段，因而荷载比例系数 K_d 要高于 $K_2 + K_3$。

由表8-6和表8-7可见：

①方案一中，K_d 高出 $K_2 + K_3$ 约2%~10%，说明喷层与二次衬砌基本同时达到最不利截面强度，二者的强度匹配合理，也说明二者均为承载主体。

②方案二的Ⅳ、Ⅴ级围岩荷载比例系数 K_d 高出 $K_2 + K_3$ 分别约2%~7%和

15%~17%,说明二者的强度匹配也较合理,且均为承载主体。

8.3.3 承载主体问题讨论小结

综上,在满足施工和运营总安全系数的前提下,复合式衬砌可以有多种支护结构设计方案。即使设计意图是初期支护作为承载主体、二次衬砌作为安全储备,但由于二次衬砌的安全系数占总安全系数的比例较大(Ⅳ、Ⅴ级围岩达到了40%左右,Ⅲ级围岩超过50%),因而二者实际上是共同承载的关系。

因此,设计中无需区分初期支护与二次衬砌谁是承载主体,而是应合理确定喷层与二次衬砌的强度匹配,使之基本同时达到最不利截面强度,并综合考虑经济性、耐久性、施工便利性、施工质量可控性等因素确定最为合理的支护方案。

8.4 支护参数优化的问题

8.4.1 隧道支护类型应用中存在的问题

我国铁路隧道设计规范和公路隧道设计规范中,均针对不同围岩等级提供了支护参数的参考值,且喷层厚度、锚杆长度与间距、钢架型号与间距、二次衬砌厚度等均为范围值。但在实际工点设计中,由于没有合理的计算方法和安全系数,因而支护参数的选择比较随意,且一般只区分浅埋、深埋两种类型(偏压隧道、高地应力大变形隧道等另行设计)。这种处理方法虽然方便了施工,但带来的问题是:不同地段的结构安全系数差异大,也不符合结构设计原理(不同地段的安全系数应基本相同)。

8.4.2 支护参数优化思路

由第2章和第3章可知,对支护参数影响最大的因素主要有围岩条件、埋深(以及构造应力)、地下水。围岩条件不同,其物理力学指标不同;当围岩的物理力学指标相同时,围岩压力主要与埋深(还有构造应力)有关。地下水对支护参数的影响主要体现在两个方面:一是影响初期支护的耐久性,当排水系统容易堵塞时,也会影响二次衬砌的受力和耐久性;二是影响初期支护强度与刚度增长过程,对施工过程中的安全系数影响大。

随着勘察设计手段的发展和施工装备及技术水平的进步,施工中已具备根据每座隧道的具体情况进行"个性化"设计的条件。在以自重应力场为主的情况下,建议按如下思路进行支护参数优化。

(1)围岩条件可以采用现有设计规范中的围岩级别或围岩亚级划分方法。

(2)同一种围岩条件以 150～200m 作为一个埋深段。

(3)每一个埋深段再根据地下水发育程度来划分支护类型。地下水发育情况可划分为潮湿(或点状)出水、淋雨状(或线流状)出水、涌流状出水三种。

8.4.3 对支护参数类型优化的建议

以下以Ⅳ级围岩为例,对以自重应力场为主的隧道,建议支护参数类型的优化见表 8-8。由表可见,与目前仅有 2 种支护类型(深埋、浅埋)的通用图或工点设计图相比,考虑埋深与地下水影响后,支护类型最多可达 15 种,大幅提高了经济性和科学性。

隧道支护参数类型优化表(以Ⅳ级围岩为例)　　　　表 8-8

埋　　深	$<H_p$	H_p～200m	200～400m	400～600m	600～800m
潮湿(或点状)出水	Ⅳ$_{a-1}$	Ⅳ$_{a-2}$	Ⅳ$_{a-3}$	Ⅳ$_{a-4}$	Ⅳ$_{a-5}$
淋雨状(或线流状)出水	Ⅳ$_{b-1}$	Ⅳ$_{b-2}$	Ⅳ$_{b-3}$	Ⅳ$_{b-4}$	Ⅳ$_{b-5}$
涌流状出水	Ⅳ$_{c-1}$	Ⅳ$_{c-2}$	Ⅳ$_{c-3}$	Ⅳ$_{c-4}$	Ⅳ$_{c-5}$

注:1. H_p 为深浅埋分界埋深;
　　2. 本表仅列出最大埋深为 800m 的情况,当埋深更大时,可以进一步细分支护类型。

8.5　钢架设置与钢架保护层问题

8.5.1　目前在钢架及其保护层设计方面存在的问题

钢架包括型钢钢架和格栅钢架。在钢架设置方面,目前较为通用的做法是在下列情况下设置钢架[6]。

(1)自稳时间很短的围岩,在锚杆或喷射混凝土支护发挥作用前,可能发生围岩失稳或坍塌危险时。

(2)浅埋、偏压隧道,当早期围岩压力增长快,需要提高初期支护的早期强度和刚度时。

（3）在难以布设锚杆、喷射混凝土的砂卵石、土夹石或断层泥等地层，大面积淋水地段，以及为了抑制围岩大的变形而增加支护抗力时。

（4）当需要施作超前支护，设置钢架作为超前锚杆或超前小导管的支承构件时。

（5）自稳时间短，初期变形大的地层，对地面下沉量有严格限制的情况。

在钢架的设计方面，一般采用工程类比设计，当采用计算确定时，对于型钢钢架，一般按多点支撑的荷载结构法计算，其荷载取值一般采用围岩压力（按设计规范中的松散荷载公式）的50%，或者采用4m或6m土柱；对于格栅钢架，采用与喷射混凝土共同形成的钢筋混凝土按荷载结构法计算。

在钢架保护层方面，《铁路隧道设计规范》（TB 10003—2016）没有具体规定，但在高速铁路隧道通用参考图中要求钢架的保护层厚度为外侧4cm、内侧3cm。《公路隧道设计规范　第一册　土建工程》（JTG 3370.1—2018）规定，钢架与围岩之间的混凝土保护层厚度不应小于40mm，临空一侧的混凝土保护层厚度不应小于20mm；当采用锚喷单层衬砌时，临空一侧的混凝土保护层厚度不应小于40mm。

由上可见，目前在钢架设置方面存在的问题主要有：①是否设置钢架的判别条件多为定性条件，难以与理论计算建立联系；②钢架的计算荷载采用经验值，缺少理论依据。在钢架保护层设计方面存在的问题主要有：①保护层厚度为定值，没有与耐久性环境作用等级建立联系；②对保护层厚度进行规定的思想来源于地面钢筋混凝土结构，与隧道工程的受力特点和环境条件不符；③实际设计中往往为了设置钢架而不得不加大喷射混凝土的厚度，降低了经济性。

8.5.2　基于总安全系数法的钢架设计方法

如上所述，钢架作为支护结构的一部分时，主要用在需要早期受力和控制变形方面，因此，从结构设计的观点看，是否设置钢架与围岩压力增长速度、喷射混凝土强度增长速度、喷射混凝土结构层的受力形态有关。

根据总安全系数设计法，钢架设计计算思路为：对围岩压力增长曲线、喷射混凝土强度增长曲线、喷射混凝土和锚杆砂浆达到设计强度前的初期支护安全系数进行计算，再根据安全系数计算结果和结构受力形态（大偏心受压、小偏心受压)确定钢架选型。

具体的计算步骤如图 8-3 所示。

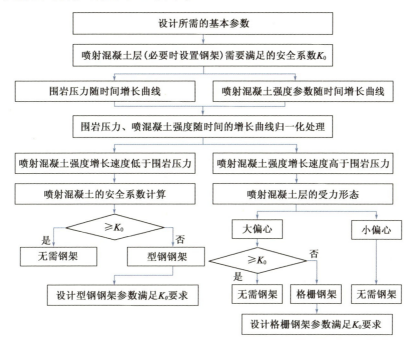

图 8-3 钢架量化计算方法流程图

(1) 获取隧道基本信息

获取隧道的基本信息,包括①隧道围岩的力学参数:重度、黏聚力、内摩擦角、弹性抗力系数;②隧道的断面形状与埋深;③喷射混凝土的设计参数;④隧道喷射混凝土必要时设置钢架需要满足的安全系数 k_0(该值需要根据工程重要性、工程地质条件、施工水平等综合确定)。

(2) 获取围岩压力和喷射混凝土强度增长曲线

根据现场测试或者数值分析得到围岩压力的增长曲线,通过现场测试获取喷射混凝土物理力学指标随时间的增长曲线。

(3) 计算施工阶段任意时刻的安全系数

根据所述步骤(2)中任一时刻的围岩压力值和混凝土的弹性模量与强度值,以及喷射混凝土层的荷载结构模型计算该时刻喷射混凝土的内力与安全系数。

(4) 围岩压力增长曲线和喷射混凝土强度增长曲线对比

将步骤(2)中获得的围岩压力—时间曲线与喷射混凝土强度—时间曲线进行归一化处理,并将两条经过归一化处理的曲线绘制在同一图表中,比较两条曲线增长速度,如图8-4所示。

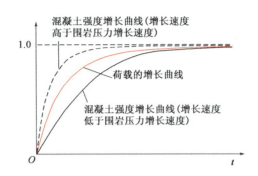

图8-4 喷射混凝土强度、围岩压力增长曲线归一化处理示意图

(5) 是否需要设置钢架的判别

根据步骤(3)中得到的喷层偏心受压状态、安全系数以及步骤(4)中得到的围岩压力与喷射混凝土强度增长速度,综合判定是否需要设置钢架,包括以下几种情况:

①型钢钢架:如果喷射混凝土强度增长速度低于围岩压力增长速度,且混凝土达到设计强度前的施工过程中的安全系数低于设计值时(如可以采用1.8),则需要设置型钢钢架。

②格栅钢架:如果喷射混凝土强度增长速度高于围岩压力增长速度,但结构处于大偏心受压状态,则应采用格栅钢架。这主要是由于格栅钢架单独承受荷载的能力弱,但与喷射混凝土一起作为钢筋混凝土使用时的效果好。

③钢纤维喷射混凝土:如果喷射混凝土强度增长速度高于围岩压力增长速度,且结构处于小偏心受压状态,同时需要加大结构的延性时,宜采用钢纤维喷射混凝土。

(6) 钢架参数的计算

当需要设置钢架时,按荷载结构模型和破损阶段法计算钢架的参数,包括型钢钢架和格栅钢架两种形式。

8.5.3 基于总安全系数法的钢架保护层设计方法

根据第 6 章和第 7 章的大量计算可知,除少部分隧道断面(时速 160km、200km 客货共线单线铁路隧道、20 世纪 90 年代编制的时速 140km 单线电气化铁路隧道标准图)的喷层在边墙区域为大偏心受压外,其他隧道断面形式的喷层基本处于小偏心受压状态。

当喷层为小偏心受压时,由于喷射混凝土本身就是很好的承压材料,理论上可以不需要考虑钢架的耐久性问题。根据计算,在常规钢架间距条件下(钢架间距 0.8~1.2m),即使钢架因耐久性不足而失效,喷层的安全系数也仅降低 10%~15%,因此完全可以取消型钢钢架的保护层。

当喷层为大偏心受压时,需要考虑钢架的耐久性问题,但需要结合隧道结构特点和结构形式确定保护层厚度。对于复合式衬砌,由于在喷射混凝土内侧还有二次衬砌,因而可以降低钢架保护层厚度要求。这是因为,即使钢材(包括格栅钢架和型钢翼缘板)发生锈蚀,喷射混凝土因大偏心受力而开裂,但内侧的二次衬砌对其有支承作用,喷层不会发生垮塌,只是原先由喷层承担的部分荷载会转移至二次衬砌而已。因此,当喷层为大偏心受压时,建议型钢钢架仍可以不设置保护层,而格栅钢架因为需要传递钢筋拉力,保护层厚度采用 20mm 即可。

总之,如采用型钢钢架,不管是大偏心受压还是小偏心受压,均可不设置保护层;如采用格栅钢架,保护层厚度采用 20mm 即可。当然,如果地下水有侵蚀性,格栅钢架的保护层还应满足相应的耐久性要求。

8.6 喷射混凝土的早期强度问题

8.6.1 不同规范对喷射混凝土早期强度的规定

《铁路隧道设计规范》(TB 10003—2016)对喷射混凝土早期强度的规定见表 8-9。《公路隧道设计规范 第一册 土建工程》(JTG 3370.1—2018)规定,喷射混凝土 1d 龄期的抗压强度不应低于 5MPa。可见,两个规范对喷射混凝土早期强度的要求不同,必然带来安全性与经济性上的差别。

铁路隧道喷射混凝土早期强度(MPa)　　　　表 8-9

喷射混凝土强度等级	龄期(h)	
	8	24
C25	2	10
C30	3	12
C35	4	14

8.6.2 对喷射混凝土早期强度的建议

采用总安全系数设计法对结构强度进行安全性计算时,采用的混凝土强度指标是抗压(拉)极限强度,是隧道结构形成后的安全系数,而施工过程中的安全系数需要根据 8.5 节的方法进行计算。

对于早期强度,理论上只要喷射混凝土强度增长速度不低于荷载增长速度,或者混凝土达到设计强度前的结构强度(包含锚岩承载拱)安全系数不低于 1.8,就能满足安全要求。如对喷射混凝土早期强度的要求过高,反而会因为结构柔度不足而使围岩压力增加,进而对结构安全不利。而如果早期强度过低,则需要增加较多的钢架或减慢施工速度,对安全性和经济性也是不利的。以下以时速 350km 高速铁路双线隧道Ⅳ级围岩无系统锚杆支护方式为例,说明喷层早期强度对结构安全性的影响。

为模拟早期强度对结构安全性的影响,采用 C15 和 C30 两种不同强度等级的喷射混凝土模拟替代早期强度低、高两种情况,C15 和 C30 喷射混凝土的弹性模量分别为 18.5GPa 和 25GPa。采用三维有限元模型(图 8-5),对两种情况下拱部喷层与围岩接触应力随开挖面距离(即喷射混凝土厚度)的增加而变化过程进行了计算。计算中所采用的隧道埋深为 400m,喷射混凝土厚度为 30cm,开挖步距为 1m。计算得到的拱部喷层与围岩接触应力与开挖面距离的变化过程如图 8-6 所示,C15 与 C30 喷射混凝土拱部接触应力的稳定值分别为 1.66MPa、1.99MPa。可见,喷射混凝土早期强度越高,接触应力越大,对结构安全性越不利。需说明的是,真实模拟早期强度对安全性的影响需要考虑弹性模量、强度与时间的变化关系以及具体的施工组织与施工方法,本节仅是说明不宜过高要求喷射混凝土的早期强度,因而采用简化的计算方法。

图 8-5　喷射混凝土早期强度对安全性影响模拟的三维有限元模型

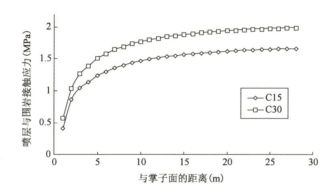

图 8-6　不同喷射混凝土厚度时拱部接触应力变化曲线

因此,合理的早期强度应根据地质条件、地下水状况、施工速度、支护速度、施工方法等综合确定。当然,从设计角度对早期强度做出规定是必要的,这样便于设计中根据材料性能确定施工中是否需要采取附加措施,如封堵地下水、增加钢架、合理调整喷射混凝土性能等。

此外,为提高施工过程中对结构安全性判别的准确性,要关注地下水对喷射混凝土强度增长和弹性模量增长的影响,有条件时监控量测中可增加喷射混凝土强度与弹性模量的现场监测。

8.7 支护形式选择问题

8.7.1 目前支护形式设计中存在的问题

复合式衬砌的初期支护或锚喷单层衬砌的支护形式有多种划分方法。

按支护作用部位,隧道支护形式可分为主动支护与被动支护。主动支护是指深入围岩内部,直接提升围岩自承载能力的支护体系,主要措施有锚索、锚杆、注浆等;被动支护是指在开挖面表面施作、通过平衡围岩压力保持围岩稳定的支护体系,主要措施有钢架、喷射混凝土、二次衬砌等。文献[10]提出,在隧道施工中采用主动支护主动控制围岩变形,充分发挥和调动围岩的自承载能力,是隧道现代修建技术的核心理念。

按主要承载构件,可以分为无系统锚杆支护、以锚为主支护、锚喷组合支护等,其中无系统锚杆支护又可分为喷射混凝土支护、钢架+喷射混凝土支护、钢纤维喷射混凝土支护等;以锚为主支护又可分为锚索支护、锚杆支护、锚索+锚杆联合支护、长锚杆+短锚杆组合支护等;锚喷组合支护又可分为强喷弱锚支护、强锚弱喷支护、弱喷弱锚支护、强喷强锚支护等。

不同支护构件在施工中出现的问题主要有:

砂浆锚杆的主要问题有:①重视程度不够,不做或少做现象较常见;②施工不规范以及与设计不符现象较常见(图8-7);③工装专业化程度低,以人工为主(图8-8)。

图8-7 锚杆施工不规范

图 8-8　以人工为主的施工现场

喷射混凝土的主要问题有：①强度不足；②开挖面不平顺或局部存在空洞，质量不稳定（图 8-9）。

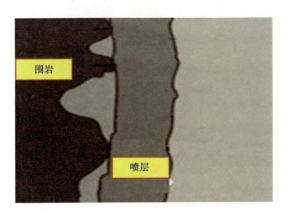

图 8-9　开挖面不平顺

钢架的主要问题有：①重型钢架轻格栅钢架，工序复杂、安设困难、工效较低（图 8-10）；②接头对位困难，受力轴线不平顺，常常成为薄弱环节（图 8-11）。

由于不同支护构件的施工难度与质量控制难度不同，经常出现合理支护形式的争议。一种观点认为，设计支护构件和措施越多，施工工序越复杂，质量越难以保证，也影响施工进度与工期，应该采用施工最方便、质量最可控的支护措施；另一种观点认为，各种支护措施各有其作用，施工中应配备满足设计方案实施要求的施工装备，加强质量控制。

图 8-10　人工安装钢架

图 8-11　钢架接头连接差

8.7.2　合理支护形式选择

1）主动支护与被动支护的力学效应

主动支护措施中,超前注浆是通过直接改善围岩的物理力学指标从而提高围岩自承载能力,进而减少围岩塑性区的发展与塑性变形,降低围岩压力;锚索的主要作用是提供开挖面压力,减少围岩塑性区的发展与塑性变形,进而降低围岩压力;系统锚杆的主要作用是形成锚岩承载拱,并加大围岩侧限力(σ_3)进而提高围岩抗压与承载能力,同时兼有少量改善围岩力学指标的作用。

被动支护措施中,钢架、喷射混凝土、二次衬砌等有三方面的作用:一是直接承受围岩压力,二是加大了围岩侧限力(σ_3)进而提高围岩本身抗压与承载能力,三是通过支护作用减少围岩塑性区的发展与塑性变形。

可见,不管是主动支护还是被动支护,均具有提高围岩本身抗压与承载能力的作用,但由于不同支护措施的施作时机(开挖前还是开挖后)、达到形成承载能力的时间、自身承载能力大小等方面存在差异,因而对控制围岩塑性区的发展、控制围岩塑性变形的效果不同,具体采用何种措施需要根据计算结果并综合多方面因素后确定。

2) 支护形式选择

根据总安全系数设计法,采用相同的安全系数时,不同支护形式均可以设计出相应的支护参数方案,但需要综合考虑经济性、耐久性、施工便利性、施工质量可控性等因素确定最为合理的支护结构。经研究,随着隧道跨度的加大,主动支护的必要性越来越大;随着地应力的增加或应力强度比的增加(初始地应力/围岩强度),主动支护的重要性和需要的支护强度也越来越增加。根据跨度和应力强度比等条件,隧道大致有相对应的合理的支护形式。

(1)当隧道跨度较小,应力强度比较低时,采用无系统锚杆支护形式较为合理。

(2)当隧道跨度较大,应力强度比较高时,采用短锚杆和喷射混凝土组成的弱喷弱锚支护形式较为合理。

(3)当隧道跨度大,应力强度比高时,采用以锚为主支护形式较为合理。

(4)当跨度很大、应力强度比很高时,采用锚索、长锚杆、短锚杆、大厚度钢架喷射混凝土组合的强喷强锚支护形式较为合理。

(5)当跨度极大、应力强度比极高时,需采用以强喷强锚为基础的新型支护结构,但在新结构新材料等方面需进一步研究,如采用超高强度的锚索和锚杆、超高压力的预注浆、超高承载能力的型钢混凝土、钢管混凝土、预制高强钢筋混凝土等。

(6)当跨度较小但应力强度比很大或跨度很大但应力强度比较小时,以及跨度与应力强度比的其他组合情况,合理支护形式需要根据计算确定。

应该说,上述所谓的"合理支护形式"不是绝对的,应结合施工机具、施工习惯、造价、工期等多种因素按"具体问题具体分析"的原则确定,片面强调"必须采用主动支护"或"必须采用被动支护"都有不合理之处。正如桥梁结构,有简支梁桥、连续梁桥、拱桥、斜拉桥、悬索桥等多种类型,每种类型有其大致的合理跨度范围,但也不是绝对的、严格的与跨度相对应,不是一成不变的,需要根据多种因素综合比选确定。可见,隧道支护结构形式在一定程度上也具有与地面结构相同的特征。我国隧道有多种地质条件、多种埋深与地应力水平、多种断面形状与跨度,其支护结构形式也应该是丰富多彩的。

本章参考文献

[1] 王梦恕,等.中国隧道与地下工程修建技术[M].北京:人民交通出版社,2010.

[2] 谭忠盛,喻渝,王明年,等.大断面深埋黄土隧道锚杆作用效果的试验研究[J].岩石力学与工程学报,2008,27(8):1618-1625.

[3] 陈建勋,王超,罗彦斌,等.高含水率土质隧道不设系统锚杆的试验研究[J].岩土工程学报,2010,32(5):815-820.

[4] 陈力华,林志,李星平.公路隧道中系统锚杆的功效研究[J].岩土力学,2011,032(6):1843-1848.

[5] 王建宇.锚杆是一种优化的隧道围岩支护形式[J].现代隧道技术,2014,51(3):1-6.

[6] 关宝树.隧道工程设计要点集[M].北京:人民交通出版社,2003:16-34.

[7] 中铁第四勘察设计院集团有限公司.时速350公里客运专线铁路双线隧道复合式衬砌∥铁路工程建设通用参考图:通隧〔2008〕0301[S].北京:铁道部经济规划研究院,2008.

[8] 重庆市城乡建设委员会.建筑边坡工程技术规范:GB 50330—2013[S].北京:中国建筑工业出版社,2013.

[9] 中国冶金建设协会.岩土锚杆与喷射混凝土支护工程技术规范:GB 50086—2015[S].北京:中国计划出版社,2015.

[10] 肖广智.从当前铁路隧道衬砌典型病害谈设计施工改进措施[J].隧道建设(中英文),2018,38(09):23-29.

Total Safety Factor Method
of Tunnel
Support Structure Design

第 9 章

展 望

本书对隧道临界稳定断面、围岩压力设计值的计算思路和计算方法、总安全系数法的结构计算模型和总安全系数的计算及取值、基于总安全系数法的结构变形分析与支护参数现场调整方法、总安全系数法在高速铁路双线隧道支护结构类型选择与支护参数优化、既有隧道支护结构安全性分析、隧道断面形式比选、高地应力软岩大变形隧道和超大跨度隧道支护参数设计等方面的应用进行了系统的研究,同时采用总安全系数法对隧道设计理念、锚杆有无作用、复合式衬砌初期支护与二次衬砌承载主体区分、支护参数优化方式、钢架设置与钢架保护层、喷射混凝土早期强度、支护类型选择等当前几个热点和争议问题进行了探讨,初步实现了隧道支护参数设计由"类比为主、计算为辅"转变为"计算为主、类比为辅",但仍有许多问题有待今后进一步研究与试验,并对本设计方法加以修正与完善。

1) 与现有设计规范进一步协调

《铁路隧道设计规范》(TB 10003—2016)和《公路隧道设计规范 第一册 土建工程》(JTG 3370.1—2018)采用围岩基本质量指标 BQ 或围岩基本质量指标修正值 $[BQ]$ 进行围岩分级[1-2],BQ 和 $[BQ]$ 的计算方法见式(9-1)和式(9-2),基于 BQ 和 $[BQ]$ 的围岩分级方法分别见表9-1和表9-2。

$$BQ = 100 + 3R_c + 250K_v \qquad (9\text{-}1)$$

$$[BQ] = BQ - 100(K_1 + K_2 + K_3) \tag{9-2}$$

式中：BQ——围岩基本质量指标；

$[BQ]$——围岩基本质量指标修正值；

R_c——岩石单轴抗压强度（MPa）；

K_v——岩体完整性系数；

K_1——地下水影响修正系数；

K_2——主要软弱结构面产状影响修正系数；

K_3——初始应力状态影响修正系数。

铁路隧道围岩基本分级　　　　　　　表 9-1

级别	岩体特征	土体特征	围岩基本质量指标 BQ	围岩弹性纵波速度 v_p（km/s）
Ⅰ	极硬岩，岩体完整	—	>550	A：>5.3
Ⅱ	极硬岩，岩体较完整；硬岩，岩体完整	—	550～451	A：4.5～5.3 B：>5.3 C：>5.0
Ⅲ	极硬岩，岩体较破碎；硬岩或软硬互层，岩体较完整；较软岩，岩体完整	—	450～351	A：4.0～4.5 B：4.3～5.3 C：3.5～5.0 D：>4.0
Ⅳ	极硬岩，岩体破碎；硬岩，岩体较破碎或破碎；较软岩或软硬互层，且以软岩为主，岩体较完整或较破碎；软岩，岩体完整或较完整	具压密或成岩作用的黏性土、粉土及砂类土，一般钙质、铁质胶结的粗角砾土、粗圆砾土、碎石土、卵石土、大块石土、黄土（Q_1、Q_2）	350～251	A：3.0～4.0 B：3.3～4.3 C：3.0～3.5 D：3.0～4.0 E：2.0～3.0
Ⅴ	较软岩，岩体破碎；软岩，岩体较破碎至破碎；全部极软岩及全部极破碎岩（包括受构造影响严重的破碎带）	一般第四系坚硬、硬塑黏性土，稍密及以上、稍湿或潮湿的碎石土、卵石土、圆砾土、角砾土、粉土及黄土（Q_3、Q_4）	≤250	A：2.0～3.0 B：2.0～3.3 C：2.0～3.0 D：1.5～3.0 E：1.0～2.0
Ⅵ	受构造影响严重呈碎石、角砾及粉末、泥土状的富水断层带，富水破碎的绿泥石或炭质千枚岩	软塑状黏性土，饱和的粉土、砂类土等，风积沙，严重湿陷性黄土	—	<1.0（饱和状态的土<1.5）

注：A、B、C、D、E 分别代表不同的岩性。

公路隧道围岩基本分级　　　　　　　　　　　表 9-2

级别	围岩岩体或土体主要定性特征	岩体基本质量指标 BQ 或岩体修正质量指标 $[BQ]$
Ⅰ	坚硬岩,岩体完整	>550
Ⅱ	坚硬岩,岩体较完整; 较坚硬岩,岩体完整	550~451
Ⅲ	坚硬岩,岩体较破碎; 硬岩或软硬互层,岩体较完整; 较软岩,岩体完整,整体状或巨厚层状结构	450~351
Ⅳ	极硬岩,岩体破碎; 较坚硬岩,岩体较破碎~破碎; 较软岩,岩体较完整~较破碎; 软岩,岩体完整~较完整	350~251
Ⅳ	土体:压密或成岩作用的黏性土及砂类土,黄土(Q_1、Q_2),一般钙质、铁质胶结的碎石土、卵石土、大块石土	350~251
Ⅴ	较软岩,岩体破碎; 软岩,岩体较破碎~破碎; 全部极软岩及全部极破碎岩	≤250
Ⅴ	一般第四系的半干硬至硬塑的黏性土及稍密至潮湿的碎石土、卵石土、圆砾、角砾土及黄土(Q_3、Q_4),非黏性土呈松散结构,黏性土及黄土呈松软结构	≤250
Ⅵ	软塑状黏性土及潮湿、饱和粉细砂层,软土	

理论上,由于 BQ 和 $[BQ]$ 的计算考虑了多个因素,因而无需再对围岩进行分级,也就是说,围岩分级是连续的,而不是突变的,相应支护参数也应该是连续的。总安全系数法在理论上也可以根据围岩的具体条件设计出总安全系数相同但支护参数连续变化的支护结构,这与目前设计规范中的围岩分级是一致的,二者可以建立映射关系。当然,为便于施工,支护参数需要采用分级变化。

如果能够得出不同 BQ 和 $[BQ]$ 所对应的围岩物理力学参数,则可以实现总安全系数法与围岩分级方法的完全协调,这有待于今后进一步研究。

2)相关计算模型需要进一步深化研究

(1)4.2.7 节对组合拱模型进行探讨,即将锚岩承载拱与喷层作为由两种不同材料组成的组合拱结构,见图 4-14。由于目前缺少类似组合拱结构基于破损阶段的安全系数计算方法,因此暂采用"修正容许应力法"进行安全系数计算。今后,如能得出锚杆—围岩—喷射混凝土组合结构基于破损阶段的安全系数计算方法,则组合拱模型仍有深入研究的必要。

(2)前文主要探讨了全断面法施工和台阶法施工的荷载结构模型,对于采用多台阶或 CD、CRD、双侧壁导坑等分部开挖法,理论上可以采用变结构变刚度的增量法进行计算,但在各开挖分部的荷载如何分配等方面仍需进一步研究。

(3)前文提出了初期支护和锚喷支护设计承载能力计算方法,但仅是理论探讨,今后有条件时可以采用现场试验和模型试验的方法加以验证和修正。

(4)由于锚岩承载拱、喷层、二次衬砌三层结构既有共同分担的荷载,又有各自承受不同的荷载,因此,整体结构如何设计是一个十分复杂的问题。4.8.2 节对多种荷载作用下隧道支护结构设计方法进行了探讨,有待今后进行更深入的理论研究。

3)地下水对围岩压力的影响有必要进一步研究

《锚杆喷射混凝土支护技术规范》(GB 50086—2001)4.4.16 条指出[3]:当地下水位较高或长期使用后隧洞可能放空时(指水工隧洞),设计中应校核锚喷支护在外水压力作用下的稳定性。条文解释指出:外水压力是水工隧洞的主要荷载之一,锚喷支护也不例外,据一些现场试验资料,当外水压力为 1.4~1.6MPa 时,喷层局部剥离,一般呈现黏结破坏。所以当外水压力较高、隧洞使用中放空时,必须校核其稳定性。外水压力值,可采用地下水位线以下的水柱高乘以相应的折减系数的方法估算(表9-3)。喷射混凝土支护与围岩是相互紧密贴合的两种不同的透水介质,在地下水位变幅小,补水和排水条件固定的情况下,在长期运行过程中将形成稳定的渗流场,所以,这时作用在支护上的外水荷载是一种"场力"。

水工隧洞外水压力折减系数　　表9-3

地下水活动分级	地下水活动情况	折减系数
1	无	0
2	微弱	0~0.25
3	显著	0.25~0.50
4	强烈	0.50~0.75
5	剧烈	0.75~1.00

总安全系数法中的围岩压力设计值暂没有考虑地下水的影响,今后有必要进一步研究。

4) 开展全围岩压力实测研究

目前常用的围岩压力监测方法是在喷层与围岩之间埋置压力盒(图9-1)。该种测试方法得到的是"喷层与围岩的径向接触力",只是围岩压力的一部分而不是全部围岩压力(如果是全部围岩压力,则会出现"不管围岩是否加固、外侧不管设置多少锚杆、锚索均不影响喷层受力"的矛盾)。

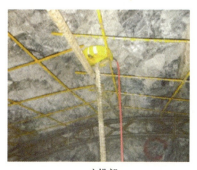

a) 拱部   b) 侧墙

图9-1　喷层与围岩接触压力测试元器件的埋设

建议今后对全围岩压力进行实测,可以采用的方法之一是:在相同围岩条件下,对比无系统锚杆支护结构、锚喷组合支护结构两种情况下的"喷层与围岩的径向接触力",且两种支护结构的总安全系数基本相同。此外有条件时,可开展喷层与围岩之间切向应力的实测。

5) 开展安全性与经济性问题研究

(1) 初期支护劣化及对总安全系数的影响研究。4.6节对当前锚杆的耐久性和地下水对喷射混凝土的侵蚀进行了介绍,但目前还无法量化地下水对初期支护劣化影响程度,今后有条件时可以开展相关试验研究。

(2) 更为经济的安全系数取值研究。4.4节提出了"运营期结构总安全系数不低于3.0~3.6,施工期总安全系数不低于1.8"的建议,并建议结合工程具体情况对总安全系数取值进行调整。这是根据大量设计案例进行计算后提出的一个建议值,是否经济,有待于今后根据大量实测进一步优化。

6) 开展基于总安全系数法的工点设计与现场实测研究

一套新的设计方法要达到实用,除了理论研究外,还必须有模型试验、现场试验的验证与修正。目前,总安全系数设计法仅是完成了理论部分的研究,尚缺少模型试验和系统的现场验证,今后有条件时建议结合工点设计开展现场实测与模型试验研究。

7) 开展转换为概率极限状态设计法的相关研究

土木工程设计经历了容许应力法、安全系数法和概率极限状态法三个阶段,设计方法越来越科学。但由于隧道工程的特殊性,目前还不完全具备采用概率极限状态设计法的条件。铁道部门虽然发布了《铁路隧道设计规范(极限状态法)》(Q/CR 9129—2018),但仅适用于隧道二次衬砌、明洞和洞门结构[4],并指出"锚喷衬砌和复合式衬砌的初期支护,可按工程类比法确定设计参数,施工期间应通过监控量测进行修正"。也就是说,锚喷衬砌和复合式衬砌的初期支护目前还难以采用极限状态设计法。

本书所建立的隧道支护结构设计总安全系数法,可以初步实现支护参数的安全性计算和定量化设计。今后可以在大量的试验和现场测试基础上,开展由安全系数设计法转换为概率极限状态设计法的工作。

本章参考文献

[1] 中铁二院工程集团有限责任公司.铁路隧道设计规范:TB 10003—2016[S].北京:中国铁道出版社,2017.

[2] 招商局重庆交通科研设计院有限公司.公路隧道设计规范 第一册 土建工程:JTG 3370.1—2018[S].北京:人民交通出版社股份有限公司,2019.

[3] 中国冶金建设协会.锚杆喷射混凝土支护技术规范:GB 50086—2001[S].北京:中国计划出版社,2001.

[4] 中铁二院工程集团有限责任公司.铁路隧道设计规范(极限状态法):Q/CR 9129—2018[S].北京:中国铁道出版社,2019.